国家社会科学基金青年项目13CSH091 最终成果
中南民族大学民族学学科资助出版

城市贫困精准治理体系的建构

陈　云／著

科学出版社
北京

内 容 简 介

本书在整体描述世界范围内的城市贫困现状，分析我国城市新贫困现象的特点、成因的基础上，系统探讨了城市贫困精准治理体系的建构问题，着重讨论了城市贫困精准治理体系的定位与基本特征，城市贫困精准治理的主体架构，城市贫困的定义与贫困分类定级的判定，城市贫困救助资源的投放标准与路径等具体问题。贯彻精准原则，提高救助资源利用率，是最大范围覆盖新贫困人口、最大限度满足其具体需求的有效路径，是解决城市新贫困群体社会保障问题的合理选择。

本书适合从事贫困研究、社会保障研究等相关学者，从事贫困救助、慈善事业的相关从业者阅读。

图书在版编目（CIP）数据

城市贫困精准治理体系的建构 / 陈云著. —北京：科学出版社，2019.6

ISBN 978-7-03-061417-9

Ⅰ. ①城… Ⅱ. ①陈… Ⅲ. ①城市-贫困问题-研究-中国 Ⅳ. ①D632.1

中国版本图书馆 CIP 数据核字（2019）第 108862 号

责任编辑：刘英红 / 责任校对：杨 赛

责任印制：张 伟 / 封面设计：黄华斌

科学出版社出版

北京东黄城根北街 16 号

邮政编码：100717

http://www.sciencep.com

北京厚诚则铭印刷科技有限公司 印刷

科学出版社发行 各地新华书店经销

*

2019 年 6 月第 一 版 开本：720×1000 B5

2020 年10月第三次印刷 印张：11 1/2

字数：225 000

定价：98.00 元

（如有印装质量问题，我社负责调换）

前　言

2013年12月，中共中央办公厅、国务院办公厅印发《关于创新机制扎实推进农村扶贫开发工作的意见》(中办发〔2013〕25号)，明确提出建立精准扶贫工作机制。

2014年2月，国务院公布《社会救助暂行办法》(国务院令第649号)，自2014年5月1日起施行。

2014年10月，国务院下发《国务院关于全面建立临时救助制度的通知》(国发〔2014〕47号)。

2015年3月1日，降低失业保险费率，2015年10月1日，降低工伤保险、生育保险费率。

2015年8月，国务院办公厅印发《国务院办公厅关于全面实施城乡居民大病保险的意见》(国办发〔2015〕57号)。

2015年9月，国务院印发《国务院关于全面建立困难残疾人生活补贴和重度残疾人护理补贴制度的意见》(国发〔2015〕52号)。

2016年3月，习近平同志签署第43号主席令公布《中华人民共和国慈善法》，自2016年9月1日起施行。

2017年，社会保障深化改革持续推进，社会保障卡(简称社保卡)开通102项功能，公积金异地转移接续平台投入使用，生育保险并入医疗保险(简称医保)，失业保险支持职工提升职业技能，跨省异地就医有望直接结算，养老金进一步上调……

从2013年获批这个项目以来，本书课题组就被新一届政府在推进弱势群体社会保障制度改革方面采取的一个又一个重大举措所震撼，在钦佩赞赏之余，开始担忧此项研究的价值和意义。在这样一个创新求变的时代，我们应该如何寻找课题的方向和突破口，使其不至于淹没在改革的洪流中，悄无声息。多年来的学术兴趣、顽强坚持，以及作为知识分子的使命感、责任感让我们不断自我激励，希望能够用自己的真诚、执着、勤勉交出一份质量尚可的答卷。

于是，本书课题组开始在书海文卷中寻找研究方向，在提笔撰文中思索答案，在行走奔波中收集资料、寻找灵感。直到阅读了大量关于社会精准治理的文章，发现其中的一个核心思想是任何类型的社会发展都会出现非均衡性问题，社会精准治理是解决“结构性空洞”带来的短板问题的有效路径。当前，社会精准治理的首要任务是精准解决弱势群体和特殊困难群体所面临的问题[①]，这些观点给了我们极大启发。

一、“精准治贫”受启于“精准扶贫”，又不同于“精准扶贫”

一直以来，精准扶贫都是一个有特定指向的政策体系，是专用于我国广大农村地区、西部地区、贫困山区的扶贫脱贫战略。这种倾向首先与“精准扶贫”思想的发展密不可分。改革开放 40 年的发展使数亿中国人甩掉了贫困的帽子，但按照年人均纯收入 2300 元（2012 年不变价）的农村扶贫标准计算，2013 年农村贫困人口为 8249 万人，贫困地区发展滞后问题依然严峻[②]，这一现实引起了新一届政府的高度重视。党的十八大召开后不久，习近平同志在河北省阜平县考察扶贫工作时指出：“帮助困难乡亲脱贫致富要有针对性，要一家一户摸情况，张家长、李家短都要做到心中有数。”[③] 2013 年 10 月，习近平同志到湖南湘西调研扶贫工作，明确提出扶贫要“实事求是、因地制宜”，“要精准扶贫，切忌喊口号，也不要定好高骛远的目标”[④]。习近平同志在贵州调研时又讲了“六个精准”：“扶持对象精准、项目安排精准、资金使用精准、措施到户精准、因村派人（第一书记）精准、脱贫成效精准。”[⑤]在这一酝酿过程中，国家领导人大多在贫困地区、农村地区、西部地区提出了精准扶贫思想，最终国家以政策形式明确了精准扶贫在农村扶贫工作中的地位。因此，人们普遍把精准扶贫与农村扶贫

---

① 张鸿雁：《“社会精准治理”模式的现代性建构》，《探索与争鸣》2006 年第 1 期，第 13 页。

② 国家统计局：《2013 年国民经济和社会发展统计公报》，2014 年 2 月 24 日，http://www.stats.gov.cn/tjsj/zxfb/201402/t20140224_514970.html。

③ 习近平：《在河北省阜平县考察扶贫开发工作时的讲话》，《做焦裕禄式的县委书记》，中央文献出版社 2015 年版，第 17 页。

④ 习近平：《扶贫切忌喊口号 也不要定好高骛远目标》，2013 年 11 月 3 日，http://www.chinanews.com/gn/2013/11-03/5457417.shtml。

⑤ 习近平：《在部分省区市扶贫攻坚与“十三五”时期经济社会发展座谈会上的讲话（节选）》，中共中央党史和文献研究院编《习近平扶贫论述摘编》，中央文献出版社 2018 年版，第 58 页。

相联系。

另外，在农村地区特别强调扶贫的精准性有其迫切的现实需求。经过40年的艰苦斗争，最后剩下的8000多万贫困人口可以说是我国全部贫困人口的核心部分，具有绝对贫困、脆弱性强、自我发展能力薄弱、贫困顽固等特征。为了顺利实现“十三五”规划的扶贫开发目标，确保贫困人口到2020年如期脱贫，瞄准靶标、精确扶贫是最科学、最有效的工作机制。

然而，当我们把精准扶贫瞄向农村贫困的时候，也不要忽略我国正加大城镇化建设力度、推进供给侧改革和去产能的新一轮经济社会改革的事实。这意味着可能有更多农村人口进入城市，可能有更多城市人口要面临失业、转岗，城市贫困形势将更加严峻。一方面，城市贫困人口中包括“三无”（无生活来源、无劳动能力、无法定抚养义务人）人员、下岗失业职工、在城农村人口、“蚁族”等群体，且存在严重的内部分化和需求多元化问题；另一方面，20世纪80年代末90年代初，第一轮产业升级制造的下岗失业潮所引发和遗留的贫困问题尚未完全解决，新一轮的经济改革又将掀起一场就业危机，叠加效应明显。此外，随着城市化加速发展，大量农村人口向城市转移，失地、补偿过低、缺乏生存发展技能、城市生活成本过高、社会福利制度的不完善等因素导致了城市“新动态贫困”，因此城市贫困问题急需关注。

城市贫困具有自身的独特属性：相对贫困人数居多，贫困规模不断扩大；与行业和区域分布联系密切；空间分布不均衡，贫困聚居现象日益明显等。城市现有的以最低生活保障制度为主体、其他类型社会救助为辅助的扶贫机制无法应对城市贫困规模扩大、贫困群体需求多元化的挑战，新的城市扶贫机制亟待建立。社会精准治理思想为城市扶贫工作提供了宝贵思路。精准化不只是针对农村贫困的有效机制，也是城市贫困治理的未来选择。城市反贫困工程的精准化机制要比农村精准扶贫机制更加复杂，需要精心设计、科学安排、合理布局，还要建构一个多元主体协同、各种资源和服务准确投放、贫困人口积极回应参与的治理体系。最终，本书课题组基本确立了研究目标，即如何建构并借助精准化机制提高贫困救助成效，以便最大范围地覆盖新贫困人口、最大限度地满足不同人群的需要。

二、精准治贫是城市新贫困群体社会保障的重要机制

社会保障是一项宏大的资源再分配工程，包括社会保险、社会救助、社会福利、优抚安置等内容，所分配和再分配的资源也非常丰富，涉及货

币、住房、教育、医疗、服务等。社会保障制度是一项面向全体公民，保障其享有基本生活权利的社会安全制度，对于贫困群体而言，尤其具有重大生存支持、扶危助困的意义。关于城市新贫困群体社会保障问题的研究文献也是汗牛充栋、浩如烟海，学者多从保险、住房、教育、医疗、福利等角度探讨城市下岗失业群体、农民工群体和“蚁族”群体的社会保障问题，不仅在理论层面上丰富完善了中国特色社会保障制度的相关研究，也在实践层面对党的十八大以来的社会保障体制改革给出了积极有益的指导。

但是，这些研究总体而言存在的较大问题是呈现出条块分割的零散状态。分割的线索一是城市新贫困人口的身份地位，将其划分为下岗失业群体、农民工群体和“蚁族”群体，分别探讨他们的社会保障现状、需求、问题和对策；分割的线索二是社会保障资源的需求与供给，从各种保障性资源的供给出发，探讨面向不同贫困群体的具体问题与对策。研究条块分割潜在地顺应了当前我国社会存在的结构与制度性安排，所导致的结果是相关研究量多而复杂，且整体上不太符合我国社会改革发展的趋势，即逐步消除各种不平等的制度性壁垒和结构性障碍，满足社会成员追求美好生活的诉求。

面对这一局面，我们需要构建一种特有的社会保障机制，能够把各类城市新贫困群体当作一个整体加以对待，能够统筹安排、合理配置各种保障性资源。当然群体内部的分化是无法回避的，但是既不是依据结构性因素塑造的身份地位，也不是依据纯粹的收入标准，而是建构一个更客观、中立、公正的判定体系。它能够更综合地反映出贫困人口的贫困程度和维度，能够更科学更合理地调配保障性资源，能够更准确更好地满足城市新贫困群体的多元化需求。

“精准治贫”正是这种特有的社会保障机制。在城市新贫困群体的社会保障体系建设中，引入“精准治贫”机制具有积极意义。它依据一套科学规范的测评体系公平看待城市中的新贫困群体；它集合多个主体协同运作，组织多种资源统筹配置，精准投送资源，满足城市新贫困群体的多元化需求；它适应普惠型社会保障体系建设的要求，以“精准”之要义提高保障性资源输送的准确性与利用率，惠及最大可能范围的城市新贫困群体。

三、精准治贫的四个基本问题

精准治贫作为城市新贫困群体特有的社会保障机制，需要着重解决如下四个方面的问题。

第一，城市贫困精准治理与精准扶贫之间的关系。对于这个问题的回答，首先需要澄清城市贫困的定义、特征、发展趋势，并在此基础上分析城市贫困治理面临的问题与挑战，探索城市反贫困战略的转型。在建设普惠型社会保障体系、实现城乡统筹发展的大背景下，城市贫困治理的发展必然要突破最低生活保障制度，构建新的整体、综合、科学精准的治理体系，最大范围地覆盖城市新贫困人口，让有不同需求的贫困者能够从中获益。这样一个全新的贫困治理模式需要命名，更需要剖析其特征，尤其需要梳理与精准扶贫的关系，从而为整个研究奠定基调、明确方向。

第二，城市新型贫困治理体系需要建构怎样的治理主体架构。贫困治理主体负责向贫困人口提供各种保障救济资源。它的构成（即哪些组织、机构或个人能够成为资源供给者），它的结构（各主体在整个贫困治理体系中的地位及相互关系）是决定整个治理主体系统能否高效运作的关键。从计划经济时代到改革开放的前 30 年，我国社会保障的主体经历了一个“国家—市场—国家适度回归，市场与社会参与”的转型过程，目前已经明确了多方主体协同治理的基本方向。在城市反贫困过程中，这种多方主体协同机制已初步运转，并取得了一定的成效，但距离把多种扶贫资源准确投送到不同需求的贫困人群手中，把更大规模的新贫困人口纳入城市社会保障体系的目标仍存在较大差距。城市贫困的精准治理必须进一步探索创新多方主体协同机制，明确国家、市场、社会三方主体各自的表现形式、所提供的资源类别、所承担的福利责任、所需要做出的转变。

第三，城市新型贫困治理体系如何思考、定义城市贫困，并科学准确地识别贫困性状。把新贫困人口纳入城市社会保障体系的核心问题是贫困的定义与识别。只有科学地定义贫困，准确地识别贫困，才能够保证资源的精准投送。通过提高贫困救助的绩效来扩大贫困治理的范围是城市贫困治理践行社会保障适度普惠主义的独特路径。因此，城市贫困的定义与识别对城市贫困治理而言意义重大，需要高度关注。定义贫困的角度在很大程度上决定着哪些指标将被选择用来反映贫困的程度和维度。经济学对贫困的理解和定义显然无法应对城市新贫困形势的挑战，社会学从人文视角出发对新贫困所做说明和解释，极大拓展了我们对城市贫困的认知，这为本书在该问题上的深入探索提供重要启示。

第四，城市新型贫困治理体系需要怎样的资源输送路径。贫困识别的目的是通过区分贫困来区分需求，进而确定资源的类别和输送路径。鉴于城市新贫困的复杂性，贫困—需求—资源之间的匹配关系需要多种路径来协调。我们需要根据贫困人群的具体需求，为其链接针对性资源，以提高资源的利用率和治理绩效。对城市贫困治理资源进行整合、分类，确定这些资源的使用原则，这将是探索治贫资源输送路径的重要方法。

这些问题的提出为本书的研究明确了基本方向。基于前期思考和摸索的深入，课题组日渐肯定了本书研究的意义和价值，越来越为其中蕴含的理论与实践魅力所着迷，当然也更清楚研究的困难与迷茫。

在本书即将撰写完成之际，党的十九大胜利召开。国务院扶贫开发领导小组办公室公布了党的十八大以来脱贫攻坚取得的巨大成效：2013～2016年，我国现行标准下的农村贫困人口由9899万人减少至4335万人，年均减少1391万人；农村贫困发生率由10.2%下降至4.5%，年均下降1.4个百分点；每年减贫幅度都在1000万人以上。[①]毋庸置疑，针对农村贫困的精准扶贫政策成效卓著。这样的成果证明了精准思路的正确性，让笔者对城市新贫困精准治理体系的建构与推行信心倍增。随着城市化水平的提升和农村贫困问题的逐步缓解，未来城市贫困必然会受到更多关注，城市贫困的精准治理亦是解决城市新贫困问题的必然选择。

陈云
南湖畔
2019年5月5日

① 国务院扶贫开发领导小组办公室：《全国农村贫困人口已减少5564万 一些地方扶贫形式主义凸显》，2017年8月30日，http://news.sina.com.cn/c/2017-08-30/doc-ifykiurx2955505.shtml。

目　录

第一章
世界城市贫困简况

城市贫困是一个世界性难题，发达国家和发展中国家的城市都普遍存在贫困问题。因为城市社会的特殊性，城市贫困也具有完全不同于农村贫困的特征。作为全球发展最快的国家，中国正在面临前所未有的产业化、城市化与老龄化问题，贫困也无可避免成为经济社会发展的伴生物。了解当前世界城市贫困的整体形势、特点和成因，这对中国深入认识自身城市贫困问题具有积极意义。

第一节　世界城市贫困现状

20 世纪 70 年代中期以来，整个工业化世界掀起了经济重构、社会转轨的浪潮，许多大城市中出现了降薪、低工资、失业、无保障、移民等因素导致的新贫困问题，新穷人和老穷人叠加，在城市中举步维艰的谋生，城市贫困形势越来越严峻。

一、全球贫困的整体形势

2000 年以来，在各国的共同努力之下，全球扶贫减贫工作取得明显成效。联合国发布的《千年发展目标 2015 年报告》显示，全球极端贫困人口已从 1990 年的 19 亿人下降至 2015 年的 8.36 亿人。[①]而根据世界银行的最新统计，按照 2011 年购买力平价测算的新国际贫困线（每人每天生活费或收入不到 1.9 美元，约合人民币 12.3 元），1990～2015 年，全球贫困人口比例由 37.1%下降到 9.6%，贫困人口数量从 19.6 亿人减少到 7 亿人。[②]时任世界银行行长针对这一结果表示，全球贫困人口百分比下降到个位数给全世界带来了极大鼓舞,并有助于进一步理清消除绝对贫穷的最有效策略。联合国以世界银行划定的贫困线为标准,设定了在 2030 年之前在全球范围内消灭所有极端贫穷现象的宏伟目标。

尽管联合国千年发展目标的减贫目标总体上在全球得以实现，但是区域差别较为明显（图 1-1）。撒哈拉以南非洲地区、南亚地区、东亚和太平洋地区仍然是贫困人口最集中的三大区域。东亚和太平洋地区的脱贫速度最快，截至 2015 年，贫困人口比例已从 1990 年的 60%多下降到 4.1%。南亚地区也进步显著，极端贫困人口数量由 6.2 亿减少到 2.86 亿，贫困人口比例从 51%下降到 13.5%。但是，该地区极端贫困人口总量仍占全球贫困人口的 34%。

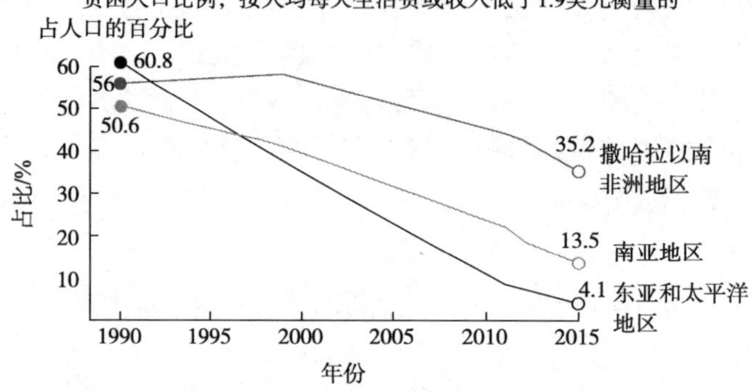

图 1-1　全球贫困人口的地区分布

资料来源：《全球贫困率首次降至 10%以下 但大部分人口仍为低收入者》，2015 年 12 月 31 日，http://www.sohu.com/a/50028255_114955。

相比之下，撒哈拉以南非洲地区的贫困形势更为严峻，生活在该地区的极端贫困人口占全球贫困人口的 40%还多，其极端贫困人口占区域人口比例在 1990 年至 2015 年只下降了 16%，至今仍有 41%的居民每日生活费

① 佚名:《联合国千年发展目标及其落实》,2015 年 9 月 26 日,http://www.xinhuanet.com/world/2015-09/26/c_1116686844.htm。

② 佚名:《全球贫困率首次降至 10%以下 但大部分人口仍为低收入者》, 2015 年 12 月 23 日, http://www.sohu.com/a/50028255_114955。

用不足 1.9 美元。极端贫困人口减半的目标在该地区并未实现，且这一区域人口增长速度过快，导致极端贫困人口数量绝对值的增加，从 1990 年的 2.91 亿人增长到 2015 年的 3.66 亿人。[①]

二、发展中国家的城市贫困

发展中国家长期以来关注农村贫困甚于城市贫困。20 世纪 70 年代以来，发展中国家受城市偏向理论的影响，改变工业化和现代化的减贫战略，加大投入改善农村人口的生活水平，采取取消城市消费者补贴、提高农产品价格等措施与贫困作斗争。持续不懈的努力使发展中国家的贫困发生率大幅下降。比较之下，城市贫困则长期被忽略。

但是，20 世纪 80 年代以来，这一形势发生了变化。有关城市贫困的数据被不断收集，发展中国家的城市贫困在深度和广度上都有很大变化。有的学者甚至指出，城市贫民窟和棚户区的贫困比农村更为严重。[②]世界银行在 1991 年发布的一份关于城市问题的政策报告也指出，到 20 世纪 80 年代后期，有些国家城市人均收入水平降低到了 1970 年的水平，有的甚至降低到 1960 年的水平。[③]20 世纪 90 年代以后，发展中国家城市化进程加快，城镇人口比重不断上升，贫困向城市集中的趋势愈加明显。

1）非洲。自 20 世纪 70 年代以来，非洲国家城市的就业和住房状况不断恶化，城乡收入差距大幅缩小，甚至在乌干达、加纳和坦桑尼亚等国家，农民的收入比城市居民还高。[④]进入 21 世纪以后，尽管贫困人口仍主要集中在农村地区，非洲国家的城市贫困问题也逐渐凸显。根据世界银行的统计，按照国际贫困线标准，毛里塔尼亚的城市贫困发生率为 25.4%，卢旺达为 14.3%，赞比亚为 53%，刚果（金）为 35.2%。[⑤]表 1-1 也体现了部分发展中国家 2006 年左右的国内贫困率，总体而言，城市贫困率均低于农村贫困率，但是城市贫困形势也不容乐观，其中布隆迪、刚果（金）、肯尼亚等非洲国家城市贫困率都在 30%以上。非洲国家的城市贫困也具有较

---

① 佚名：《全球贫困率首次降至 10%以下 但大部分人口仍为低收入者》，2015 年 12 月 23 日，http://www.sohu.com/a/50028255_114955。

② Harpham T，Lusty T，Vaughan P（Eds），*In the Shadow of the City：Community Health and the Urban Poor*，Oxford：Oxford University Press，1988.

③ World Bank，*Urban Policy and Economic Development：An Agenda for the 1990s*，Washington，D.C.：The World Bank，1991，pp.45-46.

④ 转引自胡永和：《中国城镇新贫困问题研究》，中国经济出版社 2011 年版，第 7 页。

⑤ World Bank，*Africa Development Indicators 2008*. Washington，D. C.：The World Bank，2008，p.62.

强的社会群体特点，失业者和一些从事微小型职业者（如小商贩）更多地陷入贫困之中。①

表 1-1　部分发展中国家国内贫困率

国家	年份	全国贫困率/%	农村贫困率/%	城市贫困率/%
布隆迪	2006	66.9	68.9	34.0
喀麦隆	2007	39.9	55.0	12.2
刚果（金）	2006	71.3	75.7	61.5
加纳	2006	28.5	39.2	10.8
肯尼亚	2006	46.6	49.7	34.4
缅甸	2005	32.0	—	22.0
塔吉克斯坦	2009	47.2	49.2	41.8

注：国家贫困率是指生活在国家贫困线以下的人口的百分比；城市贫困率是指生活在国家城市贫困线以下的城市人口的百分比；农村贫困率是指生活在农村贫困线以下的农村人口的百分比。

资料来源：世界银行 WDI（World Development Indicators）数据库、中华人民共和国国家统计局《国际统计年鉴 2014》。

2）拉丁美洲。拉丁美洲的情况也是如此。在近 30 年（1980～2008 年）的城市化进程中，拉美地区城市贫困人口随着城市化的发展，呈现出增长趋势。拉美地区城市贫困人口占总人口的比重从 1980 年的 29.8%上升到 1990 年的 41.4%，此后虽然逐年下降，2008 年为 27.6%，但是城市贫困人口数量总是多于农村贫困人口的数量。②拉美地区仍然是当今贫困发生率最高的地区之一。以墨西哥为例，世界银行 2002 年的相关调查数据显示，墨西哥的赤贫率为 11.4%，贫困率为 32.7%。2005 年，约有 20%（1470 万人）的城市人口生活在城市贫民窟中。③墨西哥城的贫民窟有三种类型：一是非正规住宅区，一般位于城市边缘地带；二是位于城市中心地带的“旧式贫民窟”；三是“失城”（ciudades perdidas）、楼房顶层的房子（cuartos de azotea）、烂尾楼等其他类型的贫民窟。贫民窟缺乏基本的城市公共服务，生存环境恶劣，社会治安问题突出。④

3）南亚和东南亚。南亚地区的情况也不容乐观。尽管困扰南亚诸国的贫困问题主要是农村贫困，但城市贫困人口的状况也令人担忧。大部分

① 安春英：《非洲的贫困与反贫困问题研究》，中国社会科学出版社 2010 年版，第 66 页。

② 郑秉文：《拉丁美洲城市化：经验与教训》，当代世界出版社 2011 年版，第 57 页。

③ 刘波：《墨西哥城市贫民窟现象》，2010 年 8 月 13 日，http://finance.jrj.com.cn/2010/08/1316007946043.shtml。

④ 王文仙：《20 世纪墨西哥城市化与社会稳定探析》，《史学集刊》2014 年第 4 期，第 61 页。

城市人口的住宅条件恶劣，拥挤、通风状况差、卫生设施简陋。有 1/4 到 1/2 的城市居民生活在贫民窟或临时住处，很多人甚至没有栖身之所，只能在纪念碑下、桥洞安家或者露宿街头。产业工人们只能居住在简陋的茅舍中，40～50 个男人和 1～2 个女人共同生活其中。卫生条件也非常糟糕，城市中很多地方没有排污系统，小巷或后院中堆满了废弃物，苍蝇、老鼠、蟑螂横行无忌，污水横流。以印度为例，其总人口中只有大约 6%的人能享受到清洁水源供应，只有 3%的人有排污系统。[①]在印度孟买，200 万人居住在简陋的贫民窟里，许多地区无水、无电，不少人生活无着落，找不到工作。大批农村劳动力流入城市，加重了城市负担，扩大了城市贫民的队伍。[②]

从 20 世纪 60 年代开始，东南亚地区进入城市化的高速发展阶段，城市人口增长速度高出同期世界平均值一倍以上。快速涌入的人口所带来的压力远远超出了城市的吸收消化能力，城市无法提供充足的基础设施、公共服务和就业机会。1990～2005 年，东南亚各国城市贫民窟人口占城市人口比例基本都维持在高位，尤以柬埔寨和老挝最为突出，2015 年时贫民窟人口数量占城市人口总量的近 80%（表 1-2）。2010 年，东南亚地区的贫民窟比例达 31%，特别是老挝、缅甸、柬埔寨等国城市贫民窟的状况异常糟糕，居民的生活质量极差，儿童死亡率很高。[③]

表 1-2　贫民窟人口占城市人口比例[④]　　单位：%

国家	1990 年	2001 年	2005 年
柬埔寨	72	72	78.9
印度尼西亚	32	23	26.3
老挝	66	66	79.3
缅甸	31	26	45.6
菲律宾	55	44	43.7
越南	60	47	41.3

资料来源：United Nations Human Settlements Programme. Global Urban Indicators.2007b。

① ［瑞典］冈纳·缪尔达尔、［美］赛思·金：《亚洲的戏剧》，方福前译，商务印书馆 2015 年版，第 93—94 页。

② 郝文明：《中国周边国家民族状况与政策》，民族出版社 2000 年版，第 301 页。

③ 刘倩倩：《东南亚国家城市化发展与城市贫困问题》，《中国国际扶贫中心研究报告》2013 年第 4 期，第 14 页。

④ 刘倩倩：《东南亚国家城市化发展与城市贫困问题》，《中国国际扶贫中心研究报告》2013 年第 4 期，第 15 页。

三、发达国家的城市贫困

与发展中国家不同，发达国家已然完成城市化过程。根据世界银行发布的统计数据，截至2013年底，全球主要发达国家的城市化水平均在70%以上，绝大部分国民生活在城市之中。

1）美国。1964年，美国总统约翰逊在其国情咨文中代表美国政府公开向贫困宣战。这场没有硝烟的战争持续了半个世纪，美国政府仍然无法宣称胜利。美国农业部的资料显示，2005年美国国内有3510万人（占总人口的12%）正在经历“饥饿状态”，其中1240万是儿童。[①] 1968～2006年，随着整个国家人口结构的改变，美国贫困人口的构成也发生了很大变化。与1970年的数据相比，西班牙裔贫困人口比例从10%上升到27%，非西班牙裔白人贫困比例从55%下降到42%，非裔美国人贫困比例从33%下降到24%。绝大多数贫困人口生活在中心城市和其他城市地区，只有极少部分穷人（22%）生活在乡村。[②]

根据美国国家统计局发布的最新数据，2009年美国的贫困人口数为4360万，这意味着有14.3%的人口收入在当地贫困线以下。这一贫困率是美国自1994年以来的最高纪录，贫困人口数也创下了51年来的新高。贫困在不同人群中的分布也极不均衡，非西班牙裔白人、西班牙裔和黑人的贫困率都有所上升，黑人的贫困率更是高达25.8%。而在18岁以下的儿童中，有20.7%被官方认定为贫困。这一比例远高于绝大多数西方工业国家。贫困家庭的数量在2009年也达到880万户，家庭贫困率为11.1%。各种类型家庭的贫困率和贫困数量都有所上升，女性户主家庭的贫困率更高，达到29.9%，近440万户家庭。此外，非美国公民、大城市居民的贫困率也都有所上涨，分别为25.1%和18.7%。[③]

进入21世纪以来，在美国的移民人口中，拉美裔移民总数逾4000万人，占美国总人口数的16.3%，超过非洲裔成为全美第一大少数族裔。[④]拉美裔移民在美国的生存发展境况堪忧，家庭人口多、文化程度低、平均收入低、从事低端工作、遭受社会排斥。有数据显示，拉美裔家庭平均人口

---

① 〔日〕堤未果：《贫困大国美国》，殷雨涵、谢志海译，北京科学技术出版社2010年版，第18页。

② 〔美〕玛丽亚·康西安、谢尔登·丹齐革：《改变贫困，改变反贫困政策》，刘杰等译，中国社会科学出版社2014年版，第24页。

③ 周凤华、Edin K、Kissane R J，等：《美国的贫困家庭与福利改革》，《社会主义研究》2011年第5期，第94页。

④ 师嘉林：《当代美国拉美裔移民贫困问题探析》，《重庆工商大学学报（社会科学版）》2015年第3期，第73页。

数为 3.88 人，高出美国家庭平均人口数 0.65 人；仅有 15%的拉美裔学生接受系统的小学教育。在美国城市的“穷忙族”中，拉美裔人口占 14.1%，位列榜首。无高中文凭或只接受了一年高中教育的拉美裔在劳动力市场的失业率也高达 25.3%，高出亚裔 12 个百分点。①

2）英国。老牌资本主义国家英国的情况也不容乐观。以最低收入标准指数计算，生活在贫困家庭的人口数量从 2008～2009 年度的 1500 万人增至 2014～2015 年度的 1900 万人。大部分增长发生在 2012 年 3 月之前的 3 年里，之后就再也没有逆转了。目前，英国有近 1/3 的人生活在贫困家庭中。作为人口老龄化严重的国家，英国 60 岁以上老人有 1256 万人，占总人口的 21%。老年人贫困问题在英国较为突出。17.5%的老人（220 万人）受到贫困困扰，其中 110 万人长期生活在法定贫困线下，另外 110 万人在贫困线上挣扎，返贫压力巨大。②此外，英国的儿童贫困问题也较为突出。根据英国《卫报》的报道，截至 2013 年英国约有 350 万贫困青少年。如果仍无实质有效的措施，到 2020 年，青少年贫困人数将达 500 万人。③

3）日本。在亚洲，GDP 世界排名第三的日本面临的贫困问题也愈加突出。2014 年，日本的贫困率为 16.1%（即每 6 人中有 1 人处于贫困之中），在经济合作与发展组织（Organisation for Economic Co-operation and Development，OECD）34 个加盟国中位列第四。若从单亲家庭来看，其贫困率达到 54.6%，为世界第一。20 岁年龄段年轻人的贫困率快速增加，单身女青年贫困率为 33%，单身男青年贫困率为 25%。还有 1/7 的儿童生活在贫困之中。④

从发展中国家和发达国家的整体形势来看，城市贫困问题在全球范围内普遍存在，而且有愈演愈烈的趋势。各国均应加大对城市贫困的关注程度，积极投入、改革、完善福利制度，利用城市优势，让城市居民能够有尊严地体面生活。

① 师嘉林：《当代美国拉美裔移民贫困问题探析》，《重庆工商大学学报（社会科学版）》2015 年第 3 期，第 76 页。

② 佚名：《英国近三分之一人生活在贫困线以下》，2017 年 2 月 15 日，http://finance.sina.com.cn/stock/usstock/c/2017-02-15/doc-ifyarmcu6001418.shtml。

③ 佚名：《2020 年英国贫困青少年或将达到 500 万》，2014 年 5 月 29 日，http://news.ifeng.com/a/20140529/40520085_0.shtml。

④ 佚名：《日本相对贫困率达 16%以年轻人居多》，2015 年 5 月 27 日，http://japan.people.com.cn/ n/2015/0527/c35467-27061679.html。

第二节　城市贫困的属性

认识城市贫困的前提是弄清楚城市贫困的内涵与边界。对界定城市贫困的标准是什么，城市贫困与农村贫困如何区分、有无区分的必要和价值，城市贫困的特点是什么等问题的思考有助于我们全面准确把握城市贫困的全貌。

一、贫困的内涵

什么是城市贫困？对这一问题的回答意味着在“贫困”概念之前加一个“城市”限定。贫困本身是一个内涵复杂多变的概念。贫困的内涵深受历史变迁、地域差异，以及社会道德与价值观念的影响。尽管如此，人们还是希望能够准确把握贫困的内涵，并就此形成围绕贫困的理论与实证领域。同时，从需要角度出发界定贫困是学界最通行的思路。

需要是人的本质属性。马克思认为，人是需要的创造物，需要本身构成了人的生活情景，人的各种活动都因需要而产生。需要是劳动的动力，人们因需要而劳动，因劳动而享有。需要—劳动—消费—需要满足的过程是人类自我实现的过程。人的基本需要如果无法得到满足，生命的意义将因此种缺乏而受到影响。当代社会福利理论继承发展了马克思的“需要为本”理念，将其作为社会福利的目标定位，并进一步区分出不同类型的需要。①联合国划分出基本需要和非基本需要，马斯洛根据递进关系将需要由低到高划分为生存、安全、归属和爱、自尊、自我实现五个层次。这些需要，尤其是基本需要（或低层次需要）得不到满足成为理解贫困的重要视角。收入贫困（income poverty）、支出型贫困（expenditure-based poverty）能力贫困（capability poverty）、权利贫困（right poverty）等概念正是基于此种理解而提出的。

（一）收入贫困：基本需要无法满足

从基本生存需要无法满足的角度解释贫困是 20 世纪 70 年代以前通行的思路。经济学家和社会学家多用“家庭收入和支出”指标来衡量贫困，如“贫困是指收入较少而无力供养自身及家庭的一种低落的生活程度”“贫

① 彭华民：《论需要为本的中国社会福利转型的目标定位》，《南开学报（哲学社会科学版）》2010 年第 4 期，第 55—56 页。

困是指经济收入低于当时、当地生活必需品购买力的一种失调状况”“贫困是因无适当收入或不善使用（开支），无法维持基本生活以及改善健康条件和精神面貌去做有用工作的一种社会状况”。1990 年世界发展报告《贫困问题·社会发展指标》即根据 1985 年 PPP[①]美元计算的年人均收入 275～370 美元来划定贫困线的上限和下限。[②]上述关于贫困的定义，都假定收入决定着购买力及维持基本生活需求的能力。当家庭年人均收入或家庭年总收入低于通常根据基本需求的开支而确定的贫困线，或者个人或家庭收入无法满足生存的最基本需求即可认定为贫困状态。这些都是最通行的贫困定义。

从收入角度理解贫困，一定程度上体现了“不足”方面的内涵，但实际上蕴含着某种偏差。一方面，它过分凸显了经济因素的作用，使国家的反贫困实践热衷于划定一条收入“贫困线”，并采用各种形式的收入再分配来消除贫困。另一方面，它忽略了诸多非经济因素的影响，结构性制约、制度性排斥、观念性歧视、机会被剥夺、文化传承等都可以导致贫困。因此，机会、知识、能力、权利、尊严、体面生活等要素的匮乏都可以理解为贫困。显然，该角度既无法体现收入偏低背后的深层次制约，也无法说明收入不低于贫困线的个人及家庭为何会陷入贫困状态。

（二）支出型贫困：重要需要无法满足

用“支出”来界定贫困是该领域的传统做法，而且经常和收入结合起来使用。著名的恩格尔系数即这种理解思路的产物。恩格尔系数借助家庭食品支出占消费支出总额的比重来反映家庭生活水平的高低。吃是生存的第一要件，只有满足该层次的需要，消费才会向其他方面扩展。一般而言，恩格尔系数与生活富裕程度呈反比，与贫困程度呈正比。联合国粮食及农业组织（简称联合国粮农组织）即用恩格尔系数来衡量贫困与富裕，恩格尔系数在 59%以上为绝对贫困，50%～59%为勉强度日，40%～50%为小康水平，30%～40%为富裕，30%以下为最富裕。该指标内涵明确、简单明了，易于掌握和计算，在国际上应用十分广泛。

但是，随着时代发展及对贫困内涵理解程度的日益加深，人们开始认识到收入高于贫困线、基本生存需要保障无忧的家庭也可能因为某些

① PPP，Purchasing Power Parity 购买力平价。

② 此处的几个贫困定义，可参见屈锡华、左齐：《贫困与反贫困——定义、度量与目标》，《社会学研究》1997 年第 3 期，第 106 页。

阶段性的大额硬性支出导致支出增多，实际生活水平下降。支出型贫困概念随之应运而生。支出型贫困需要满足以下三个方面的条件：第一，家庭人均收入和支出均高于贫困线；第二，家庭有某些不可避免的大额支出，如重大疾病、教育、突发事件等，导致“入不敷出”；第三，这类家庭往往被排除在社会救助体系之外，境况堪忧。[①]支出型贫困蕴藏人文贫困的内涵，关注能力、机会、权利的缺失，力求恢复该类贫困家庭正常社会生活的能力。

（三）能力贫困：发展的需要无法满足

能力贫困是当前国际上最流行的贫困定义。在《以自由看待发展》中，阿玛蒂亚·森指出，判断某个人处境的标准是他所具备的能力，即一个人所拥有的、享受自己有理由珍视的那种生活的实质自由。[②]贫困被定义为基本可行能力的剥夺，收入贫困只是能力贫困的外在表现，健康状况、技能知识、工作经验、机会获得等方面的差异是导致能力差距的直接原因，而深层次因素则是公共政策的失败、不平等、社会福利制度不完善、民主程度过低等。能力贫困主要表现为过早死亡、严重营养不良、慢性流行病、文盲及其他方面的失败。森以此为基础提出了以能力标准定义的多维贫困理论。森的定义阐明了能力和收入之间的内在关联，对经济因素和非经济因素进行了综合考察，更具合理性。

森的贫困思想对国际社会产生了较大影响。联合国开发计划署（United Nations Development Programme，UNDP）使用的人类贫困指数（human poverty index，HPI）、人类发展指数（human development index，HDI）及多维贫困指数（multidimensional poverty index，MPI）等都秉承了森的贫困思想。世界银行2000年的发展报告《向贫困开战》用大量的实证资料证明，贫困不仅意味着低收入和低消费，也体现了受教育机会缺乏、营养健康状况较差。[③]联合国亚洲及太平洋经济社会委员会（U.N. Economic and Social Commission for Asia and the Pacific，ESCAP）第59届会议将贫困定义为多种内容的缺乏，包括金钱、机会、权利等。穷人因缺少金钱而无法获得足够的物品和服务，这反过来又会限制其创收；穷人因缺乏人力资本

① 段培新：《支出型贫困救助——一种新型社会救助模式的探索》，《社会保障研究》2013 年第 1 期，第 170 页。

② 〔印〕阿玛蒂亚·森：《以自由看待发展》，任赜、于真译，中国人民大学出版社 2002 年版，第 15 页。

③ 王艳萍：《贫困内涵及其测量方法新探索》，《财经理论研究》2006 年第 2 期，第 14 页。

和社会资本而难以享受干净的水、保健和教育等服务，这些服务对健康生活、学习知识、创造就业及提高收入是必不可少的；穷人因无法参与决策而成为“失声”群体，造成其多种权益缺乏政策支持，具体需求无法获得满足。

能力贫困的提出极大激发了人类对贫困的思考，贫困不再是一个囿于经济学领域的问题。只有从经济、政治、法律、文化等方面综合考察，才能够更准确地把握贫困的实质；只有让人们享有更大限度的行为自由，拥有更多的机会，有更多的选择才能真正消除贫困。能力贫困的实践效应是把提高个人能力作为解决贫困和失业的根本之道。

（四）权利贫困：尊重的需要无法满足

从“权利”角度分析贫困最初也是由森开创的。在《贫困与饥荒》中，森指出，不同阶层的人们对粮食的支配和控制能力体现为一种社会权利关系，贫困和饥荒的发生即权利体制不合理甚至失败的结果。现实生活中的人们享有四种基本权利，它们分别是以交换为基础的权利、以生产为基础的权利、以自身劳动力为基础的权利和以继承与转让为基础的权利。自然经济条件下贫困的产生源于前两种权利的失败，市场经济条件下贫困的产生则源自后两种权利的失败。饥荒即个人交换权利下降的结果。[①]森所讲的“权利”是一个人“利用各种能够获得的法定渠道，以及所获得的可供选择的商品束的集合”[②]。

受其启发，学者陆续将社会剥夺理论、社会排斥理论、能力理论、社会权利理论的相关思想引入贫困分析中，扩展了权利贫困的内涵。贫困是基本人权和各种社会权利的缺乏。它不仅表现为收入水平低，教育、健康和营养状况不好，还表现为风险应对的脆弱性、无发言权和社会排斥等。脆弱性是指缺少应付破坏性损失的手段，破坏可能来自自然风险、市场风险、经济波动及社会混乱。穷人更容易在外部遭受外来冲击，在内部孤立无助。[③]无发言权意味着穷人在政治上被边缘化，不受尊重，处于被排斥的地位。换言之，如果一个人有足够收入、足够能力，但依然不被主流经

① 〔印〕阿马蒂亚·森：《贫困与饥荒》，王宇、王文玉译，商务印书馆 2001 年版，第 6—10 页。

② 〔印〕让·德雷兹、阿玛蒂亚·森：《饥饿与公共行为》，苏雷译，社会科学文献出版社 2006 年版，第 24 页。

③ 〔美〕拉维·坎波尔、琳·斯奎尔：《关于贫困的思想演变：对相互作用的探讨》，载〔美〕杰拉德·迈耶、约瑟夫·斯蒂格利茨编《发展经济学前沿：未来展望》，本书翻译组译，中国财政经济出版社 2003 年版，第 147 页。

济、政治、文化、社会系统所接纳，他仍然是贫穷的。

现在，与贫困联系在一起的权利范围十分广泛，包括资源分配、劳动就业、医疗、教育、住房、财产、福利、名誉、休闲娱乐等诸多方面。贫困的内涵也在“权利不足”“获取权利的机会和渠道不足”的基础上，发展出“缺少法律保障”及“权利失而复得的机会较少”等内容。权利贫困主要采用参与式调查法来度量，询问人们对其自身贫困状况和各种相关政策的看法、评价，是最站在贫困者角度反映贫困的一个定义。

上述四个贫困概念代表了人类社会对贫困的主流理解，即某种需要无法得到满足。它们的发展体现为一种层层递进、相互补充的关系。收入贫困从生存需要角度强调了最低物质资料的满足对于生活之意义。支出型贫困最初是收入贫困的相关概念，毕竟支出能力在很大程度上受制于收入能力。但是，当被迫消费被考虑进来，支出和收入的关系似乎就没那么简单了。能力贫困强调个人基本生存能力的匮乏是致贫的原因，增强贫困者的劳动能力、生存技能是脱离贫困的出路。权利贫困强调政治、文化等社会性因素的影响，缓解贫困的最佳方法是为贫困者创造公平公正的社会环境，让他们有机会参与社会活动，而不是借助制度和政策将他们排斥在外。

二、城市的边界

研究城市贫困需要弄清楚城市的边界。城市是什么？世界各国对其有不同的界定。归纳起来，大致有三种思路。其一，行政界定，即政府规定哪些人口聚集区是城市。例如，布隆迪的首都和省会城市是由政府规定的，而居住在首都和省会城市中的居民才是城市居民；新加坡规定，国家的所有人口都是城市人口；我国也属其列。根据国家统计局发布的《关于统计上划分城乡的规定（试行）》，城镇是指在我国市镇建制和行政区划的基础上，经本规定划定的城市和镇。该文件中划定城镇的标准综合了人口数量、公共设施、公共服务的种类和水平、非农业经济比例等标准。其二，单纯从居住点的人口密度和规模加以限定。例如，乌干达规定 100 名以上居民的定居点即为城市，丹麦规定只要是 200 人以上的居民集中居住地均可被视为城市。其三，将人口规模和功能结合起来加以限定。例如，刚果规定有 2000 人以上的人口聚居，主要从事非农业生产的地区就是城市。联合国对城市的界定是 2 万人口以上的聚集地，其他则为农村。人口达到 50 万人以上的城市为大城市。

但是，这样的标准并不能把城市的边界勾勒清晰。一方面，城市和农村的二元空间分离对了解贫困的结构性原因和推进整体性扶贫工作产生了不利影响。城市和农村无论是在地域还是在功能上都是一个连续统一体，它们广泛的相互依赖，根本无法分割开来。随着城市化进程的推进，越来越多的农村地区逐渐改变面貌和转变职能，被城市空间所容纳覆盖。而当城市化达到高级阶段之后，郊区化、逆城市化等过程将再一次影响改变农村的身份。因此，城市和农村都只是相对概念，把二者严格区分的做法扭曲了社会空间的真实面貌。另一方面，各城市内部也存在较大差异。因城市人口规模和密度的不同，大城市的人口可超过 1000 万，如东京、德里、上海、北京、圣保罗、孟买、墨西哥城、大阪、纽约等。同时，人口只有几万甚至几千人的小城镇也不在少数。中等城市、小城镇的居民与大都市的居民在生活的各个方面都存在较大差异。

另外，全球移民浪潮仍在持续升温。《世界移民报告 2015》显示，全世界有 7.4 亿名国内移民和 2.32 亿名国际移民。其中，近 50%的国际移民流向澳大利亚、加拿大、美国等 10 个高度城市化、高收入国家，中低收入国家之间人口的南—南迁移日益凸显。全世界每周大约有 300 万人口移居到城市。在世界主要城市中，移民人口平均占比在 20%以上。其中，迪拜和布鲁塞尔的移民人口在城市总人口中的占比分别达到 83%和 62%。在东亚、印度、巴西、南非等新经济中心，国家内部的移民数量也在快速增长。印度有超过 3.3 亿人的国内移民，中国有超过 2.2 亿人的国内移民。在中低收入国家，每年有多达 6600 万的人口迁移到城市中。[①]

人口的大规模流动进一步模糊了国家或地区及城市和农村的边界，同时也增加了新的致贫因素。在中国和印度等快速城市化国家，城市显然没有做好迎接大量外来人口的准备，导致农村流动人口在城市面临诸多困境，生活较为艰难。在发达国家也是如此。美国移民研究中心（The Center for Immigration Studies，CIS）的报告显示，移民及其 18 岁以下子女占全美贫困人口的 1/4，占无健保人口的 1/3。即使在美国居住 20 年之久，移民与本土美国人之间的差距仍未能消除，他们的贫困率比本土人高 50%。[②]流动人口的来来去去给城市人口统计测算带来了不少困难，关于他们身份定位和福利待遇的争议也不绝于耳。

因此，城市本身是一个边界不甚清晰的空间，这也给研究城市贫困带来了困难。多样化人群、多样化需求、多样化致贫原因都意味着在城市贫

---

① 佚名：《世界移民报告 2015》，2016 年 3 月 23 日，http://www.sohu.com/a/65229033_372522。

② 佚名：《赴美 20 年 43%仍靠政府福利 研究指移民推高贫困率》，2012 年 8 月 10 日，http://www.chinanews.com/hr/2012/08-10/4097655.shtml。

困研究中细分群体的必要性和重要性。

三、城市贫困的特点

有效治理城市贫困的前提是准确把握其性质，城市贫困因城市社会的特殊性而体现出诸多不同于农村贫困的特点。

（一）城市贫困以相对贫困为主，含有绝对贫困

斯密在《国富论》中指出，满足人们基本需要的必需品的缺乏有伤体面的生活。体面不仅是一个生理或生存意义上的概念，更是一个关乎尊严尊重的概念。当某些基本价值物无法获得满足时，人们会觉得“很丑”“丢脸”“羞于人前”而无法正常参与社会生活，无法融入主流社会。

国际社会普遍认同将低于最低限度体面生活水准的生存状况视为贫困，即绝对贫困。[①]绝对贫困是指把体面生活所需的基本价值物收缩到最低，将生存需要作为其内核，经常与营养不良、饥饿等联系在一起。世界银行在《世界发展报告 1980：贫困与人力资本》中把贫困定义为“一种以营养不良、文盲和疾病为特征的生存状况”。在世界各国的实践中，多把“家庭总收入不足以维持仅仅是基本物质生活所必需”作为贫困标准，并参考社会平均收入与消费水平，划定绝对贫困线。例如，世界银行在《世界发展报告 1990》中提出适用于发展中国家的两条国际贫困线，一条是“一天 0.75 美元生活费”国际贫困线下限，另一条是“一天 1 美元生活费”国际贫困线上限，2008 年又将 1 美元/天的绝对贫困线重估为 1.25 美元/天。

体面生活的标准会随着人们地位、身份、角度的变化而有所不同。即使是那些收入高于绝对贫困线标准的社会成员也可能在比较中产生贫困感、相对剥夺感。因此，相对贫困是一个比较性概念，森将其定义为“与另外一些人相比，一些人在某些方面的欲望得到了较少满足，如收入、舒适的职业或者权利等”[②]。相对贫困的测度多采用比例法，把收入

---

① 基本价值物的拥有状况可以从种类、数量、质量三个指标加以衡量。当基本价值物的拥有量充足时，人的基本需要便能得到满足。充足不是一个确切值点，而是在一个区间内浮动的可变量。该区间（也称作充足区间）的上限是个人或家庭的基本需要获得最大限度的满足状态，下限是个人或家庭的基本需要获得最低限度的满足状态。充足区间代表人们能够体面生活的区间，超过其最大限度充足上限，可被视为丰裕性生活；低于其最低限度充足下限，即为匮乏性生活。“绝对贫困”和“相对贫困”即是以体面生活作应然尺度来定义的两类贫困。

② 〔印〕阿马蒂亚·森：《贫困与饥荒》，王宇、王文玉译，商务印书馆 2001 年版，第 25 页。

分配由大到小排列，处于底端的一定比例（如 20%）的最低收入群体即为贫困群体，其中的最高收入为贫困线。也有的做法是把贫困线设在中位收入或平均收入的 50%或 60%处，发达国家的贫困线设定普遍采用该种思路。相对贫困告诉我们，一个社会无论在绝对量上多么富有，也总是存在一定比例的贫困者。它满足了随着社会生活水平的变化而调整贫困标准的需要。

城市经济社会的整体状况优于农村地区，城市中绝对贫困的发生率相对较低，而主要是相对贫困。从全球范围来看，城市贫困主要集中在发达国家，而绝大多数发达国家的贫困线的划定都是以中位收入或平均收入的 50%或 60%为标准的。例如，英国的国家贫困线是家庭收入低于收入中位数（处于中间收入家庭所得税后收入）的 60%；其他欧洲联盟（简称欧盟）国家普遍采用人均收入低于收入中位数的 50%作为贫困线。按照相对贫困的定义，发达国家的贫困发生率可能会高于发展中国家，尽管发达国家的贫困者每天的生活费高于 1 美元。

虽然城市中相对贫困者居多，但还是有部分极度贫困者处于绝对贫困状态。森认为，相对贫困拓展了关于贫困的社会分析，但是却不能真正成为贫困概念的唯一基础，而只是绝对贫困分析方法的补充。绝对贫困才是贫困分析中不可缩减的内核。[①]在美国官方公布的“联邦贫困线”（federal poverty guidelines）中，贫困被划分为近贫（near-poverty）、贫困、赤贫（extreme-poverty）三个等级。其中，赤贫特是指年收入在联邦贫困线 50%以下的个人或家庭。[②]美国的赤贫人口有很多都是无家可归者。尽管尚无准确数据，但美国的无家可归者人数众多已成事实。据报道，1991 年美国 19 个大中城市共冻死了 1750 名无家可归者，旧金山市平均每年有 100 人冻死街头。[③]中国发布的《2011 年美国的人权纪录》中，美国每年的无家可归者达到 230 万人～350 万人。[④]在日本，多年的经济衰退造成贫困率不降反升，每年都有一定数量的人口被饿死。根据日本厚生劳动省公布的数据，1997～2011 年共饿死 25 525 人，平均每年饿死 1053 人，平均每天饿死 5.6 人，每 4 小时就有 1 人饿死。[⑤] 显然，城市中也生活着连基本温饱

---

① 〔印〕阿马蒂亚·森：《贫困与饥荒》，王宇、王文玉译，商务印书馆 2001 年版，第 26 页。

② 王永红：《美国贫困问题与扶贫机制》，上海人民出版社 2011 年版，第 4 页。

③ 高恒：《美国国民素质考察报告》，广西人民出版社 1999 年版，第 159 页。

④ 国务院新闻办公室：《美国有数百万无家可归者流落街头》，2012 年 5 月 25 日，http://www.chinanews.com/gn/2012/05-25/3916870.shtml。

⑤ 佚名：《日媒：统计显示日本平均每 4 小时饿死 1 人》，2012 年 11 月 20 日，http://world.huanqiu.com/well_read/2012-11/3295767.html。

都无法满足的家庭或个人。

（二）城市贫困具有明显的行业和区域特征

城市贫困者往往聚集于建筑业、制造业、服务业等技术低端性行业中，在经济欠发达地区贫困发生率也较高。从20世纪50年代开始，西方工业城市的经济转型导致大规模的企业关闭、破产、生产线升级甩出了大量产业工人。1954～1964年，美国的GDP增长了40%，但就业只增加了12%。有学者估计，1953～1959年，全美消失了150万个传统就业岗位，新增了60万个新兴就业岗位。[①]消失的岗位多属于传统产业，大量蓝领工人失业；新增岗位则集中于新兴行业和服务业，失业工人要么无法胜任，要么收入不升反降，生活压力陡增。

美国的每个大城市都有"地下经济"，所谓地下经济是指劳动者所得报酬远低于法定标准。逃避政府管制、税收和监察，其产值和收入未纳入国民生产总值的所有经济活动。1961年，美国城市中有1600万名贫困工薪族，他们主要从事家庭佣人、汽车司机、洗碗工、旅馆服务员、零售店雇工等工作，收入非常低，周薪平均在46美元左右。他们大多数文化程度低、没有技术、缺乏竞争资本、有不良生活嗜好，生存处境极为艰难。[②]

按照劳动力市场理论的观点，劳动力市场被诸多制度性力量划分为两大部分：主要劳动力市场和次要劳动力市场。主要劳动力市场中的就业岗位由大规模的公司、企业、机构提供，工作稳定、待遇好、自主性大；次要劳动力市场中的职业岗位由小规模的公司、企业、机构提供，工资待遇低、工作条件差、失业率高。城市贫困者往往由于文化程度低、技术水平差或者过时，在劳动力市场上缺乏竞争力，只能在次要劳动力市场中寻找就业机会。但次要劳动力市场中的岗位总体而言是供过于求的，导致就业倾轧，劳动者不得不接受低于最低工资水平的报酬，生活毫无起色。

（三）城市贫困易呈现出空间聚集效应

贫困人口极易在内城区、老城区、产业衰退区、近城郊区、建设停滞区等区域聚集，它们可以统称为"贫民窟"。贫民窟住房条件恶劣、环境卫生条件极差，犯罪现象时有发生，生活风险很高。世界很多大城市中都有

---

① Harrington M, *The Other America, Poverty in the United States*, New York: Penguin Books, 1980, p.33.

② 汪树民：《超级大国的弱势群体——战后美国贫困问题透视》，学林出版社2011年版，第72页。

贫民窟。肯尼亚首都内罗毕有世界上最大的贫民窟——基贝拉贫民窟，印度孟买的达哈维贫民窟是世界第二、亚洲最大的贫民窟，巴西里约市有南美最大的单体贫民窟罗西尼亚（Rocinha）。表 1-3 反映了美国一些大城市贫民窟人口数量在 1970 年和 1980 年的变动情况。显然，1970～1980 年，美国各大城市贫民窟人口数总体呈上升趋势。纽约、芝加哥、费城的贫民窟人数在 10 年中分别增加了约 34.3 万人、12.0 万人和 7.7 万人。[①]

表 1-3　美国大城市贫民窟人口数（1970 年、1980 年）

城市	贫民窟人数/人		占所调查地区穷人比例/%	
	1970 年	1980 年	1970 年	1980 年
纽约	134 139	477 621	7.1	19.5
芝加哥	74 370	194 338	19.4	27.4
费城	49 657	127 134	31.5	32.6
巴尔的摩	45 732	60 983	34.0	35.1
本尼托	53 632	58 222	28.9	37.5
孟菲斯	77 580	56 915	15.5	39.8
新奥尔良	71 923	56 504	23.2	42.1
洛杉矶	41 885	51 306	36.2	48.7
其他城市	1 206 763	1 257 009	—	—

（四）城市贫困人口面临特殊风险

城市集多种功能于一体，人口众多，差异性较大。贫困人口生活在城市中往往面临诸多风险，有学者估计，第三世界国家中有 6 亿城市居民居住在有健康和生命危害的地区。他们面临的特殊风险概括起来包括以下几个方面。①居住条件恶劣（拥挤、潮湿、阴暗、狭窄、年久失修、通风不佳）极易引发诸如肺结核、脑膜炎、流感等传染性疾病肆虐，火灾、洪水、滑坡、地震、有害物质泄漏等灾害一旦发生将造成极为严重的损失。在印度博帕尔、美国新奥尔良等城市发生的重大灾难中，穷人的伤亡率远高于富人，这一结果与穷人过度密集的居住不无关系。②卫生条件恶劣（清洁饮用水供应紧张、污水横流、生活垃圾随意丢弃、老鼠蚊虫细菌大量滋生）极易引发霍乱、疟疾、伤寒、肠道感染、严重腹泻等疾病，其传播速度快、蔓延广泛。③公共服务严重匮乏（医疗、卫生、教育、治安等条件差）导致老人、儿童、残障人士等缺乏防护保障，犯罪频发，穷人的生命财产安

① Lynn L E，Jr，McGeary M G H（Eds），*Inner-City Poverty in the United States*，Washington D.C.：National Academy Press，1990，pp.37-38.

全遭受威胁。

这些风险不仅是规划和投入问题，也是穷人理性选择的结果。低收入限制了他们的生活选择，为了降低居住成本、交通成本，他们通常会居住在靠近工作机会的地方，尽管这些地方存在健康、安全与环境风险。这些风险极大增加了贫困者的脆弱性，削弱其抵抗各种风险的能力。

（五）城市贫困人口风险抵御能力较弱

城市贫困人口的脆弱性很强，难以抵御各种自然或人为风险。贫困人口的脆弱性主要源于城市特殊的生产生活方式。与农业生产的自给自足不同，城市的生产更专业化、城市的生活更商业化，城市人口必须依靠市场交换才能获得生存和发展所需的商品与服务，靠出卖劳动力来获取收入。在城市中，最基本的生活资料（如饮用水、燃料、食物等）都是要用货币购买的，居住成本也很高，这无疑增加了城市家庭生活的压力。简言之，城市的一切生活都需要货币和交换来支撑。

与对货币的极度渴望形成对比的是，穷人赚取报酬的能力和机会十分有限，抵抗各种风险伤害的能力也十分有限。次要劳动力市场中的超低收入，经常性失业，住房、教育和医疗压力都是导致其脆弱性的重要因素。研究显示，由于没有医疗保险，贫困家庭不成比例地承担了过多的疾病引发的就业损失，这种损失代表着控制资源能力的一个主要风险。[①]住房商品化在大城市已成为普遍现象，低收入家庭只能居住在棚户区，甚至在棚户区中还要展开激烈的土地争夺而实际上给付相对较高的租金（价高者得），房客与房主之间进而产生另外一种依附关系。许多研究都认为，商品化过程带来的不稳定加剧了不平等，拉大了城市内部更大的收入差距。

（六）城市贫困对社会安定的威胁更大

城市通常是一定地域空间范围内的政治、经济、文化中心，这里人口密集、信息发达，贫困人口聚集程度高，社会文化异质性强，矛盾冲突频发。城市中的贫困者为了争取自身利益、吸引政府和社会关注，通常会选择集体行动、集体发声。任何不平等现象、歧视性待遇都可能引发他们的不满，并获得迅速传播，经由其他因素的发酵，极易导致大范围的游行、

① Rakodi C, “Planning for whom?”, in Devas, Nick, Rakodi C(Eds), *Managing Fast-growing Cities: New Approaches to Urban Planning and Management in the Developing World.* Harlow: Longman, 1993, pp.207-235.

示威、骚乱，给社会安定带来更大威胁。

总体而言，城市贫困的这些特点决定着解决城市贫困问题需要特殊思路、特殊方法。可以预见，城市贫困现象将日益突出，需要政府和社会各界早做准备、严阵以待，提高社会治理水平，推进相应改革举措，完善社会福利和保障体系，让在城市中生活、工作的人们能够安居乐业、幸福满足。

第二章 中国城市贫困的新变化

20 世纪 90 年代中期之前，中国的贫困问题并未像今天这般引人关注，其原因主要有两个。其一，由于城乡二元结构的存在，中国的贫困长期被认为主要发生在农村地区，政府的扶贫政策也主要着眼于解决农村贫困问题。相比之下，城市贫困问题少人问津。其二，城市贫困问题确实在相当长一段时期内，被简化为“三无”[①]问题。在城市社会保障救助体系的指导之下，城市贫困问题得到了较好控制与缓解。因此，学术界更多地把视角投向一般性分配不平等问题上。然而，自 20 世纪 90 年代中后期开始，城市贫困的形势发生了明显变化，下岗失业工人、进城农民工和新失业人群的贫困问题叠加，城镇新贫困现象引发了人们对社会稳定的担心和对经济发展的反思。

第一节 城市贫困结构的变迁

贫困结构反映的是贫困人口的结构性特点，包括哪些人是穷人，分布在什么地方，性别、年龄、种族、户籍等方面的特征如何。中国城市贫困结构的变化与世界范围内城市贫困的变化趋势基本同步。以 1990 年为分水

① 城镇“三无”人员是指无劳动能力，无经济来源，无法定赡养人、扶养人和抚养人的困难群体，这些人是城镇人口中的极少部分，是城镇社会保障救助体系重点关注的对象。

岭，伴随城市化和经济体制改革进程，城市中新贫困群体的人数开始大量增加，并逐渐成为城市贫困群体的主体。

一、城市新贫困群体的构成

总体而言，中国城市贫困群体由两部分构成：一部分是由传统“三无”人员构成的群体，他们是城市社会救助的固定对象；另一部分是近年来在新的背景条件下出现的新贫困群体。新贫困群体主要由三类人群组成：生活困难的城市居民、未被纳入城市社会保障体系的农民工，以及因社会政策的结构性调整而遭遇失业的“20”人群、“30”人群、城市“蚁族”“漂族”等。

（一）低保群体和低保边缘群体

1999 年颁布的《城市居民最低生活保障条例》明确了我国低保政策服务的三类对象。第一类是“三无”人员；第二类是领取失业救济金期间或失业救济期满仍未能重新就业，家庭人均收入低于最低生活保障标准的城市居民；第三类是在职人员领取工资或最低工资、基本生活费以后，以及退休人员领取退休金以后，家庭人均收入低于最低生活保障标准的城市居民。简言之，“三无”人员和家庭人均收入低于最低生活保障标准的城市居民是低保救助的对象。在民政部每季度发布的全国县以上城市低保数据中，从女性、残障人士、“三无”人员、老年人、在职人员、灵活就业、登记失业、未登记失业、在校生、其他等 10 个方面体现了当前我国城市低保群体的结构特征（表 2-1）。若不考虑比例，仅从绝对数量上看，女性和失业（包括登记和未登记）人员是当前我国最低生活保障政策关照的两大群体。女性相对于男性更容易陷入贫困，这主要是由就业市场中的性别歧视所致，也和女性家庭负担重、自身缺乏竞争优势有关。失业是造成贫困的主要因素。20 世纪 90 年代初的第一次下岗失业大潮产生的下岗失业人员尚未完全消化，伴随产业更新升级和供给侧结构改革而来的第二次下岗大潮也已经到来。此外，每年新增劳动力中也有相当部分还未上岗就已经失业，形成新失业群体。

表 2-1 2014 年、2015 年第 4 季度全国县以上城市低保群体分类情况

人口分类	人数/人	
	2014 年（第 4 季度）	2015 年（第 4 季度）
女性	7 855 659	7 200 800

续表

人口分类	人数/人	
	2014年（第4季度）	2015年（第4季度）
残疾人	1 578 647	1 525 798
“三无”人员	493 788	435 677
老年人	3 136 191	2 929 800
在职人员	376 978	315 703
灵活就业	4 262 019	3 792 056
登记失业	3 126 535	2 652 076
未登记失业	3 986 157	3 942 536
在校生	2 653 235	2 345 015
其他	1 260 703	1 102 922

资料来源：民政部发布的2014年第4季度全国县以上城市低保数据，网址为http://files2.mca.gov.cn/cws/201501/20150126172032752.htm；2015年第4季度全国县以上城市低保数据，网址为http://www.mca.gov.cn/article/sj/tjjb/dbsj/201602/20160200880300.htm。

近年来，对低保制度本身及其运行效果的评估与反思的结果显示，我国城市贫困线的定位与人民群众生活水平发展的实际需求之间还存在一定差距。低保标准实际上是绝对贫困线，而把大量相对贫困排斥在外。研究显示，低保边缘群体的规模与低保群体的规模大致相当。这一部分人虽然家庭人均收入在最低生活保障线之上，但家庭刚性支出大，入不敷出带来了巨大的生活压力。因此，低保边缘群体也应是城市新贫困人口的构成部分。

（二）进城农民工

农民工这一特殊群体出现于20世纪80年代，是我国社会结构深刻变化的产物。在社会结构转型的过程中，城市中涌入了大量进城务工农民。他们一方面户口仍在农村，在村里有自己的土地，身份是农民，另一方面却不再从事农业生产和劳作，与土地分离而转移到城市从事非农产业，获取工资报酬。截至2016年，我国共有2.92亿人户分离人口，2.45亿流动人口（表2-2）。农民工人数约为2.82亿人。保守估计农民工人数在2.4亿左右。这是一个规模庞大的群体，而且未来规模将会更大。

表 2-2　流动人口数量变动情况　　单位：亿人

年份	人户分离人口	流动人口
2010	2.61	2.21
2011	2.71	2.30
2012	2.79	2.36
2013	2.89	2.45
2014	2.98	2.53
2015	2.94	2.47
2016	2.92	2.45

资料来源：《中国统计年鉴 2017》，http://www.stats.gov.cn/tjsj/ndsj/2017/indexch.htm。

农民工长期生活在城市，从事第二、第三产业劳动，为城市经济社会发展做出了重要贡献，但由于受城乡二元结构的限制，他们无法获得与城市居民同等身份，被排斥在城市社会福利保障体系之外。此外，由于受到自身知识结构、能力技术的限制，农民工只能在次级劳动力市场中艰难求生，工作稳定性较差，流动性较大，工资标准变动大。随着城镇化进程的不断发展，如果他们的处境未得到根本性改变，将会成为中国较为庞大的城镇贫困人口群体。

当然，对于农民工群体是否应被纳入城镇贫困的范畴，这在学界还是一个颇有争议的问题。这部分人进城务工，收入高于农业生产。以农村的贫困标准来衡量，他们可能是摆脱了贫困，甚至是比较富裕的一部分人。但如果用城市的标准来衡量，他们中间很大一部分人生活困难，举步维艰。然而，他们在农村又有自己的土地和房屋，土地资产让他们相比一些城市底层贫困者显得更有保障，甚至被看作农民工养老金的主要来源。因此，有学者认为不应当将其纳入城市社会保障体系关照的范围。但是，这种观点也忽视了三个事实。其一，从个体角度出发，农民工流向城市是理性选择的结果。城市的生活和工作虽然艰辛，但收入的确比他们从事农业生产更高，对摆脱贫困更有助益。农民工及其后代最终大多会选择在城市定居，也必然会生发出越来越多的社会保障和福利需求。其二，农村土地流转、土地重新分配过程使部分流出农户失去土地，陷入“回不去”的困境，只能选择留在城市中。其三，城乡二元结构是我国在社会主义建设时期特定历史阶段的特殊产物，城镇化必须要突破这种制度壁垒，实现城乡一体的统筹发展。因此，对农民工群体给予保障是提升城市社会治理质量的重要内容。

（三）新失业人群

这里的“新”是与“老”相对而言的。老失业人群主要是指 20 世纪 80 年代末，国有和集体企业的下岗失业，三四十岁不得不重新找工作的人。而新失业人群则是一群 16～29 岁的年轻人，他们年富力强，拥有中高级文化程度（高职高专以上学历），却在踏入劳动力市场伊始就面临临时就业或长期失业的窘境。新失业人群的出现与我国普通高等教育扩大招生规模、实施“大众化教育”战略密不可分。从 1998 年开始，我国全日制大学本科生的招生人数连年攀升。1998～2006 年，大学本科毕业生总数增长了约 4 倍，每年净增 70 万～100 万大学毕业生。第三方调查机构麦可思研究院公布的调查数据显示，2010～2014 年应届本科毕业生的失业率从 8.1%降到 6.4%，高职高专毕业生的失业率从 11.6%降至 8.1%。[①]尽管该数值连续 5 年呈现下降趋势，但仍高于社会平均水平。

新失业人群的就业状况和生存状况堪忧，经常与“蚁族”“蜗居”“啃老”“月光”等消极现象联系在一起。由于该人群的知识结构和技能缺乏竞争力、无工作或工作稳定性差、收入待遇低、买不起房、生活压力大，经常性陷入贫困，因此他们也应当被纳入城市新贫困人群的范围，亦成为城市社会保障体系服务的对象。

二、城市新贫困人口的规模

关于城市贫困人口规模的问题，早在 20 世纪 90 年代就有学者和相关机构进行过研究。唐钧认为，1997 年中国城市贫困人口大约有 1500 万人。1999 年，中华全国总工会的调查统计数据为 420 万户，1500 万人。2000 年，民政部、国家统计局和中华全国总工会给出的数据分别为 1382 万人、1170 万人和 1828 万人。2001 年，亚洲开发银行（简称亚行）专家用热量支出法和市场菜篮法测定 1998 年我国城镇贫困人口总数分别为 1447 万人和 3707 万人；萧灼基 2002 年推算人均月收入 200 元的城镇贫困人口约为 2000 万人；朱庆芳在 2003 年估算的城镇贫困人口数为 3100 万人；骆祚炎认为，2004 年城镇贫困人口为 4071 万人。[②]吴鹏森从城市贫困人口的对象群体和城市贫困救助覆盖面两个标准出发，估算出城市贫困人口规模在

---

① 佚名:《大学毕业生失业率连续 5 年下降 现在流行“慢就业”》，2016 年 4 月 10 日，https://edu.sina.cn/2016-04-10/detail-ifxrcizu3904954.d.html。

② 参见胡永和:《中国城镇新贫困问题研究》，中国经济出版社 2011 年版，第 85 页。

3500 万～4500 万。[①]2009 年，中国社会科学院发布的《中国城市发展报告 No.4》给出的城市贫困人口数为 5000 万人。蒋贵凰和宋迎昌在 2010 年《中国统计年鉴》数据的基础上，按照贫困人口占城镇人口总数的 8%计算，中国城镇贫困人口大约为 5000 万人。[②]

鉴于城市新贫困人口由三大部分构成，其总体规模应为各群体贫困人口数量之和。根据民政部发布的《2016 年社会服务发展统计公报》，截至 2016 年底，我国城市低保对象共有 1480.2 万人、855.3 万户。城市低保人口数在 2009 年达到峰值后近几年逐年下降（表 3-3）。这一趋势的出现主要基于两个原因：其一，城市下岗失业人员逐渐达到退休年龄，获得相对稳定的退休金保障，退出低保；其二，对低保成员资格审查更加严格，将“人情报”“权力保”“关系保”等情况排除出保，保证低保的应保尽保。

尽管如此，由于低保线的划定受制于各城市财政支付能力和意愿，低保线通常都会低于理论贫困线，因此低保人口未能全面体现城市居民的贫困状况，还有大批低保边缘人口未被纳入最低保障范围。城市低保边缘群体的实际数量难以准确统计，但是各城市基本一致判定该群体的人口数量比低保人口多，换言之，其规模至少等同于低保人口规模。因此，可以做出如下推断，2016 年底城市户籍贫困人口数量约为 3000 万人。

表 2-2 显示了 2010 年以来，中国流动人口数量的变化趋势。2011～2014 年，我国流动人口总量持续增长，2014 年达到峰值 2.53 亿人。尽管 2015 年开始流动人口数量有所下降，2016 年下降到 2.45 亿人，但 6 年来流动人口总量仍保持较高数值。虽然他们中也不乏较高收入者，但总体而言，家庭负担重、生活压力大（如住房、医疗、教育等）。有数据显示，城市外来常住人口中的贫困率要高于户籍人口，约占外来常住人口的 15%。[③]按照这一比例计算，2016 年我国约有 3700 万外来常住人口处于贫困状态。

根据 2016 年城市各贫困人群的规模状况，考虑到每年新增劳动力中还有一定比例的失业人口，可以保守估计出 2016 年我国城市新贫困群体总人数为 7000 万～8000 万人。如果把城市相对贫困考虑进来，城市贫困人口的规模还将更大。林闽钢运用发达国家的比例法，把当地平均消费

---

① 吴鹏森：《中国城市贫困问题及其现代保障体系的建构》，《南京师大学报（社会科学版）》2008 年第 2 期，第 35 页。

② 蒋贵凰、宋迎昌：《中国城市贫困状况分析及反贫困对策》，《现代城市研究》2011 年第 10 期，第 9 页。

③ 吴鹏森：《中国城市贫困问题及其现代保障体系的建构》，《南京师大学报（社会科学版）》2008 年第 2 期，第 34 页。

支出的 60%作为贫困线，计算出我国城市相对贫困人口将达到 1.5 亿～1.8 亿人。[①]

显然，各种估算结果差异很大，原因主要在于对城市贫困的理解不同。之前的估算大多数是从绝对贫困的角度来定位城市贫困。我国地区发展差异较大，各城市的财政支付能力不同，没有划定全国统一的城市贫困线，而是各城市根据自身情况，采用恩格尔系数法、市场菜篮子法、生活形态法或成年人消费标准法等方法确定最低生活保障线，以此确定城市贫困的范围。这种做法的结果是贫困覆盖面狭小，通常只包括城市户籍人口，而把流动人口排除在外。本书认为，单一绝对贫困标准根本无法适应城市贫困形势的变化，无法满足新贫困人口的需求。一方面，城市户籍人口中家庭人均收入在贫困线附近的事实贫困者很多，他们会因收入或支出的微小变化而掉到贫困线之下。绝对贫困线用“一刀切”的方式把这部分人口剔除是不合理的。另一方面，尽管近年来农民工人均收入有所增加，甚至根据 2015 年的数据，农民工人均月收入 3072 元[②]，比同年城镇居民人均月收入 2600 元[③]高出 472 元，但是其收入以劳动收入为主要来源，财产性收入和转移性收入少，超时劳动、被拖欠工资、低福利保障、子女教育等因素的综合作用使农民工群体的贫困发生率较城市居民高。这一结论已获得多个研究的支持。

亚洲发展银行基于 1999 年的相关数据，指出中国城市流动人口贫困发生率为 15.2%，城市居民贫困发生率为 10.3%[④]；Du 等的研究发现，在低位贫困线上，流动人口和城市居民的贫困发生率分别为 10%和 3%，在高位贫困线上，两个数据分别为 16%和 6%。[⑤]王美艳分别用 1.5 倍低保标准和 2 倍低保标准作为贫困线计算贫困发生率，发现上海、福州、西安三个城市农民工的贫困发生率在两个标准上均高于城市居民，而武汉和广州的数值则恰恰相反，城市农民工的贫困发生率均低于城市居民。对此，王美艳的解释是受平均家庭人口规模的影响，该结果在一定程度上低估了城市农民工的贫困发生率。此外，她还从消费支出、住房条件、参加社会保

① 林闽钢：《城市贫困救助的目标定位问题——以中国城市居民最低生活保障制度为例》，《东岳论丛》2011 年第 5 期，第 18 页。

② 佚名：《2015 年农民工监测调查报告》，2016 年 4 月 28 日，http://www.stats.gov.cn/tjsj/zxfb/201604/t20160428_1349713.html。

③ 由表 2-3 中相关数据计算而来。

④ ADB，Poverty Profile of People's Republic of China，Asian Development Bank，2004，p.93.

⑤ Du Y，Gregory R，Meng X，“The Impact of the Guest-worker System on Poverty and the Well-being of Migrant Workers in Urban China”，In Garnaut R，Song L（Eds.），*The Turning Point In China's Economic Development*，Canberra：pp.133-150.Asia Pacific Press，2006，pp.133-150.

险状况、子女受教育状况等维度对农民工进行了考察，发现其贫困状况令人担忧。[①]王春超和叶琴利用 A-F 多维贫困测量方法，对比分析了中国 9 省（自治区、直辖市）的农民工和城市劳动者的贫困状况，发现农民工的多维贫困状况比全国水平和城市劳动者的状况都严重。[②]这些研究结果都揭示了一个事实：农民工群体是城市中的脆弱人群。

此外，中国城镇的收入差距仍在不断拉大，城镇基尼系数超过了 0.5[③]，相对贫困在不断上升。继续采用单一收入标准的绝对贫困测量将可能导致对城市贫困状况的严重低估。近年来，越来越多的学者开始转向多维贫困测量，从能力、权利、支出、教育等方面综合考察城市贫困，从相对贫困角度审视城市贫困。这种研究视角的转变迎合了城市社会变迁的需要，也符合社会大众的期望。

三、城市新贫困群体的基本特征

我国城市新贫困群体是社会转型、经济体制转轨、产业升级的伴生物。与农村贫困群体和城市传统贫困群体相比较，该群体的特点主要表现为以下几个方面。

（一）贫困的成因不同

新古典经济学认为，致贫的因素主要存乎劳动者本身及其家庭：懒惰；因不具备劳动能力而没有经济来源维持基本生活；虽有工作能力但家庭负担过于沉重，致使整体收入低于社会平均水平。我国也长期受此观念的影响，将懒惰者以外的“三无”人员或特殊人员（残障人士、劳动改造释放人员等）作为贫困救助的对象。但是，新贫困群体的形成显然不是由于自身懒惰或不具备劳动能力。尽管某些个人在能力素质方面，自身的确存在“短板”，竞争力有限，但各种结构性因素才是导致其权利缺失的最重要根源。对于新贫困群体而言，要想摆脱贫困，个人努力的作用是有限的，只

---

① 王美艳：《农民工的贫困状况与影响因素——兼与城市居民比较》，《宏观经济研究》2014 年第 9 期，第 3 页。

② 王春超、叶琴：《中国农民工多维贫困的演进——基于收入与教育维度的考察》，《经济研究》2014 年第 12 期，第 159 页。

③ 在由中国改革研究基金会发布的关于中国城镇居民收入分配状况的调查报告中，2011 年按家庭分布和按人口分布的城镇居民收入基尼系数分别为 0.496 和 0.501。2012 年，西南财经大学中国家庭金融调查与研究中心根据中国金融调查（China Household Finance Survey，CHFS）的数据得出 2010 年中国城镇基尼系数为 0.56，全国的基尼系数为 0.61。这些数据均高出国家统计局公布的相关数据。

有消除各种结构性障碍，才能最大限度缓解城市新贫困问题。

（二）贫困的属性不同

城市新贫困群体在贫困的绝对性与相对性、客观性与主观性、稳定性与反复性等维度上，与城市传统贫困和农村贫困明显区别开来。我国农村贫困人口主要集中于老少边穷地区，该地区生活水平低、生活条件恶劣，但相比之下他们拥有自有住房，拥有生产资料可以进行农业生产，对市场的依赖性小，与周围人的反差小，反而生存韧性更强，更容易满足。因此，农村贫困是集绝对性、客观性和稳定性于一体的贫困。与此相类似的还有城市传统贫困群体。传统贫困群体主要是由于个人和家庭原因而无法适应社会，是城市贫困最核心的部分，是贫困救助长期服务的对象。这部分人总量有限，始终未超过 100 万人的规模。

相比之下，城市新贫困群体有工作意愿、有劳动能力、有收入来源，他们面临的主要问题是：第一，处于一个高度市场化、货币化的生活环境中，处处要用钱，消费压力大，一旦陷入贫困，生活难以为继；第二，城市是一个高度分化的异质性社会，贫困阶层与中产阶层、富裕阶层同处一市，遭受的社会结构性压力、精神压力较大，容易产生相对剥夺感；第三，尽管社会结构性因素是新贫困群体产生的主因，但个人努力并非完全无效的。在某些时间段，外界环境释放出一定善意、相对宽容，通过个人努力即可取得成效，暂时摆脱贫困。但从长远来看，结构性排斥始终存在，极易使其再次陷入贫困。因此，城市新贫困更多地体现出相对性、主观性和反复性特征。

（三）贫困的救助方式不同

城市新贫困现象在世界范围内普遍存在。西方国家城市贫困问题的日益严重，引发了关于经济正义问题的争论，以及对发展内涵的深层反思。新发展观摈弃“增长”，强调“社会发展”，重视人类福利、人类公平、人类尊严和人的发展。以英国为代表的欧洲国家实行广泛的社会福利政策，借助高个人所得税率，向贫困群体提供一种“从摇篮到坟墓”式的全面救济制度，以帮助他们渡过难关、融入社会。但是，近年来，在全球经济衰退、城市贫困人口增加、就业低迷等因素影响下，福利国家制度陷入全面危机，全民救济模式宣告失败，欧洲国家开始积极探寻社会福利的新路径，将原本由政府一力承担的福利责任向社会机构、市场主体和个人转移，福利多元主义成为新时期城市社会保障责任划分的根本思路。

欧洲国家福利思想和制度的演进对中国城市社会保障体系的建设与发展提供了重要参考。在某种程度上，那种全民普惠式福利体系迎合了社会主义、共产主义理想的追求。在全面计划经济时期，国家包办了传统贫困群体的一切需求。改革开放以来，面对城市新贫困形势发生的巨大变化，这种国家包办式的保障体系无法满足城市新贫困群体庞大而多元化的需求。为了摆脱这种福利困境，国家一度收缩自身福利责任，将组织、个人及其家庭推向社会保障的前台，造成城市新贫困群体在一段时间内（主要集中于20世纪90年代中后期至21世纪的前5年）陷入困境。事实证明，在社会保障救助责任的市场化、个体化运作方面存在较多问题。受政体与文化根基的影响，国家根本无法在贫困救助问题上置身事外。因此，我国亟待探索一条适合于中国国情的福利多元化道路来满足城市新贫困群体的需求。

除上述特征外，近年来城市新贫困群体也逐渐呈现出一些明显的演变趋势，包括由单纯收入贫困向能力贫困、权利贫困转化，由选择性贫困、暂时性贫困向持久性贫困转化，贫困聚集现象日益凸显，贫困群体的阶层意识逐渐形成等。这些趋势敲响了经济发展的警钟，如果社会成员不能共享经济发展的成果，如果社会底层没有发言权、参与权、自主权，如果穷人看不到希望、没有未来，我们的社会制度将会面临严峻的合法性挑战。

第二节　城市新贫困群体的生存现状

贫困现象的存在并不符合社会发展的目标。在城市这样一个繁荣的社区里，新贫困群体的生活相形见绌。

一、收入不足以应对高消费压力

对于穷人而言，收入与消费的关系长期被固化为“低收入，低消费，整体生活匮乏”的状态。但是，这显然不太适用于城市新贫困群体。城市新贫困群体有工作意愿、有劳动能力、有收入来源，甚至某些人的收入还不低，但是仍难以承受较大的结构性生活压力。住房、医疗、教育是当前困扰该群体的“三座大山”。

根据《中国统计年鉴 2017》的相关数据，2015 年，全国城镇居民人均可支配收入为 31 195 元，20%低收入户的人均可支配收入仅占全国平均值的 39.2%；2016 年，全国城镇居民人均可支配收入为 33 616 元，20%低收入户的人均可支配收入仅占全国平均值的38.7%（表2-3）。而2015年和2016年，全国城镇居民人均消费支出分别为21 392.4元和23 078.9元（表2-4），显然，20%低收入户的人均可支配收入大大低于平均消费支出，远无法达到城镇居民平均生活水平。

表2-3　全国城镇居民2015年、2016年度可支配收入比较

年份	居民人均可支配收入/元	20%低收入户人均可支配收入		20%中等偏下户人均可支配收入		20%高收入户人均可支配收入	
		收入/元	占平均数的比例/%	收入/元	占平均数的比例/%	收入/元	占平均数的比例/%
2015	31 195	12 230.9	39.2	21 446.2	68.7	65 082.2	208.6
2016	33 616	13 004.1	38.7	23 054.9	68.9	70 347.8	209.3

资料来源：根据《中国统计年鉴2017》相关数据整理而来，2016年10月12日，http://www.stats.gov.cn/tjsj/ndsj/2017/indexch.htm。

2015年，针对武汉市新贫困群体的问卷调查结果也显示，42.7%的被调查者家庭人均月收入在1500元以下，个人月收入在1500元以下者比例高达54.3%。而2015年武汉市城镇常住居民人均可支配收入为36 436元（人均月收入为3036元）。[①]低保家庭的主要收入来源是救济金和打零工，79.2%的低保家庭年收入不足1万元。[②]

从消费角度看，2015～2016年，中国城镇居民消费支出名目的前四位均是食品烟酒、住房、交通通信和教育文化娱乐，医疗保障开支、生活用品及服务、其他用品及服务分列第五至第七位（表2-4只列出了前四位开支项目）。仅2015前两项平均开支之和已达到11 085.7元，与城镇20%低收入户的人均可支配收入基本持平。换言之，城镇20%低收入户的年人均可支配收入只能够勉强维持生存，提供一个栖身之所，其他需要难以满足。

表2-4　2015～2016年全国城镇居民人均消费支出分布情况

年份	居民人均消费支出/元	食品烟酒		住房		交通通信		教育文化娱乐	
		支出/元	占比/%	支出/元	占比/%	支出/元	占比/%	支出/元	占比/%
2015	21 392.4	6 359.7	29.7	4 726.0	22.1	2 895.4	13.5	2 382.8	11.1
2016	23 078.9	6 762.4	29.3	5 113.7	22.2	3 173.9	13.8	2 637.6	11.6

资料来源：根据《中国统计年鉴2017》相关数据整理而来，2016年10月12日，http://www.stats.gov.cn/tjsj/ndsj/2017/indexch.htm。

---

① 2015年，“城市新贫困群体社会保障机制研究”课题组对武汉市的新贫困人口进行了问卷调查，回收有效问卷1050份。

② 祝建华：《缓解城市低保家庭贫困代际传递的政策研究》，浙江大学出版社2015年版，第54—55页。

相比之下农民工的情况更糟糕。上海、江苏、浙江、福建、广东是劳动力流入大省（自治区、直辖市）。上述地区 2014 年城镇居民月人均消费额分别为 3779.3 元、2839.5 元、2682.2 元、1970.2 元、2518.0 元。①相比之下，在东部地区务工的农民工月均消费支出为 954 元，仅为上海城镇居民月人均消费支出的 25.0%，福建城镇居民月人均消费支出的 48.4%。在外出农民工的消费支出中，居住支出占比很高，2014 年东部、中部、西部城区外出农民工居住支出平均占比为 47.23%，2015 年为 46.37%（表 2-5）。②房屋租金过高是农民工在城市生活的一大负担。

表 2-5　在东部、中部、西部务工的外出农民工居住支出及占比

年份	东部地区			中部地区			西部地区		
	生活消费支出/（元/人）	居住支出/（元/人）	居住支出占比/%	生活消费支出/（元/人）	居住支出/（元/人）	居住支出占比/%	生活消费支出/（元/人）	居住支出/（元/人）	居住支出占比/%
2014	954	447	46.8	861	414	48.0	957	449	46.9
2015	1028	480	46.7	911	425	46.7	1025	469	45.8

资料来源：根据《2015 农民工监测调查报告》整理而来。

近年来，东部地区各级城市的商品房价格一路上涨，城市新贫困群体在住房市场上严重失利，买不起高价商品房，住不了廉租房、公租房，只能逐渐收缩在城市边缘地带、城中村、老旧城区等地域空间中，形成城市贫困聚居现象。例如，广州市的贫困人口空间分布可划分为三个圈层，海珠区、白云区、芳村区、天河区和黄埔区构成的第二圈层在贫困空间聚集方面呈现出恶化的趋势。③保定市的贫困人口主要集中在两个区域：以火车站为核心的中心城区和周边的城中村。引发当地贫困聚居的四种力量是城市发展的生态竞争、中央政府的早期工业规划、市场经济主导下的产业结构调整和企业改制，以及政府主导下的旧城改造。④对南京、武汉等地的调研也发现，中国城市贫困人口的居住呈现出内城区聚集、城市外围分散的特点。⑤

教育支出对城市贫困家庭而言也是一大开支。受家庭经济状况的限

① 此处数据根据《中国统计年鉴 2015》中“分地区居民消费水平”相关数据计算而来。

② 佚名：《2015 年农民工监测调查报告》，2016 年 4 月 28 日，http://www.stats.gov.cn/tjsj/zxfb/201604/t20160428_1349713.html。

③ 袁媛：《中国城市贫困的空间分异研究》，科学出版社 2014 年版，第 78—79 页。

④ 林顺利：《城市贫困的社会空间研究》，人民出版社 2015 年版，第 84 页。

⑤ 袁媛、吴缚龙、许学强：《转型期中国城市贫困和剥夺的空间模式》，《地理学报》2009 年第 6 期，第 753 页。

制，城市低保家庭的教育投入十分有限，教育总支出在1000元以下的家庭占58.8%。但即使如此，教育投入对低保和退保家庭而言都是比较大的负担。低保家庭面临的排名前三的困难是成员失业（22.0%）、子女上学负担重（20.7%）、收入低（20.6%），退保家庭面临的排名前三的困难是住房拥挤（24.1%）、子女上学负担重（21.4%）、成员失业（18.6%）。①另外，农民工的情况也不容乐观。有调查显示，41.2%的农民工子女随父母在流入城市接受教育，31.7%的农民工认为子女的学费太高，52.4%的随迁子女一学年教育费用为1000～6000元，21.7%的子女一年学费超过6000元，这相对农民工较低的收入而言是一笔庞大开支。②

二、生命质量状况堪忧

生命质量又称生存质量，是指根据一定社会标准来衡量和评价个体生命自然素质的质量状态，其核心主张是健康地活着，即“生得好、活得长、病得晚、死得快”。个体生命的身心健康状况是衡量生命质量的重要指标。而在城市新贫困群体的生存中，因贫致病和因病致贫是该群体长期无法摆脱的噩梦，其生命质量不可谓不低下。刘嵘等从生理功能、活力、生理机能、躯体疼痛、总体健康、社会功能、情感职能、精神健康等八个维度测量并评价了城市新贫困群体的生命质量，结果显示城市新贫困群体的生命质量与“老弱病残”等传统贫困群体的生命质量非常接近，属于多病多危状态，主要原因可归结为营养水平低、劳动强度大、疾病处理不当。③

低保家庭、退保家庭和常态家庭的早餐食品营养搭配情况有明显差异，低保家庭和退保家庭早餐是稀饭或面食的比例分别高达81.1%和77.7%，低保家庭早餐喝牛奶或奶粉的比例仅为1.3%，吃鸡蛋的比例为4.8%。相比之下，常态家庭的早餐在各种营养搭配上更为均衡全面。对于农民工而言，高强度劳动首先必须确保能够吃饱，而很少考虑是否吃得好。劳动强度大常常会导致劳损型疾病、意外受伤等结果。④李怀玉统计了农民工每日工作时长，每天工作8小时以上者所占比例为62.7%。⑤在另一项

---

① 祝建华：《缓解城市低保家庭贫困代际传递的政策研究》，浙江大学出版社2015年版，第77页。

② 李怀玉：《新生代农民工贫困代际传承问题研究》，社会科学文献出版社2014年版，第88—94页。

③ 刘嵘、刘扬、付华鹏，等：《城市新贫困人群生命质量多元分析及综合评价》，《中国公共卫生》2005年第8期，第961—962页。

④ 祝建华：《缓解城市低保家庭贫困代际传递的政策研究》，浙江大学出版社2015年版，第73页。

⑤ 李怀玉：《新生代农民工贫困代际传承问题研究》，社会科学文献出版社2014年版，第80页。

调查中，2014 年外出农民工日工作超过 8 小时的比重为 40.8%，2015 年为 39.1%；周工作超过 44 小时的比重，2014 年为 85.4%，2015 年为 8.05%。[①] 在对待疾病的处理方式上，城市新贫困群体的典型做法是“小病挨着、大病扛着、绝症拖着”。中华全国总工会的一项调查发现，农民工生病时一般能撑则撑，撑不过去就自己去药店买药或者到小诊所、社区医院治疗，被调查的农民工只有 1/3 会去正规医院看病。同样地，城市低保家庭对疾病也大多是选择硬扛或者自己买药吃。这些群体保健意识都较为薄弱，几乎不进行定期体检。

基于这些因素，城市新贫困群体的患病率较高，低保家庭长期患病人数、残疾人数的均值，以及医疗费、护理费均高于其他类型家庭。农民工从事高风险性工作的比例较高，而参加工伤保险的比例和签订正式劳动合同的比例则都较低，一旦发生意外，高昂的医疗费用多是自己先垫付，农村的新型农村合作医疗（简称新农合）往往滞后而且报销数额有限。

三、贫困代际传递趋势增强

贫困代际传递是长期贫困的显著特征，更是造成长期贫困的重要原因。它主要是指贫困及导致贫困的相关条件和因素在家庭内部代代相传，后代子女继承父母的致贫因素、重复父母的贫困境遇，进而形成一种恶性循环，家庭长期处于贫困之中，难有改善或摆脱的可能。各国学者对低收入家庭生活状况的调查研究显示,贫困会导致家庭中儿童发展机会的丧失。家庭收入不足会直接降低卫生条件和食物营养水平，进而对儿童健康产生不利影响。综合而言，营养不良、体弱多病、知识技能储备不足是长期贫困家庭子女的共同特点。这些特点在我国城市新贫困群体的相关研究中也得到了证实。

孙莹和周晓春在他们的研究中指出，教育经费拮据、受教育程度低、教育期望与职业期望低等因素导致了贫困家庭子女失业率高、职业稳定性差。这些不良后果可能导致贫困家庭陷入长期贫困漩涡。[②]祝建华对南京、扬州等六个城市 1924 个家庭所做的调查结果显示，低保家庭甚少择校，

---

① 佚名:《2015 年农民工监测调查报告》, 2016 年 4 月 28 日 , http://www.stats.gov.cn/tjsj/zxfb/201604/t20160428_1349713.html。

② 孙莹、周晓春:《我国城市贫困家庭子女的教育救助问题研究》,《中国青年政治学院学报》2004 年第 3 期，第 23—30 页。

57.8%的低保家庭表示经济困难是主要原因。低保家庭的子女中，85.9%没有参加过学前培训，90.1%没有参加过兴趣班。在辅导子女学习方面，64.8%的低保家庭表示根本辅导不了。经济困难导致的教育投入不足是低保家庭对子女成长不利的最主要影响因素。①

针对新生代农民工的研究也显示，新生代农民工童年时代的早期发展受很多不利因素的影响。一方面，亲子分离、隔代抚养存在明显缺陷。父母与留守子女之间沟通交流的机会不多，缺乏情感关怀和学习辅导，监护不力。祖父母的监护，或过分宠溺，或照顾不周，或完全缺失，造成留守子女家庭教育缺位、成长艰辛不易、辍学率高、学习不良现象严重等。另一方面，农民工随迁子女辍学、超龄、童工问题严重，教育衔接不良，教育平等问题突出。这些因素影响着农民工后代，使其成年后面临各种风险：受教育水平低、失业、缺乏技能、不能适应社会等。这些现象的背后有着复杂的结构与文化因素，但结果是消极的，导致农民工群体贫困的长期性、顽固性。

第三节　城市新贫困现象产生的原因

城市新贫困现象在世界范围内是一个普遍问题。20 世纪 70 年代以后，西方工业国家开始从工业社会向后工业社会转型，经济结构的重大转变带来了一系列深层次的社会变革：大型制造业提供的稳定就业岗位越来越少，家庭和人口结构变化较大，福利国家的社会保障范围和水平大幅缩减，社会不平等、贫富分化程度日益加剧。我国自 20 世纪 80 年代末开始也进入经济结构的调整期，而且一直持续到现在。中国城市新贫困问题的出现既受到国际社会整体发展趋势的影响，更有显著的中国特色，是中国社会结构力与文化力共同作用的结果。

一、结构力对新贫困的作用

结构力是探讨贫困成因的重要视角。结构力主要表现为能够生产或者持续生产贫困的某些社会政策、制度、不平等、阶层地位与关系等。由于这些力量长期稳定、固化不变，只要它们存在，贫困现象就不会消失。

① 祝建华：《缓解城市低保家庭贫困代际传递的政策研究》，浙江大学出版社 2015 年版，第 66—67 页。

（一）结构力之一——经济制度转型

作为社会主义国家，中国社会经济制度的转型走了一条与资本主义国家及其他社会主义国家完全不同的道路：从计划经济的再分配制度向计划经济与市场经济混合型制度转变。计划经济时期，中国的劳动力市场高度稳定、饱和，社会主义大工业提供的高福利就业岗位只能够满足少数劳动力的需求。这一时期，城市中涌入了大批待业青年。城市劳动力市场无法吸收和消化如此大规模的富余劳动力，这在某种程度上引发了"上山下乡""反城市化"运动的出现，把大批青年派往农村广阔天地接受劳动锻炼，从而缓解城市面临的劳动力就业压力。但是，这种缓解只是暂时的，它所积累的就业压力很快就在之后的城市化发展中爆发出来了。

在中国的经济转型过程中，有两个关键的时间节点：1978 年和 1992 年。1978 年，结束十年动乱之后的中国亟待恢复发展国民经济，改革势在必行。在"摸着石头过河"思想的指导下，中国开始了渐进式摸索。这一时期改革的特点是：其一，体制外增量先行，鼓励私营经济的发展和部分沿海地区的开放；其二，资源配置实行双轨制，计划分配与自由市场分配双轨并行，直至最后并轨；其三，对公有制经济放权让利，扩大国有企业的经营权、自主权。这一时期的改革为后来的正式转型奠定了坚实的实践基础。1992 年，邓小平同志南方谈话以后，我国基本确立了深化改革开放、发展社会主义市场经济体制的经济发展战略，这对中国社会产生了全面深刻的影响。在财政税收、金融、外汇管理、国有企业改革、行政管理、社会保障等诸多领域取得了一系列巨大成就。一个统一开放、竞争有序的市场经济体系开始形成，中国经济也日益走向世界、与国际市场对接，绽放出前所未有的活力与前景。但是，如果从另一个角度审视转型，劳动力市场变革、所有制改革、产业结构调整、分配机制不完善、保障体系建设滞后等结构性因素也催生了城市贫困形势的新变化。

1. 劳动力市场变革

在我国经济体制转型过程中，劳动力市场的转变大致经历了三个时期。改革开放之前（1978 年以前），这一时期的中国经济由国有企业和集体企业支撑，企事业单位用工高度稳定，只进不出，承包职工的终身福利。新增劳动力待业现象较为严重。改革开放初期（1978～1985 年），伴随对外开放战略的全面实施，我国劳动力市场吸纳劳动力的能力不断提高。有数据显示，1978～1985 年，我国城镇青年失业人数从 249.1 万人下降到

196.9 万人，城镇青年登记失业率从 5.3%下降到 1.8%。[①]但是，随着劳动力市场竞争加剧，1986 年以后，中国城镇劳动力失业率便不断攀升。2008 年，中国社会科学院发布的《社会蓝皮书》指出，中国城镇失业率为 9.4%，已超出 7%的国际警戒线。这些数据从某种角度反映了中国经济结构存在的隐患。

在我国产业结构优化升级的过程中，资本密集型和技术密集型产业逐步取代劳动密集型产业，整个国民经济的增长方式逐步转向集约增长型。经济形态和增长方式的变化对劳动力的技术与能力提出了更高要求，劳动力市场对低技术劳动力的排斥日益强烈。城镇各类企业改制过程中淘汰的下岗职工和农村进城劳动力是此类排斥的主要对象。劳动力市场二元结构理论认为，现代工业社会存在两种劳动力市场。初级劳动力市场工资高、福利优、劳动条件好，能够进入此类劳动力市场就意味着获得较高的社会地位，成为中上阶层。次级劳动力市场工资低、工作条件差、工作稳定性差，同时有大批低端劳动力在其中激烈竞争、相互挤压。两种劳动力市场之间相互隔绝，初级劳动力市场中岗位有限，要求较高，次级劳动力市场中的失业者根本无法进入其中。这些观点为分析我国劳动力市场分割问题提供了重要理论依据。

我国劳动力市场分割主要表现在两方面：其一，长期的城乡二元社会结构隔绝了城市与农村之间劳动力自由流动的机会和渠道，农民工在城市社会处于弱势地位，缺乏福利支持，只能在次级劳动力市场谋生。其二，城市劳动力市场被进一步分割，因产业结构多元化和技术需求差异而分化为第一（初级）劳动力市场和第二（次级）劳动力市场；因福利供给主体多元化和工作稳定性差异而分化为体制内劳动力市场和体制外劳动力市场。显然，我国劳动力市场的分割在目前呈现出纵向分割与横向分割交互叠加的复杂态势，基于各种制度因素的制约，城市下岗职工、农民工群体乃至新生劳动力往往处于就业的不利地位。

2. 所有制改革

所有制改革对城市新贫困问题的主要影响体现为福利供给主体从公有制经济下单一政府责任转变为两种所有制并存背景下政府、企业各自承担相应福利责任。这一过程可以从两个方面进行分解。一方面，公有制经济大幅收缩，单位福利制度逐渐失去支撑。1992 年以后，我国加快

① 资料来源:《中国劳动统计年鉴 2004》,2011 年 7 月 23 日,http://www.mohrss.gov.cn/SYrlzyhshbzb/zwgk/szrs/tongjinianjian/201107/t20110723_67036.html。

推进企业改革，构建以公有制企业为主、多种所有制企业共同发展的新格局。国有企业在1998～2003年的5年内减少了一半多，保留企业的就业政策也更加灵活。政府将其原本一力承担的福利保障责任逐步转移给企业和社会，第一次下岗潮中大约有3000万工人下岗失业，约1亿人生活陷入困境。其中，一部分人实现了再就业，另一部分人则由于各种原因陷入贫困。

在公有制经济收缩的同时，我国的非公有制经济持续快速发展。截至2012年，我国非公有制经济企业数量已超过1060万家，个体工商户超过4000万户。非公有制经济贡献了超60%的GDP和政府税收，吸纳了80%的城镇就业人员和90%的新增就业人员。①但是，长期以来，非公有制经济在国内外市场的竞争中始终处于相对弱势地位，税收压力逐年增大，利润空间不断缩小，迫使其通过压缩资本投入、减少吸纳新增劳动力、提高单位劳动力价值的利用率等方法应对市场竞争的不利局面。因此，非公有制经济实体中，员工福利待遇差、工作条件恶劣、加班加点、克扣工资的现象时有发生，更不乏劳资关系恶劣、压榨和欺辱产业工人的"血汗工厂"（sweatshop）。因此，避免不良劳资关系，降低从业者贫困风险是我国非公有制经济在未来的发展过程中需要关注的重要问题。

3. 产业结构调整

产业结构调整是我国经济体制转型的一个重要体现。1990年以来，我国的三次产业对GDP增长的贡献发生了明显变化。1990年，我国三次产业对GDP的贡献率分别为40.5%、39.6%和19.9%，2014年则转变为4.8%、47.1%和48.1%。2014年，第三产业的贡献率第一次超过第一产业和第二产业，成为国民生产总值增长的第一动力。②表2-6也反映了三次产业吸纳劳动力的情况。从2014年开始，第三产业从业人员比例上升至40.6%，全面超越第一产业和第二产业，2015年和2016年，第三产业的发展仍然保持着强劲势头。这一变化完全符合国际产业结构的变化规律，可以预见，第三产业的规模和贡献将根据社会经济发展的需要继续扩大。

---

① 李鸿忠：《支持非公有制经济健康发展》，2013年12月1日，http://www.qstheory.cn/zxdk/2013/201323/201311/t20131127_296351.htm。

② 三次产业的相关数据均来自《中国统计年鉴2017》，网址为http://www.stats.gov.cn/tjsj/ndsj/2017/indexch.htm。

表 2-6　三次产业从业人员基本情况

年份	就业人员/万人	第一产业		第二产业		第三产业	
		人数/万人	占比/%	人数/万人	占比/%	人数/万人	占比/%
1952	20 729	17 317	83.5	1 531	7.4	1 881	9.1
1970	34 432	27 811	80.8	3 518	10.2	3 103	9.0
1980	42 361	29 122	68.7	7 707	18.2	5 532	13.1
1990	64 749	38 914	60.1	13 856	21.4	11 979	18.5
2000	72 085	36 043	50.0	16 219	22.5	19 823	27.5
2010	76 105	27 931	36.7	21 842	28.7	26 332	34.6
2014	77 253	22 790	29.5	23 099	29.9	31 364	40.6
2015	77 451	21 919	28.3	22 693	29.3	32 839	42.4
2016	77 603	21 496	27.7	22 350	28.8	33 757	43.5

资料来源:《中国统计年鉴 2017》,2016 年 10 月 12 日,http://www.stats.gov.cn/tjsj/ndsj/2017/indexch.htm。

1990 年以来，第一产业在我国的规模持续缩小，第二产业的规模虽在不断扩大，但其增幅不及第三产业。随着产业结构的不断调整，原有行业中的企业和从业人员将因为不适应经济发展和市场竞争而被逐步清出，尤其是第一产业工人，其失业率大幅提升。但与此同时，第二产业和第三产业规模的扩大（尤其是第三产业）将会提供大量新的劳动岗位，并吸纳大量劳动力。然而，一个值得深思的问题显现出来，即我国的城镇失业人口登记率并没有因为第三产业吸纳劳动力的增多而降低，相反城镇人口失业率一直保持在高位。

这一反常现象的出现主要有三个原因。第一，第三产业对劳动力的吸纳能力有限，换言之，第三产业吸纳不了那么多剩余劳动力。在今后一段时期内，我国第三产业的规模会平稳增长，并逐步达到饱和状态。它所提供的就业岗位更青睐年轻有活力、无负担的劳动者，第一产业淘汰出来的劳动者在与新增劳动力，甚至“新失业群体”的就业竞争中明显处于不利地位。第二，第三产业自身发展面临新挑战。在规模不断扩大的同时，第三产业的市场饱和度也逐步升高，这意味着第三产业的利润空间在不断压缩，第三产业行业内的生存竞争将越来越激烈。清理闲散低效的劳动力是节约成本的重要举措。第三，由于存在行业间知识、技能、观念的结构壁垒，原来从事第一产业和第二产业的劳动者在年龄、生活负担、知识结构、技能水平、就业观念等方面不太适应第三产业的服务性需要。例如，就业观念方面，在计划经济时代，产业工人拥有吃着“铁饭碗”，享受全面福利，拥有较高政治地位和经济地位的社会身份，很多第一产业的从业者都习惯于依靠组织，获得政府照顾，难以转变就业观念，这一批人在产业结构调整的过程中，会面临长期失业的风险。

4. 分配机制不完善

改革开放以来，中国经济高速增长，但收入不平等问题依然突出。无论是使用五等分法、十等分法还是基尼系数[①]测算，中国的城市、农村及城乡间居民收入都呈现出差距拉大的特征。如果用五等分法来衡量，1995～2004 年，城市居民人均收入增长了 136.2%，只有最高 20%的高收入阶层收入增长超过全国平均水平，达到 234.2%；而最低 5%的绝对贫困人口收入仅增长 27.5%。若以困难户收入为基准 1，则全国家庭年均收入从 2.16 倍增至 4 倍，而最高收入家庭年均收入从 4.15 倍增至 10.87 倍。显然，高低收入家庭间的收入差距在持续拉大。[②]如果用基尼系数来衡量，反映我国居民收入差距的基尼系数逐渐升高。尽管不同渠道的数据存在一定差异，但总体而言处于 0.4～0.5，甚至更高。收入差距的拉大也同步反映在财富占有上。那么，都是哪些人占有了绝大部分财富呢？陆学艺以职业分类为基础，以组织资源、经济资源和文化资源的占有状况为标准，将当代中国的社会阶层结构划分为十个阶层和五种社会地位等级。其中，国家与社会管理者阶层、经理人员阶层和私营企业主阶层位居前三名，成为当代中国社会的富有群体。[③]并且，很多学者认为，中国社会的阶层结构日益稳定，阶层间的壁垒日益牢固。贫富分化、阶层固化将是未来影响和谐社会建设的重大障碍。

造成这一结果的原因是多方面的，包括发展性方面、增长性方面、体制变迁性方面、收入结构性方面等因素，但是归根结底深受政府分配政策的影响。改革开放以后，中国引入市场机制作为统一分配机制的辅助，借此缓解困扰中国社会的平均主义问题。“让一部分人先富起来”“效率优先，兼顾公平”的分配思想产生了巨大效应。但是，市场经济与计划经济的结合并没有想象中那么简单顺利，中国的市场化进程有其自身独特性，市场经济建设是政府自上而下推动的结果，政府在这一过程中扮演着多重角色，收入与财富分配未能全面兼顾社会各阶层的利益需求。党的十八大以来，党和政府逐步调整工作重心，强调让人民都能够共享改革开放的成果，不

① 基尼系数根据洛伦茨曲线计算而来，根据联合国的有关规定，基尼系数低于 0.2 表示收入绝对平均；0.2～0.3 表示比较平均；0.3～0.4 表示相对合理；0.4～0.5 表示收入差距较大，进入警戒状态；0.6 及以上表示收入差距悬殊，是社会动乱随时会发生的危险状态。

② 袁媛：《中国城市贫困的空间分异研究》，科学出版社 2014 年版，第 68—69 页。

③ 陆学艺：《当代中国社会阶层研究报告》，社会科学文献出版社 2002 年版。

断完善收入与财富分配机制，推出并落实了一系列惠民举措，这些做法有效缓解了贫富分化问题，改善了群众的生活质量，提高了人民的幸福感。

5. 保障体系建设滞后

改革开放初期，经济转轨、企业改制产生了一大批“内退”“转岗”“买断”职工，下岗失业工人及其家庭一度陷入极度困难的窘境。与此同时，最低生活保障制度和各种市场化保险制度也在摸索中逐步建立，但由于起步时间较晚，没能及时向下岗职工提供保障性支持。

长期以来，城市居民最低生活保障制度存在覆盖面窄、保障标准偏低的状况。从 1995 年最低生活保障制度在全国推广到 2009 年低保覆盖面达至峰值（2345.6 万人），城市最低生活保障制度所救助的人口基本稳定在 2000 万人左右（参见后文表 3-4）。与此同时，还有相当一部分低保边缘家庭，由于各种原因未能获得城市最低生活保障的救助。流动人口也因为户籍制度的限制而不能享受与城市居民同等的社会福利待遇。另外，保障水平偏低，仅能勉强解决贫困人口的温饱问题也是困扰我国低保制度的一大难题。低保资金来源渠道单一、政府财政承受力有限是制约低保水平的重要因素。

此外，虽然已经构建了养老、失业、工伤、医疗等保险制度，但由于诸多原因，贫困人口的参保率较低，且实际上未能获得市场化保障体系的支持。总体而言，现有的城市贫困保障支持系统仍存在诸多问题，第三章将对此问题进行系统深入的阐述。

（二）结构力之二——城市化扩张

城市化（urbanization）是衡量国家经济社会发展水平的重要指标。近年来，在全球范围内，人口向城市集中已经成为一种世界性趋势，尤其在发展中国家更为明显。在人口向城市集中的同时，贫困也在向城市集中，城镇贫困人口比重不断上升。一般而言，农村人口向城市的大规模流动对城镇贫困的形塑主要有两个途径：一方面，农村劳动力身强体壮、吃苦耐劳，工资报酬较低，在一定程度上挤占了城市劳动力的就业岗位，这使一部分城市劳动力因失业陷入贫困；另一方面，农村劳动力在城市遭遇到经济、政治、教育、医疗、福利、住房、接纳认同等方面的排斥，徘徊在社会边缘，境况堪忧。

近年来，随着城市化进程的深化，另一个城市贫困的推手逐渐显现。中国城市化进程主要是土地城市化。随着拍卖土地、旧房拆迁、商品房开发，房地产业成为中国经济快速增长的重要动力。在房地产业快速发展的同时，中国各大城市的房价不断上涨，城市商品房市场异常火爆。政府迅速重磅出击，提出“房子是用来住的、不是用来炒的”为住房开发定调，并强力抑制房价过快上涨，加快住房制度改革和长效机制建设。但是，整体而言，住房的分层结构已经形成，城市下岗职工家庭房子少、面积小、年代久远、环境恶劣，又换不起房；“蚁族”、漂族买不起房，只能租房度日。

针对这种住房分层状态，学者进行了大量研究。刘祖云和戴洁把住房作为重要的生活资源，将武汉市居民划分为贫困、温饱、中间、小康、富裕五个阶层。[①]李强基于对北京市的调查，划分出传统私房户、廉租房户、简易楼户、单位房改房户、回迁房户、商品房户六大住房地位群体。[②]许子东以房价为标准，把城市居民从低到高划分为“无房阶级”“农房阶级”“公房阶级”“有房阶级”“炒房阶级”“盖房阶级”。[③]刘祖云和胡蓉根据住房产权、区位、条件等标准划分出：中青年白领阶层，居住于高档社区；中青年技术人员，居住于中高档社区；中老年下岗或退休群体，居住于中档社区；中青年自雇者及产业工人，居住区位分化；中老年失业群体，居住于低档社区。[④]许英康和王军考察了 2000～2010 年中国城镇家庭居住状况，并指出户主受教育程度和户主职业状况是影响住房分层的重要因素。[⑤]

住房分层会产生消极社会后果，引发新的社会不平等。住房作为一种极为重要的生活资源，既是权力财富分配不平等的表现，也参与形塑着社会不平等，其最重要的作用机制就是形成对贫困群体的社会排斥和空间隔离，进而形成“分裂的城市”（divided cities）和“二元城市”（dual cities）：一端是城市精英构筑的防卫型社区，另一端是贫困人口、弱势群体高密度聚居的城市中心地带，富人和穷人在居住区位上形成了空间隔离。大量城市空间研究揭示了贫困区位化的事实：贫困社区多分布在城市中心区域的停滞发展地带和城市边缘地区。贫困社区不仅在空间上与其他阶层活动区隔离开来，而且在住宅价格、公共配套设施、社区环境品质、物业管理水

---

① 刘祖云、戴洁：《生活资源与社会分层——一项对中国中部城市的社会分层研究》，《江苏社会科学》2005 年第 1 期，第 135 页。

② 李强：《转型时期“城市住房地位群体”》，《江苏社会科学》2009 年第 4 期，第 44 页。

③ 许子东：《房价问题与中国社会各阶级分析》，2011 年 8 月 20 日，https://www.douban.com/group/topic/21841068/。

④ 刘祖云、胡蓉：《城市住房的阶层分化：基于 CGSS 2006 调查数据的分析》，《社会》2010 年第 5 期，第 164—192 页。

⑤ 许英康、王军：《中国城镇家庭居住状况与住房分层：2000—2010》，《中央社会主义学院学报》2014 年第 6 期，第 91 页。

平等住区特征方面，均处于较差状态。城市居住空间既是一种地理空间，也是一种社会空间。居住空间的分化状态不仅体现出各阶层经济收入、权力资源、社会地位、文化价值的差异，也反映出政府和社会对待贫困人口、弱势群体的基本态度与政策安排。

除了前述两个重要的结构性因素外，中国城市新贫困还面临着经济全球化带来的挑战。经济全球化表现为生产的全球化、市场的全球化和金融全球化，世界各国经济的相互依赖性日益增强。经济全球化在给世界各国带来经济利益和发展机遇的同时，也带来了新的风险和挑战。中国在改革开放以后，不断完善市场经济体制，实现了经济贸易体制与世界的接轨。2001 年，中国入世成功标志着中国正式成为世界多边贸易体制的正式成员。同时，经济全球化对中国经济社会发展的影响也是一把双刃剑。非熟练劳动力是贸易国际化的主要受冲击者，收入差距拉大使城镇相对贫困问题进一步加剧。

二、文化力对新贫困的影响

贫困的文化解释强调个体应当对自己的贫困负责，结构改善和经济发展无法拯救贫困，贫困者的心理感受、生活方式、知识观念是其陷入贫困的主要原因。美国学者刘易斯的“贫困文化论”是文化解释的典型代表。刘易斯指出，贫困文化体现在个体、家庭、社区、社会等各个层次上，它可以通过贫困群体内部的交往而自我加强、复制和传递。“棚户区的孩子，到 6—7 岁时，通常已经吸收贫困亚文化的基本态度和价值观念。因此，他们在心理上不准备接受那些可能改变他们生活的种种变迁的条件或改善的机会。”[①]刘易斯提供了一种审视贫困的全新视角，贫困不仅意味着欠缺和剥夺，也是一种重要的适应手段，一种生活方式，一种解决问题的办法。

文化力对贫困的影响主要表现为一种适应贫困的文化资本在家庭成员内部的代际传递。这种贫困恶性循环的模式可描述为：穷人从小生活在贫困境况中，继承了父辈的生活方式，安于现状，缺少向上的动力，缺乏成就动机。他们的眼界有限，职业技能匮乏，竞争力缺乏，只能进行体力劳动，收入低，地位低，并因此陷入长期贫困之中。他们终生忙于求生，没有时间更没有能力关注子女的教育，造成子女学习态度不端、成绩不良、知识技能储备薄弱，在未来的职业竞争中提前处于劣势，家庭命运转变无

① Lewis O，The Culture of Poverty. *Scientific American*，Vol.215，No.4，1966，p.22.

望，贫困实现代际传递。[①]这个周而复始的循环模式具有四个层面的基本特征：一是贫困亚文化对大社会的拒斥、隔绝；二是在社区层面，穷人缺乏广泛有效的社会参与；三是家庭中孩子缺乏有效的照料和培养；四是个人具有强烈的边缘感、无助感、依赖感。刘易斯把这种贫困文化视为穷人解决日常生活问题的方法。它为那些无法达到主流规范要求的人们提供适应剥夺环境的能力，或提供自我保护的机制。班费尔德也用“非道德性家庭主义”来解释这一现象：“穷人基本不能依靠自己的力量去利用机会摆脱贫困之命运，因为他们早已内化了那些与大社会格格不入的一整套价值观念”[②]。贫困的延续不仅是外部结构力作用的结果，也是贫困家庭自愿选择、主动适应的结果。

对我国新贫困群体的长期跟踪研究发现，不是所有贫困家庭的上一辈都具有正确的教育观念、积极的成就动机和强烈的改变现状的欲望。他们这种消极厌世、得过且过的心理状态极大地影响着家庭中的下一辈。部分低保家庭子女、农民工子女深受父辈影响，对学习缺乏积极进取的态度，对生活消极懈怠，沉溺于网络游戏、四处游荡、不务正业，宁愿做压榨年迈多病父母的“啃老族”，也不愿直面人生、应对挑战，去做生活的强者。在这些“穷二代”的心中，贫困是其人生如影随形的状态，无法避免。日益激烈的社会竞争、残酷的生存淘汰都无法激发他们内心担忧家庭境况、个人命运的紧张和焦虑，反而促使他们排斥社会、逃避生活、自我放逐。显然，打破文化心理因素对贫困家庭的持续影响将是我国未来贫困治理工作所面临的最顽固的难题之一。

---

① 周怡：《解读社会：文化与结构的路径》，社会科学文献出版社 2004 年版，第 161—162 页。

② Banfield E C，*The Moral Basis of a Backward Society*，New York：The Free Press，1958，p.156.

第三章
城市新贫困治理的困境与转型

自20世纪90年代初开始，我国政府就开始关注城市新贫困问题，并逐步为贫困群体建构了一个由多个主体协同参与的综合性风险抵御体系，取得了较好的成效。但是，由于各种因素的制约，城市新贫困的治理实践仍存在诸多问题，它们直接影响着贫困治理的效果。这些问题需要引起人们的高度重视，并加以不断改进。

第一节　城市新贫困治理体系的结构流变

城市贫困治理体系由政府、市场、民间组织、家庭等主体组成，是贫困救助责任的承担者，负责福利资源的供给和分配。贫困治理体系内在结构的变化在某种程度上反映了贫困的本质、成因，扶贫责任义务等观念的改变。新中国成立以来，城市贫困治理体系的结构变化大致经历了三个阶段。

中华人民共和国成立初期至20世纪70年代末为第一阶段——“国家承包”。这一时期的城市贫困救助具有以下几个特点：第一，以计划经济体制下的城乡二元结构为基础，通过公有制经济的充分就业和终身福利供给，以及基本生活资料的低价供应来保障城市居民的生活需求。在这种包办式的保障体系下，城市中几乎不存在贫困现象，少数“三无”人员构成城市贫困人口的主体。第二，政府承担了城市贫困救助的全部责任，为“三无”

人员提供救济、收养、收治服务，或通过福利院集中供养，或通过户口所在地的街道办事处定期定量发放救济金。第三，民间慈善事业发展受阻。中华人民共和国成立后，慈善因被视为帝国主义和封建统治的工具而被否定，三十余年未有发展，宗教、宗族、商会或行会及其他传统社会救助机构的慈善救济活动陷入低潮。

20 世纪 80 年代初至 20 世纪 90 年代中期，中国的改革开放进入攻坚破题、探索路径的重要阶段。企业转制改革全面启动并逐步推向高潮，大量工人下岗失业，计划经济体制下的城市贫困救助体系基本失效。这一时期城市贫困治理的特点为：第一，与改革的轰轰烈烈形成鲜明对比的是，城市社会保障与贫困救助事业并未及时推进发展，政府作为最重要的福利主体在整个福利供给体系中地位下降，退居幕后，国家主导的社会保障大幅收缩。第二，与此同时，市场和家庭被推至城市社会保障的最前沿。企业被要求保障下岗工人基本的生存发展需求，有能力承担这一责任。家庭成为最基础的保障主体,家庭内部的私力救济是贫困失业人群的生存依赖。第三，由于没有外部社会资源的救助和支持，下岗工人遭遇的贫困不仅是个人的，更是家庭的。收入、福利的陡然减少与消费开支的爆发式增长形成的巨大生活压力，使很多下岗工人家庭整体陷入困境。这一时期城市贫困治理各主体间的关系是，政府退居二线，企业和家庭冲锋陷阵。

20 世纪 90 年代中后期开始，各地逐步探索构建最低生活保障机制。1999 年,《城市居民最低生活保障条例》正式颁布，政府重新明确了作为贫困治理主体的身份和责任。此后的 15 年间，政府贫困救助的力度不断加大，逐步构筑了一个以低保为主、其他类别社会救助为辅的城市扶贫体系，为城市贫困家庭提供了重要支持。在此期间，中国的慈善事业也开始复苏发展，尤其是汶川地震之后，民间慈善活动蓬勃兴起，慈善组织、非营利机构、社会团体壮大了城市贫困救助主体的队伍。但是，城市贫困形势的发展日益严峻，农民工群体和新失业人群的福利缺失问题逐步凸显。受制度壁垒排斥的影响，此部分新贫困人口的救助呈现出政府缺位、家庭和市场主导、救助效果低下的特点。

中华人民共和国成立后城市贫困治理主体身份变化的过程实质是我国对城市贫困治理责任划分问题的思考与探索过程，与社会转型所发生的重大变化联系紧密。从政府的一力承担到政府撤退、家庭和市场的主体地位前置再到政府回归、多方主体并存，城市贫困治理体系多方化发展的趋势渐趋明晰。虽然政府在城市贫困治理中的地位和责任曾有过一段时间的收缩，但整体上仍然是当前城市贫困治理中最重要的主体。党的十八大以后，城市贫困救助制度改革的重要任务之一即为构建新时期城市贫困治理的主体框架和运行机制，尤其是要理顺政府主体与民间主体之间的权责关系。

第二节　多方主体参与的贫困治理与成效

近年来，城市贫困治理各主体均获得了极大发展，在城市贫困治理领域投入更多、作为更多，并取得了明显成效。

一、政府积极作为

自 1999 年 9 月国务院颁布《城市最低生活保障条例》至今，我国政府出台了多个指导城市扶贫工作的政策文件，涉及低保救助、临时救助、下岗失业工人和农民工的就业与再就业、就业培训、廉租房建设、棚户区拆迁、各类保险、子女教育等诸多方面（表 3-1）。尤其是 2015 年《社会救助暂行办法》的出台，首次在制度层面为城市流动人口、低保家庭之外的边缘人群，因重大疾病、突发事件、意外伤害等特殊原因陷入临时性、紧迫性生活困境的贫困家庭接受救助做出了政策性安排，这标志着我国在城市贫困治理领域迈上了一个更高台阶。

表 3-1　针对城市新贫困群体出台的政策

项目	文件名称
社会救助方面	《失业保险条例》（国务院令第 258 号） 《城市居民最低生活保障条例》（国务院令第 271 号） 《国务院关于进一步加强和改进最低生活保障工作的意见》（国发〔2012〕45 号） 《最低生活保障审核审批办法（试行）》（民发〔2012〕220 号） 《社会救助暂行办法》（国务院令第 649 号）等
促进就业再就业方面	《中共中央国务院关于进一步做好下岗失业人员再就业工作的通知》（中发〔2002〕12 号） 《国务院关于进一步加强就业再就业工作的通知》（国发〔2005〕36 号） 《国务院办公厅关于做好农民进城务工就业管理和服务工作的通知》（国办发〔2003〕1 号） 《2003—2010 年全国农民工培训规划》（农业部等 6 部委联合颁布，2003 年） 《国务院关于批转促进就业规划（2011—2015 年）的通知》（国发〔2012〕6 号）等

续表

项目	文件名称
缓解生活压力方面	《城镇廉租住房管理办法》 《城镇最低收入家庭廉租住房管理办法》（建设部等 4 部委联合发布，2003 年） 《国务院关于解决城市低收入家庭住房困难的若干意见》（国发〔2007〕24 号） 《国务院办公厅转发教育部等部门关于做好进城务工人员随迁子女接受义务教育后在当地参加升学考试工作意见的通知》（国办发〔2012〕46 号） 《国务院关于加快棚户区改造工作的意见》（国发〔2013〕25 号） 《国务院办公厅关于全面实施城乡居民大病保险的意见》（国办发〔2015〕57 号）等

在深入贯彻落实中央精神的过程中，各地方政府相继出台了大量相关政策法规，在全国范围内掀起了与城市新贫困作斗争的高潮。政府在不断完善相关政策法规的同时，也在积极筹措资金，加大新贫困治理的资金投入，城市最低生活保障资金总额逐年增加（表 3-2）。截至 2014 年，全国各级财政投入城市社保资金达到最高值 722 亿元。2015 年，城市低保救助金全国平均标准为 451.1 元，比 2014 年增长 9.5%。[①]北京、上海、广州等地的低保救助标准则达到 600 元以上。

表 3-2　1999 年以来社保资金投入情况　　单位：亿元

年份	数额	年份	数额	年份	数额	年份	数额
1999	20	2004	179	2009	482	2014	722
2000	30	2005	198	2010	525	2015	719.3
2001	53	2006	236	2011	617	2016	687.9
2002	104	2007	275	2012	636	2017	640.5
2003	161	2008	38	2013	642		

资料来源：民政部《民政事业发展统计公报》（1999～2009 年）和《社会服务发展统计公报》（2010～2017 年），2016 年 10 月 12 日，http://www.mca.gov.cn/article/sj/tjgb/。

与此同时，政府各相关部门也积极落实低保制度，推出了一些针对城市低保家庭的公共资源和公共服务供给的优惠措施。以武汉市为例，武汉市为低保家庭提供了房屋交易、房屋安全鉴定、白蚁服务、殡葬服务、创业、办理租车卡、安装有线电视、电费收取、卫生费收取、水表报装、天然气费标准、廉租房补贴等涉及生活各个具体方面的优惠。这些优惠措施

① 民政部：《2015 年社会服务发展统计公报》，2016 年 7 月 12 日，http://www.gov.cn/xinwen/2016-07/12/content_5090289.htm。

的推出与各种保障保险福利措施相叠加，形成了一个围绕城市低保家庭的立体防护体系，从整体上较大改善了贫困家庭的生存环境和提高生活水平。

近年来，随着农民工群体社会保障诉求的不断提升，政府也在不断深化改革，探索消除妨碍农民工群体获取城市社会保障资源的户籍制度的可行路径与方法。北京、上海、广州、深圳等地先后推出的积分落户政策就是一种颇有建设性的做法。根据《北京市积分落户管理办法（试行）》的规定，合法稳定就业、合法稳定住所、教育背景、职住区域、创新创业、纳税、年龄、荣誉表彰、守法记录九大指标是衡量申请人落户资格的标准。尽管受到“偏向高等教育、高端人才”的批评，但这毕竟是我国在户籍制度改革上迈出的实质性一步，给了非城市人口落户的机会。与此同时，政府积极探索城乡一体的社会保障统筹机制，为缓解城农民工社会保障资源短缺问题迈出了坚实的步伐。

二、企业有限参与

作为典型的市场行为主体，企业的自身利益并不总是与社会利益相对立的。20 世纪 70 年代兴起的“企业社会责任运动”强调“企业公民”应当承担相应社会责任，企业慈善行为的经济效益和社会效益可以实现有机统一。在我国，随着现代企业制度的建立和完善，绝大多数企业实现了政企分离、自主经营、自负盈亏。但我国企业的社会责任意识比较薄弱，慈善捐赠不太积极。2008 年，这一状况发生了明显扭转。相继发生的重大雪灾、汶川地震、玉树地震极大激发了中国企业的慈善行为。表 3-3 反映了 2006～2011 年，中国大陆企业慈善捐赠的整体发展趋势。总体而言，参与捐赠企业数和捐赠额度两个指标均反映出我国企业慈善行为呈现上升趋势。

表 3-3　2006～2011 年中国大陆企业慈善捐赠排行榜

项目	2006 年	2007 年	2008 年	2009 年	2010 年	2011 年
入榜企业数/个	86	222	325	899	448	707
捐赠总额/亿元	5.47	20.70	54.90	117.95	52.85	116.07
平均捐赠额/万元	636	932	1689	1312	1182	1642

资料来源：张奇林等根据民政部公布的中国慈善排行榜中相关数据统计而来，参见张奇林：《中国慈善事业发展研究》，人民出版社 2014 年版，第 245 页。

根据《2011 中国慈善排行榜》的相关数据分析，我国企业慈善的主要特征表现为以下几个方面。①就企业性质而言，民营企业在数量和捐赠额度上都处于领先地位；国有企业更倾向大额捐赠，但捐赠总额不及民营企业；外资企业的表现最差。②就行业特征而言，房地产行业的捐赠数额是最多的，证券行业和信息技术行业紧随其后，但其大额捐赠不多，货币形式的捐赠较少。此外，能源、通信、保险、电力、电子制造等行业也表现积极。③就地域特征而言，捐赠企业的慈善行为与区域发展水平密切相关，总体而言，江浙地区的企业参与慈善的比例最大，其次是广东、北京、河南等地的企业。④就慈善行为动因而言，提升企业形象、帮助弱势群体、响应政府号召、解决社会危机、塑造产品品牌、融洽社区关系、提高员工凝聚力、促销产品、吸引优秀人才、减免部分税收、受竞争对手捐赠的影响等是推动中国企业参与慈善活动的最主要的因素。⑤就捐赠渠道而言，企业捐赠的受体主要包括各级政府机构、政府主导的各类社会组织和民间公益组织三种类型。⑥就捐赠资源的流向而言，教育、救灾、扶贫济困、社会服务等领域是企业善款的主要流向，目前国内企业在科技开发、环境保护等领域的捐赠较少。

尽管我国企业慈善仍面临捐赠总量整体偏低、捐赠渠道及流向单一、捐赠行为组织与管理不善等诸多问题，但仍应看到 2008 年以来，企业在热心公益、扶危济困等方面所做出的努力。随着中国企业社会责任感的不断增强，以及企业管理机制、经营水平、经济实力的不断提升，中国企业一定会成为慈善事业的积极倡导者和参与者。

三、社会辅助行动

在城市贫困治理主体中，社会力量的覆盖面甚广，包括家庭、社区邻里、各种社会团体、广大志愿者群体等。对于城市低保家庭而言，亲朋好友、邻居间普遍存在的“穷帮穷”体系表明其社会资本质量较低，只能是日常生活中的相互帮扶关照，情感上的互相宽慰，难以提供实质性救助服务。对于农民工贫困群体而言，家庭成员的长期分离不仅带来了留守老人、留守儿童问题，也造成外出务工人员生活缺乏照料、孤寂空虚的问题。近年来，慈善社团的发展和志愿者队伍的壮大在很大程度上弥补了社会主体在贫困救助服务领域力量的薄弱。

2013 年，中国实际社会捐赠总额达到 954 亿元，除企业捐赠的七成外，个人捐赠额占比为 18.62%，社会组织捐赠额占比为 6.88%。截至 2013 年底，在我国 54.7 万个社会组织中，民办非企业单位有 25.5 万个，其中社会服务类组织有 36 698 个。在诸多非法人社会组织中，社区组织的发展非常迅猛。仅浙江省备案管理的社区组织就已超过 3 万家，以此推算，全国范围内备案的社会组织应有 20 万～30 万家。[①]社区组织是指在社区范围内，由一些个人或组织单独或联合创办的民间组织，在社区开展各种公益活动以满足社区居民的不同需求。目前，在社区组织开展的多项活动中，配合街道、社区直接为生活困难群体和边缘群体提供帮助是其重要的活动内容，此外，在居家养老、儿童托养、文体科教活动、纠纷调解等多项服务中，贫困家庭和弱势群体都是其重点关注的对象。社区组织的积极参与，对于拓展社区服务、维护社区稳定、促进社区健康和谐发展发挥着不可替代的作用。

2014 年，我国登记类志愿者有 6710 万人，非登记类志愿者约为 4200 万人，合并总数约为 1.091 亿人，捐赠率为 8%，捐赠志愿服务时间为 14.8 亿个小时，捐赠价值约为 535.9 亿元。在志愿者喜欢参与的志愿服务类型中，社区服务、弱势群体服务、老年服务、儿童和青少年服务的响应率分别为 10.58%、9.19%、8.73%和 9.17%，服务对象中不乏城市贫困家庭和外来流动人员。[②]志愿者们依托各种志愿服务组织，提供更专业、更高效的志愿服务，标志着中国志愿服务春天的到来。

宗教是民间慈善活动的传统主体。近年来，我国政府在转变政府职能的过程中，逐步思考引导宗教慈善提高运作的效率、透明度和公众参与度。在 2014 年 12 月国务院发布的《关于促进慈善事业健康发展的指导意见》中，对宗教慈善活动作出了明确指导和规范。中国的宗教慈善活动注重“内外兼修”，依托常态化项目，开展扶贫、帮困、赈灾、助残、助学、养老、义诊等公益慈善活动，取得了良好的宗教效益和社会效益。南京栖霞寺每年捐助 10 万元，为 2000 名贫困学生开展“爱心书包”活动；南京惠济寺每年为汤泉中学、石桥中学贫困学生发放奖学金；南京市伊斯兰教协会多年坚持资助 42 名南京高校贫困少数民族大学生，扶贫 30 位乡老。湖北省佛教协会 2014 年向全省各地 206 名困难佛教教职人员发放补助 13.9 万元。武汉市基督教青年会近年来把农民工及其子女作为帮扶对象，为其开展了“送健康、送文化”活动。湖南省宗教界发布的公益慈善活动公报显示，2014 年湖南省宗教界向社会捐款 2487.02 万元，广泛参与各项公益活动，成为湖南公益慈善事业的有益助力。此外，我国宗教界还积极走出国门，

---

① 黄伟夫：《2014 年中国民非和非法人社团发展报告》，见杨团主编《中国慈善发展报告》（2015），社会科学文献出版社 2015 年版，第 89 页。

② 翟雁、辛华：《2014 中国志愿者捐赠价值报告》，见杨团主编《中国慈善发展报告》（2015），社会科学文献出版社 2015 年版，第 102—103、119—120 页。

参与国际交流，步入世界公益慈善领域。[①]

社会力量广泛参与贫困治理是城市政府职能从管理型向治理型转变的重要成果。在各种社会主体的参与下，我国城市贫困治理事业多头并进、成效显著。

四、城市贫困治理成效显著

自 1999 年建立城市居民最低生活保障制度以来，我国城市基本形成了以最低生活保障制度为基础、与其他专项救助制度相配套、以临时救助制度为补充、与慈善事业相衔接的贫困治理框架。虽然该框架尚未稳定定形，但具有将生活救助与扶持生产、物质帮助与社会服务相结合的特点，有利于保障城市新贫困群体的基本生活，维护社会稳定。

总体而言，20 年来，城市新贫困治理事业取得了巨大成就。首先，城市居民基本生活保障权益得到确立。城市居民最低生活保障制度的建立是我国整体性社会保障制度改革取得的首个重大突破，是我国社会救助体系建设的重要里程碑。它以法规的形式明确了城镇居民在生活陷入困境时向政府申请并获得救助的权利，以及政府救助困难群体的法定责任。

其次，以低保制度为核心的城市贫困救助体系逐步实现了长期生活类救助、分类专项救助和临时应急救助的有机结合。1999 年以来，该体系的保障规模不断扩大和保障水平不断提高。表 3-4 反映了 2005～2017 年城市低保的规模。从 2005 年的 2234 万人逐年上升到 2009 年达到峰值的 2345.6 万人，之后又逐步回落到 2017 年的 1261 万人。这一变化得益于对社会救助体系前期运作缺陷的弥补和完善。1999～2009 年，虽然低保覆盖面不断扩大，但救助水平较低，连基本生存需求都难以满足，“不够塞牙缝”是受助者的普遍感受。2010 年以后，政府加强监管，对福利欺诈和福利依赖进行治理，清理了一批“人情保”“权力保”“关系保”“骗保”“赖保”，净化了社会救助制度的运作环境，提高了运作成效。

表 3-4　2005 年以来城市低保情况统计表

年份	保障人数/万人	保障户数/万户	平均标准/［元/（人·月）］
2005	2234.0	995.0	156.0
2006	2240.0	1030.0	173.9
2007	2272.1	1064.3	182.0

① 郑筱筠：《2014 年中国宗教慈善报告》，见杨团主编《中国慈善发展报告》（2015），社会科学文献出版社 2015 年版，第 137—138 页。

续表

年份	保障人数/万人	保障户数/万户	平均标准/［元/（人·月）］
2008	2334.6	1111.1	205.3
2009	2345.6	1141.1	227.75
2010	2310.5	1145.0	251.0
2011	2276.8	1145.2	288.0
2012	2134.3	1113.6	330.0
2013	2064.2	1097.2	362.0
2014	1877.0	1026.1	411.0
2015	1701.1	957.4	451.1
2016	1480.2	855.3	494.6
2017	1261.0	741.5	540.6

资料来源：民政部《民政事业发展统计公报》（2005—2009）和《社会服务发展统计公报》（2010—2017）的相关数据整理而来，2016 年 10 月 12 日，http://www.mca.gov.cn/article/sj/tjgb/。

最后，政府日益尊重贫困群体的多元化需求，不断完善住房、医疗、教育、就业等方面的专项救助，相继推出保障房（经济适用房、廉租房、公租房等）援助项目、大病医疗救助项目、贫困助学项目、就业培训与安置项目等，以满足贫困群体的特殊需求。此外，大力深化社会保障制度改革，各城市加强了对低保边缘户的救助，并逐步放开外来流动人口的福利限制，尝试探索城乡统筹、城乡一体的社会保障机制。

第三节　城市贫困治理中存在的问题

城市贫困治理是一项复杂的系统工程，整个体系由治理主体、治理理念、治理路径、治理技术等多个要素构成。尽管我国城市新贫困群体社会保障制度不断完善并取得明显成效，但仍存在诸多问题需要解决。

一、治理主体的责任关系尚未完全厘清

受西方福利多元理论的影响，我国现阶段普惠型福利体系的建设在贫困治理方面的目标是逐渐形成由政府部门、用工部门、志愿部门和非正规部门构成的，以贫困者及其家庭为核心的由内向外、层层拓展、特殊关照与一般服务、救助相结合的立体防治体系。政府部门主要是指主导民政工作或参与公共资源供给分配的单位，包括民政局、街道社区、教育局/学校、医院、水务局、电力局、天然气公司等，它们可以直接或间接地向贫困人

口提供各种救济扶助。用工部门包括各种长期、短期或临时雇佣劳动力的盈利机构，向其雇员提供福利，向市场提供有营利性质的福利。志愿部门包括自助/互助组织、非营利机构、社会团体、社区组织等，主要提供有限资助或专业化服务。亲人、朋友、邻里等则属于非正规部门，可在情感慰藉、生活救急、相互照料方面起到很好的作用。

城市贫困治理体系的设定目标需要多部门协同，才能达成贫困救助资源的最佳配置。社会学功能主义非常强调系统结构与功能的协调一致，系统功能的发挥必须以特定结构作为保障。系统结构由要素及要素间的关系构成，在城市贫困治理体系中，集中体现为各治理主体及相互关系。在城市贫困治理的实践中，各主体的关系并不协调，且存在诸多矛盾和冲突，尚未形成合力，导致整体结构—功能失衡：各主体在整个贫困治理体系中的地位、责任与它们实际发挥的功能不符。

（一）政府部门定位不明

尽管城市贫困治理主体日益多方化，但“国家—社会”的关系尚未有根本性改变。社会在很大程度上仍然依附于行政，政府在贫困救助方面同时扮演领导者、规划者、实施者、监督者的多重角色。

在经历了 20 世纪 80 年代初至 20 世纪 90 年代中期的角色困惑之后，政府积极承担起城市下岗失业人群的社会救助责任。相关部门依托最低生活保障制度和临时救助办法，形成了一个以最低生活保障为主，分类救助、临时救助为辅的社会救助公共体系。近年来，低保制度不断调整完善，实现七部门联动、信息共享、动态管理，较好杜绝了“人情保”“权力保”“关系保”等现象，提高了救助水平，把低保救助对象聚焦于老弱病残群体的趋势越来越明显。另外，城市流动人口的贫困问题尽管得到了一定程度的重视，但他们仍然被视为不同于城市居民的身份群体，未被纳入城市社会保障的范围。因此，从某种程度上讲，城市各贫困群体的社会地位并不相同。政府必须采取切实有效的措施解决流动人口的社会保障问题。

政府在实施新型农村合作医疗、社会保障城乡统筹的同时，也需要调整与各类企业、民间慈善组织、社会服务机构的相互关系，向社会保障的市场主体和社会主体适当下放权力，提供更多的财政支持和税收优惠，并施以恰当的引导和监督，调动政府之外的社会保障主体的积极性、主动性，与政府形成合力。唯有如此，才能向城市新贫困群体提供多层次、多渠道的保障性资源，满足其多元化需求。

（二）用工部门责任异化

劳动力市场的排斥是城市新贫困群体市场福利缺失的主要原因。根据劳动力市场二元结构论，初级劳动力市场和次级劳动力市场之间在工资待遇、劳动条件、福利保障等方面存在明显差异，且相互隔绝。分割的劳动力市场客观上导致了严重的就业限制。下岗工人和农民工受技术、能力及身份等因素的制约，几乎丧失了劳动权。新失业群体在初级劳动力市场竞争中失利，在次级劳动力市场中又因年纪轻、经验缺乏、不能吃苦耐劳、眼高手低而难以占据有利地位，只能频繁更换工作甚至长期失业。一开始就被排斥在劳动力市场之外，这使得城市新贫困群体从就业市场获取社会保障资源的机会微乎其微。

即使有机会获得次级劳动力市场的接纳，仍无法摆脱福利待遇水平相对较低、工作稳定性难以保障等困境。近年来，劳资冲突较为集中的劳动密集型制造业均采取低成本竞争战略，采用苛刻的绩效管理方式，使用业务外包或派遣工方式降低用工成本、逃避福利责任。长期以来，农民工月平均工资占城镇就业人员月平均工资的比重始终介于 50%～60%。农民工被拖欠工资的情况时有发生，“企业为了便于‘闪辞’员工，随时炒员工‘鱿鱼’，逃避社会保障责任，大多不愿意与员工签订劳动合同”[①]。结果导致城市新贫困群体的社会保障权利在市场层面严重缺失，社会保障参保比例偏低，缴费能力普遍较弱。

另外，“企业慈善”对大多数中国企业而言还是一个相对陌生的概念，慈善捐款被视为企业盈利的对立面而受到排斥。根据《2016 年度中国慈善捐助报告》的相关数据，我国企业募集的善款仅相当于当年 GDP 的 0.12%。[②]少数有捐赠行为的企业也没有正确理解慈善捐赠与企业发展之间的关系，没有形成成熟的慈善项目运作机制和社会责任理念、社会投资理念。

（三）志愿部门履责不足

志愿部门的主体是指各种类型的专业化、服务性社会组织。近年来，由社会组织积极推动的“全民慈善”事业获得了蓬勃发展。截至 2016 年

① 谢宇：《日薪制与新型劳资关系的建构——广东 S 镇农民工劳务市场调查》，《社会学评论》2014 年第 6 期，第 48 页。

② 2016 年，美国慈善捐赠总额约合 25 706.6 亿元，占 GDP 的 2.1%，人均捐赠约合 7957.1 元。英国捐赠总额约合 868.1 亿元，占 GDP 的 0.52%。我国的慈善捐赠总量虽上涨较快，但与发达国家相比仍存在较大差距。

12 月底，全国共有社会组织 69.9 万个，其中社会团体 33.5 万个，基金会 5523 个，民办非企业单位 35.9 万个。2016 年，中国社会捐赠额约为 1346 亿元。[①]但是，这些表象并不能从根本上扭转社会组织发展土壤的文化困境。一方面，中国传统的儒家文化培养顺民意识，民众对权力和等级体制的服从性较强，缺乏成立自治组织的自发性和自觉性，使我国的社会组织缺乏文化孕育基因。另一方面，现有的社会组织在运作过程中，仍面临三种困境：其一，社会组织过度依附政府，需要政府审批、服从政府领导、接受政府监督，自治自决能力不足；其二，社会组织自身也存在诸多运作问题，如财务透明度较低、行业自律不够规范、第三方监督与评估机制不健全等，造成社会组织缺乏公信力，民众质疑其合法性、利他性、公益性、专业性；其三，社会组织偏向市场化运作，追求利益最大化，公益性不足而互益性有余。

受上述因素的制约，我国志愿部门的发展与发达国家相比，差距甚远。2008 年，美国登记在册的符合 501（c）条[②]的非营利组织已达 151 万多个，其中公共慈善机构有 95.8 万多家。2001～2011 年，美国的非营利机构年均增长率为 25%。2009 年，美国 16 岁以上成年人中，有 29%在做志愿者，非营利机构提供了 10%的就业岗位。参加志愿服务的美国人提供义工服务 150 亿个小时，比 2008 年多出 6 亿个小时，慈善捐赠数额也达到 3037.5 亿美元。[③]相比之下，我国志愿部门的发展存在组织数量少、增长缓慢、慈善捐赠额度偏低、岗位设置不足、志愿服务薄弱等问题，难以满足城市弱势群体的需求。

（四）非正规部门责大于能

非正规部门包括家庭、亲属及邻里，是围绕在贫困者周围最核心、最私人的社会关系网络。在封建社会时期，非正规部门的典型代表是宗族。它遵循“施由亲始”的原则，以血缘和地缘关系为依托，向贫困族人和邻里乡亲提供济贫、恤病、养老、育婴、助学、助婚丧等多方面的救济扶助，

---

① 董强：《2016 年中国慈善事业发展综述》，见杨团主编《中国慈善发展报告（2017 年）》，社会科学文献出版社 2017 年版，第 1—2 页。

② 美国《国内税收法》的 501（c）条具体列举了符合为促进宗教、慈善、科学公共安全检测、文学、教育、推进国家或者国家体育竞赛爱好、防止虐待儿童或者动物的 27 类组织的豁免联邦所得税资格申请和程序。

③ 王劲颖、沈东亮、屈涛，等：《美国非营利组织运作和管理的启示与思考——民政部赴美国代表团学习考察报告》，《社团管理研究》2011 年第 3 期，第 19—21 页。

形式多样，内容丰富。而且，宗族救助具有较高的组织性、制度性，能够持续提供稳定、可靠的救助资源。宗族瓦解之后，个体家庭失去了可靠依赖，被迫独自承担各种风险。现代非正规部门的个体性、独立性极大限制了它的救助能力，使其特别强调内外有序、亲疏有别。相关研究显示，城市新贫困群体因失业、患病等原因而陷入困境时，首先寻求帮助的对象是他们的亲人及关系较为密切的朋友和邻居。反观之，贫困者的私人关系资本并不总是有效的，它会根据与求助者之间的关系质量，或求助者的回报能力等决定是否给予救助，且救助力度十分有限。

尽管非正规部门的形式和能力发生了较大变化，在现代社会，它仍然是人们在遭遇疾病、事故、困境时首先寻求帮助的对象。非正规部门主要向贫困者提供情感性支持（如安慰、照料等）和工具性支持（如信息、金钱等），是最直接、最便利的私力型救助主体。目前看来，非正规部门的主体地位较为突出，这带来了地位与能力不匹配问题，把能力薄弱的非正规部门置于贫困救助的重要位置，既加重了其负担，又无法有效保障贫困者的需要与权利。由于非正规部门承担了超乎其能力的责任，城市部分新贫困者的迁移流动就意味着对于他们而言，非正规部门提供的救助难以及时到达，存在明显的滞后性和有限性。

总体而言，目前城市贫困治理体系存在的主要问题是各主体定位不清、权责不明，相互关系较为混乱。结构的失衡引发功能失调，进而导致城市贫困治理体系的低效，因此迫切需要推动贫困治理主体的进一步结构调整与功能转型。

二、治理内容和形式较为单一

在现代福利体制下，维护人的基本权益，保障个体最基本的自由与生存是社会保障的基本思想。城市社会保障的内容涉及生存、安全、保健、教育等各个方面。我国城市的贫困救助内容覆盖广泛，以武汉市为例，低保户可以获得房屋交易过户、廉租房、房屋安全鉴定、白蚁服务、殡葬、创业、有线电视、水电、天然气、垃圾清运等方面的救助服务。这些救助内容虽然涉及面较广，但多是围绕基本生活需求展开的，贫困群体在能力提升、心理健康、社会参与等方面的需求难以获得充分满足。与此同时，各项服务都是以免费、减免、补贴等形式提供，基本属于货币式救助方式。虽然方便快捷，但作为纯粹客观形式，不能弥补主观维度救助内容的缺失。

造成这种状况的根本原因是我国的贫困认定标准过于简单，无法全面反映贫困的程度、维度及持久性等问题。各城市对贫困的认定，基本都以贫困线为标准，人均收入低于贫困线的家庭即为贫困户，依据政策可以申请低保补助。在运用家计调查"觅标"的过程中，家庭收入和财产在现阶段较难通过金融、证券、税收、公积金管理、社会保险等机构进行查询核实，只能通过观察家庭生活状态、考察日常消费支出来确定家庭经济状况。城市基层社区在执行相关规定时，往往采用最直观的办法，在消费领域开列诸多禁区，把它们作为并列条件，符合任何一项均丧失低保资格。这些"土政策"的出台，实际上丰富了贫困的内涵，缩小了其外延，使低保边缘户和其他处于暂时贫困的家庭被排斥在低保制度之外。外来人口中的贫困者更是因为户籍制度的限制无法获得相应救助和服务。

其结果是相当一部分实际贫困的家庭无法获得有效救助，社会救助的比例较低。2017 年，我国共有 741.5 万户、1261 万城市居民获得低保救助（参见前文表 3-4），受助人数是当年城镇总人口的 1.6%。[①]各种专项救助也因为叠加在最低生活保障制度之上而实际缩小了社会救助的范围。相比之下，西方发达国家的社会救助率普遍较高。早在 20 世纪 90 年代中期，新西兰、澳大利亚、英国、美国、加拿大等国受助人数占总人口的比例都在 9%以上，其中新西兰达到 25%，澳大利亚为 17.8%，英国为 15.9%。[②]这些数据反映了我国城市贫困救助水平与西方发达国家存在一定差距，也指明了我们今后努力的方向。

三、治理体系弹性不足

城市贫困治理体系弹性不足可以概括为"进去不易，进去以后难得出来，出来以后难得进去"[③]。它具体表现为：其一，入口过紧，很多困难群体没有被纳入救助体系；其二，缺乏中程的贫困动态监测和退出机制；其三，一旦没有进入贫困救助体系或被中途"抛出"，就难以重新进入，制度缺少新的入口或某种类似于"召回"的制度化机制。社会救助体系的僵化和封闭，会削弱受助者积极就业、增加收入的意愿，导致诸多不利后果：低保金在低水平上运行，部分低保救济对象长期沉淀下来，形成"贫困陷

① 2017 年，我国城镇常住人口数为 81347 万人（佚名：《我国城镇化率升至 58.52%释放发展新动能》，2018 年 2 月 4 日，http://society.people.com.cn/n1/2018/0204/c1008-29804719.html），据此计算而来。

② 杨立雄：《社会救助研究》，经济日报出版社 2008 年版，第 118—120 页。

③ 吕鹏：《制度是如何封闭的？——以国有企业下岗职工社会保障制度的实际运行为例》，《学海》2006 年第 1 期，第 59 页。

阱”；骗保等福利欺诈现象时有发生；应保的未获保，获保的退保难等。造成上述现象的深层原因，既有贫困救助制度本身设计的缺陷（如“设标”过程中的身份限定和收入限定），也有制度在执行过程中发生的过度细化、重新阐释、变通、信息闭锁等因素的共同作用。归根结底，还是我们对城市新贫困的认识和治理理念存在某些问题。

四、治理的专业化程度偏低

社会救助是一项政策性极强的事业，需要专业机构和专门人员来实施。我国目前还没有建立专门负责贫困识别、救助资源配置、贫困动态监控的专业机构，各城市仍主要依靠民政部门牵头。在基层社区，每个社区都配备有一名专门负责低保申请与救助发放工作的低保专职干事（简称低保专干）。这些工作人员对社区的基本情况较为熟悉，对困难家庭的家庭住址、家庭成员收入情况、家庭成员劳动情况等都了如指掌，实务经验非常丰富，完全可以做到只要了解了一个家庭的基本情况，就知道是否符合申请低保的条件，可以申请到几级救助的程度。

但是，这些工作人员在实际工作中存在两个方面的短板。其一，实践经验丰富但理论学习不足，感性认识较多但理性思考不足。他们中的绝大多数所学专业与工作性质并不对口，几乎没有接受过社会保障、社会工作等方面专业知识的学习，心理疏导、人际沟通、专门化服务的能力较为欠缺。工作内容限于收集提交低保申请、记录低保家庭信息、发放低保救助金和其他慰问品等，工作方式限于简单管理，较为单一，无法应对新贫困群体日益多元化、高标准的服务需求。在低保救助领域，由于相关工作人员专业化水平不够高，极大影响了低保救助的质量。其具体表现有：①区别对待低保对象，将批准最低生活保障资格当作是政府及其个人对申请对象的恩赐，要求其要以某种形式作为回报，对低保申请者的人格尊严不够尊重；②把收集、审核、提交、批准低保救助资格作为一种“个人权力资源”，用于建立关系，导致“关系保”“权力保”“人情保”现象的出现，在群众中产生不良影响；③不能根据政策精神，结合本社区的具体情况，制定并实施严格规范的社会救助程序，导致社会救助行为的随意性、不平衡性。这些因素都严重削弱了低保救助政策的执行力度。其二，由于社区工作经费和工作人员配备不足，低保专干实际上的工作范围更广、负担更重，难以全身心投入低保救助工作。

另外，由于缺乏贫困人口管理与服务的专门机构，社会保障和社会工作等相关专业人才流失较为严重，很少有人能够从事与专业对口的工作。即使进入社区系统，也很少有机会能够一展所长。由此可见，在贫困监测、贫困救助、贫困服务方面，我国的专业人才队伍建设和机构建设都较为落后，无法适应城市新贫困形势发展的需要。

第四节　城市贫困治理机制的转型

城市新贫困形势的变化及城市在新贫困治理过程中所暴露出来的诸多问题充分说明，现行城市治贫机制对贫困群体日益庞大且多元的需求的适应和满足较为有限，因此对社会保障制度，尤其是社会救助制度进行改革和完善势在必行。

一、适度普惠是城市贫困治理发展的基本方向

在我国城市贫困治理体制改革的方向问题上，目前存在两种较有代表性的观点：底线公平模式和适度普惠模式。景天魁自 2004 年开始，发表了一系列阐释“底线公平”思想的文章，并最终结集成《底线公平福利模式》这一专题文集。该文集对“底线公平”思想的发展历程、主要内涵、指标体系等问题进行了系统阐释。按照景天魁的观点，“底线公平”概念具有六个方面的规定性。第一，强调政府责任和市场作用的边界，强调建立政府、社会、家庭和个人之间合理共担的责任结构。第二，鉴于政府责任和能力的有限性，必须建立一种能够区分基础部分和非基础部分，由底线部分福利制度、跨底线福利制度和非底线福利制度构成的多层次福利制度体系。第三，优先满足弱势群体和底层民众的迫切需要符合全社会各阶层的根本利益，社会政策的重点正是关注大多数人的基本利益。第四，底线公平能够最直接的改善社会福利状况，最明显的获得福利改善的社会效益，且是经济发展和社会公平的结合点。第五，底线部分福利具有基础性、确定性和稳定性，有助于降低和克服福利实践与福利研究中的模糊性及随意性。第六，区分无差别的公平和有差别的公平有助于提高社会包容度，协调贫富各方利益，促进社会团结。底线的确定就是按照上述六个方面的规定性解决社会福利中诸如福利占比、福利责任、福利分配、福利调节等基础性问题，明确政府责任与市场作用的界线、社会保障基础部分与非基础部分的界线、无差别的公平和有差别的公平的界线、社会政策的重点和次序等问题。生存权、发展权和

健康权是构成底线公平的三个特征性指标。①

底线公平模式的提出在学界引发了热烈讨论。支持者认为，该模式从当前中国社会保障和福利制度存在的问题出发，结合中国社会的实际情况，强调政府责任的边界，保障底层群众的利益，具有较强的明确性、可操作性。反对者则指出，尽管该模式反复强调“底线”不是“低线”，不是低水平的社会保障，但是考虑到政府责任和能力的有限性而划定的政府责任边界，实际上强调的是政府对少量极端贫困家庭的兜底责任。借助特定指标和程序筛选出符合条件的贫困对象是明确政府职责范围的必然过程。其实质仍是一种选择主义模式（或称为补缺型社会福利模式），效果与目前的低保制度并无太大区别，只是对低保制度的精细化发展。这种模式忽略了当前庞大的低保边缘群体和相对贫困群体的多元化需求，对政府责任边界的确定过于模糊，甚至存在为政府开脱社会保障与福利责任之嫌。

在此批判的基础上，更多学者主张中国未来的社会保障与福利制度建设的目标是适度普惠型社会福利制度。适度普惠型社会福利制度是我国学者构建的中国特色福利模式。当前，国际上通行着两种基本的社会福利模式：“补缺型”社会福利和“普惠型”社会福利。“补缺型”社会福利源于 1601 年《伊丽莎白济贫法》的颁布，该模式重视家庭和市场的作用，认为市场是资源配置的最佳方式，是实现社会福利的有效途径。只有当家庭和市场的作用失灵，无法提供个人所需的社会福利时，国家和政府才会出面对在市场机制中陷入极端困难的居民提供最低限度的福利保障。“普惠型”社会福利是第二次世界大战后北欧国家普遍推行的福利模式。该模式认为，贫困主要源于社会性因素，全体公民都有权利享受全面而高水平的福利保障。通过大规模税收和转移支付可以增加社会福利的边际效益和总量。

我国过去长期实行的社会保障与福利制度本质上是一种“补缺型”社会福利模式，在相当长的一段时期内确实有效保障了一部分贫困家庭的基本生存需求。但是，随着经济社会发展进入新的历史阶段，社会结构断裂和利益格局失衡的问题迫切需要社会保障与福利做出相应的制度性调整，建设普惠型社会福利的呼声越来越高。但是，我国政府和学者并没有脱离中国社会发展的实际情况，也积极总结借鉴西方福利国家的经验教训，并在此基础上提出了“适度普惠型社会福利”的思想。当然，学术界对这一

① 景天魁：《底线公平福利模式》，中国社会科学出版社 2013 年版，第 34—36 页。

概念的理解尚存有争议。例如，窦玉沛认为，所谓适度普惠型社会福利即是将原来以“三无”老人和孤儿为目标的社会福利逐步扩展到全体老人、残障人士和处于困境中的儿童。[①]王思斌认为，适度普惠型社会福利是政府和社会基于国家的经济与社会状况，向全体国民提供的覆盖其基本生活主要方面的社会福利，包括贫困救助、失业保险、医疗保险、住房保险等。它是针对全体国民（或者某一较大地区的居民）的，因此从某种程度上来说是普惠的。[②]曹艳春在总结综合他人观点的基础上，对适度普惠型社会福利的内涵进行了较为全面的阐述。她指出，适度普惠型社会福利与特定社会发展进程密切相关，是从传统补缺型向全民普惠型转变的中间形态。其中，“适度”强调社会福利建设的阶段性，目前主要是指根据各地区经济发展水平和人民生活消费水平的不同而执行不同的福利给付标准。“普惠”强调逐步扩大社会福利的覆盖范围，从针对少数特殊人群扩展到覆盖更大范围的人群，实现社会福利的弱势群体全覆盖、城乡一体化和基本待遇一致化。[③]

总体而言，建构适度普惠型社会福利已经成为当前中国政府和学界的共识性思想。换言之，在城市贫困治理领域，拓展贫困治理对象的范围、满足贫困群体的多元化需求是今后城市贫困治理工作发展的主要方向。适度普惠的城市治贫体系建设是一个相对漫长的过程[④]，需要解决很多具体问题，例如，如何根据经济社会发展的实际水平，制定相适应的城市治贫内容；如何完善治贫资金的筹集制度和监管制度；如何发展治贫绩效评价与监测制度；如何划分各贫困治理主体的责任边界及建设协同机制；如何发展相应的目标定位技术以便精准确定治贫对象和覆盖范围；等等。上述诸多问题的解决在很大程度上依赖于贫困定义、贫困识别、治贫资源配置等操作性、技术性问题的突破和创新，对城市贫困治理的精准化提出了更高要求。

---

① 窦玉沛:《中国社会福利的改革与发展》,《社会福利》2006 年第 10 期，第 6 页。

② 王思斌:《我国适度普惠型社会福利制度的建构》,《北京大学学报（哲学社会科学版）》2009 年第 3 期，第 60 页。

③ 曹艳春:《我国适度普惠型社会福利制度发展研究》，上海人民出版社 2013 年版，第 226—227 页。

④ 按照我国相关政府部门的规划，其大致建设时间是从 2007 年到 2050 年，时间跨度为 43 年。这一过程又大致可以划分为三个阶段：初级阶段（2007～2020 年），实现社会福利群体覆盖范围扩大，福利水平随经济发展稳步增长；中级阶段（2020～2030 年），实现社会福利群体全覆盖，城乡社会福利项目和福利标准趋向一致化，社会福利水平发展到更高层次；高级阶段（2030～2050 年），全国社会福利项目和福利水平一致化，实现高水平的社会福利供给。

二、推进城市贫困精准治理的必然性

创新城市贫困治理、开拓精准治贫道路是我国面对新一轮经济社会发展高潮和全球化背景下日益激烈的国际竞争格局而做出的解决实际问题、应对贫困挑战的必然选择。

（一）精准治贫是政府治理能力现代化的重要体现

党的十八届三中全会将我国现阶段全面深化改革的总目标确定为完善和发展中国特色社会主义制度，推进国家治理体系和治理能力现代化。针对我国各地区在经济社会发展上的不平衡性问题，需以精准治理的方式加以统筹兼顾、合理解决。“精准治理”是现代性建构意义上的概念，是应对全球范围文明冲突而发展起来的新型社会治理理念。“社会精准治理”遵循人本主义原则，以降低社会管理、社会运行、社会风险、生活安全等方面成本为主要内容，运用新型科学技术与方法，为各种社会问题提供针对性、精准性、有效性的解决方案，以实现造福民众、和谐社会、幸福生活的终极目标。

在我国全面建设小康社会、实现中华民族伟大复兴的道路上，贫困始终是无法回避、深刻困扰中国社会的一大社会问题。在我国，贫困的面相极为复杂，区域贫困与群体贫困、绝对贫困与相对贫困、物质贫困与精神贫困等相互缠绕，使我国的反贫困任务异常艰巨。为了更好地缓解贫困、推动富国强民伟大事业的进步，中国政府将精准扶贫作为一种高效的社会治理范式纳入反贫困的顶层战略设计中。习近平同志于 2015 年在贵州考察时，用六个“精准”高度概括了精准扶贫的基本要求，也体现出“精准”在现代社会治理中的价值和重要性。

（二）精准治贫是解决反贫困短板问题的有效路径

在中国社会快速转型、深化改革、持续发展的进程中，由于各种因素的影响，中国社会出现了贫困、失业、社会排斥等社会问题，很多问题的存在都是互为条件、相互关联的。使用一般性政策指导和工作方法无法从根本上找到问题的症结，必须实施精确打击、有效清除。针对中国社会的现实状况，需要明确这些问题发生的原因，区分出直接或间接、临时或终极等因素，耐心梳理、寻根探源，及时发现并把控关键问题，准确找到关键问题的关键环节，进行精准治理，才能真正有效地化解社会矛盾。社会精准治理在当前要率先准确高效的解决弱势群体和特殊困难群体的需要及问题，提高贫困治理的精度和效度。

对贫困的精准治理又需要进一步分析当前反贫困工作中存在的诸多问题，找到问题的症结。我国当前扶贫实践的根本问题在于，扶贫机制相对滞后于贫困形势的发展和贫困群体需求的满足。我国传统的扶贫战略重农村、轻城市，重绝对贫困、轻相对贫困，重物质救济、轻技术能力和精神心理的再造。这一战略倾向总体而言没有与我国经济社会发展水平的进步、人民多元化需求和欲望的提升、社会制度价值选择的更新等及时结合。因此，推进精准治贫是解决扶贫短板问题的有效途径。现代科学技术、大数据、“互联网+”等概念和方法的应用，为贫困精准治理提供了理论和技术支撑。借助这些先进技术和手段，我们能够对贫困问题进行精确化模型描述、精确化数字系统分析和精确化处理；能够建立精密的组织体系和精准的目标管理模式；能够调动民众积极参与，形成政府主导、全社会共同参与的整体性反贫格局。

（三）精准治贫是应对风险化解危机的制度创新

现代社会是一个风险社会。在存在贫富差距的社会体系内，贫困群体分享着与主流文化相异的社会亚文化，而贫困群体内部的分化也日益明显，这极可能对主流文化造成冲击，带来一些社会隐患。风险的不确定性存在于社会发展的各个领域。贫困的精准治理有助于构建一种能够“预见未来”的新型秩序机制。它是针对贫困现象可能引发的社会危机展开“制度文化自觉”的结果，有助于形成合理的制度型自我修复、整治和创新机制。而精准预测贫困的发展趋势、精准发现贫困群体的具体需求及变动、精准管理贫困治理资源、精准识别贫困维度和贫困程度、精准确定扶贫对象、精准配置扶贫资源满足贫困者的需要等做法是对制度型安全保障的有益补充，有利于弥补一般性制度和体制上的结构性先天缺陷。

如果一味放任贫困问题恶化，就等于间接承认贫富差距的合理性，这有悖于社会主义制度追求共同富裕、人民幸福的目标。精准治贫是我国反贫困机制的一次创新性尝试。它利用“反思”和“自反”这一对结构性矛盾的社会张力关系，“以现代性对抗现代性”[①]，以让更多的底层民众参与共享改革开放红利的方式来化解现代化的危机。作为一种全新的治理模式，尽管其中还有很多理论认知、内容、方法、程序等需要深入探讨和研究，但的确是具有较强针对性的解决贫困问题的必由之路。

---

① 〔德〕乌尔里希·贝克、〔英〕安东尼·吉登斯、斯科特·拉什：《自反性现代化》，赵文书译，商务印书馆 2001 年版，第 6 页。

第四章

城市贫困精准治理的内涵与路径

精准治贫是针对城市新贫困形势的变化及城市现有反贫困体系存在的问题所提出的应对城市贫困的新型理念和机制。它是新时期我国城市对扶贫资源优化配置、提升扶贫质量的战略回应，与建设适度普惠型社会福利保障制度的思想一致。

第一节　“精准扶贫”与“精准治贫”

在阐释“精准治贫”的内涵之前，需要先引入另一个与其极为相近的概念——“精准扶贫”。“精准治贫”概念的提出在很大程度上受到了“精准扶贫”的启发，但两者所适用的地域、所针对的人群、所采用的贫困识别标准和帮扶策略、绩效评估体系等都存在较明显的差别。

一、精准扶贫思想的演进

精准扶贫是新时期以实现全面小康社会为根本目标，针对我国过去实行的粗放式扶贫方式，结合当前扶贫开发面临的问题和挑战而逐步形成的新型扶贫攻坚战略。自 2013 年 11 月习近平同志首次提出精准扶贫思想以来，历经 3 年时间的完善、发展与推进，精准扶贫思想得以最终确立（表 4-1）。

表 4-1　精准扶贫思想发展过程中的大事记

时间	事件
2013 年 11 月	习近平同志考察湘西土家族苗族自治州
2013 年 12 月	习近平同志在中央经济工作会议上发表重要讲话
2014 年 1 月	中共中央办公厅、国务院办公厅印发《关于创新机制扎实推进农村扶贫开发工作的意见》(中办发〔2013〕25 号)
2014 年 3 月	习近平同志参加十二届全国人大二次会议分组讨论
2014 年 5 月	习近平同志在第二次中央新疆工作座谈会上发表重要讲话
2014 年 9 月	习近平同志在中央民族工作会议暨国务院第六次全国民族团结进步表彰大会发表重要讲话
2014 年 12 月	习近平同志在中央经济工作会议上讲话
2015 年 6 月	习近平同志在贵州主持召开扶贫开发工作会议
2015 年 10 月	习近平同志在 2015 减贫与发展高层论坛发表主旨演讲
2015 年 10 月	党的十八届五中全会召开
2016 年 3 月	十二届全国人大四次会议和全国政协十二届四次会议（两会）

总体而言，可以将精准扶贫思想的发展划分为三个阶段。第一，提出与起步阶段（2013 年）。习近平同志在湘西考察时第一次明确提出“精准扶贫”思想。第二，发展完善与推进阶段（2014~2015 年）。中共中央办公厅和国务院办公厅印发的《关于创新机制扎实推进农村扶贫开发工作的意见》，明确提出要建立精准扶贫机制，并将其作为扶贫开发工作六大机制之一。从顶层设计层面对精准扶贫模式的诸多方面进行了详细规制。党的十八届五中全会进一步提出实施精准扶贫、精准脱贫，实现现行标准下农村贫困人口脱贫、贫困县全部摘帽。锁定目标、因地制宜、因势利导，在实践中不断创新精准扶贫新机制、新模式。第三，全面实践阶段（2016 年至今）。十二届全国人大四次会议高票通过了《中华人民共和国国民经济和社会发展第十三个五年规划纲要（2016—2020）》，“十三五”规划明确把精准扶贫作为今后五年解决农村贫困问题、实现全面小康的重要战略举措，为扶贫工作实践定下了根本基调，指明了努力的方向。

总之，精准扶贫是“十三五”时期破解扶贫开发难题，夺取农村脱贫攻坚战胜利的关键。必须实施精准、综合和可持续的扶贫战略，广泛调动社会力量，采取积极有效的扶贫行动，才能让农村绝对贫困人口真正脱贫，保障全面小康社会这一战略目标的实现。

二、精准扶贫的内涵

当前，“精准扶贫”作为媒体和学界高度关注的热点，其内涵多参考借鉴官方文件的定义，即“通过对贫困户和贫困村精准识别、精准帮扶、精准管理和精准考核，引导各类扶贫资源优化配置，实现扶贫到村到户，逐步构建精准扶贫工作长效机制，为科学扶贫奠定坚实基础”[①]。此类表述并未完全提升到理论高度，无法很好地指导扶贫实践，造成理论与实践在一定程度的脱节。

近年来，学术界不断对“精准扶贫”的内涵进行探究，对何谓“精准扶贫”、如何精准等问题展开了热烈讨论，并大致形成了统一的认识。综合而言，精准扶贫的核心要义包括以下几个方面。

1）精准扶贫的价值意涵是该政策与我国现阶段经济社会发展的特征相适应，符合广大农村地区、西部地区贫困问题发展变化的实际。作为先“解决温饱”后“全面小康”、先“区域整体”后“精准突破”扶贫思路的最新推进，精准扶贫是对农村扶贫、西部扶贫、集中连片贫困地区扶贫工作的进一步推进，政策定位更加具体、明确，有助于缩小城乡差别、实现城乡统筹发展。

2）精准扶贫的对象内涵是“扶真贫”，借助先进的技术和方法，准确辨别出谁是真正的贫困者，贫困的程度如何，致贫的原因是什么等。要制定科学合理、易于操作的识别标准和识别流程，鼓励贫困家庭农户的积极参与，尊重识别对象的贫困属性，同时也要加强对识别标准附近“临界贫困户”的甄别。避免瞄准偏差、资源浪费、精英俘获[②]等问题，调动贫困家庭的积极性、主动性和参与性，确保真正困难的农户受益。

3）精准扶贫的过程内涵是“真扶贫”，即扶贫过程要精准，识别—帮扶—管理—考评这一流程体系完整流畅、运转高效。创新识别方法，区分贫困程度与维度；因地、因时、因人制宜，差别化帮扶资源、措施、手段和力度；对扶贫过程实行全程化、信息化、立体化、动态化监管，精确靶向目标，做到有进有出；对地方政府精准扶贫工作的成效进行验收，包括贫困识别的严谨性、准确性，扶贫资金和项目的使用与落实情况等，借此保持扶贫工作的必要压力。

4）精准扶贫的主体内涵是多方协同，由国家、市场、社会共同搭建，且国家扮演着最重要的角色。各主体定位准确、权责明确、分工合理、配合精准，既能够在各自权责范围内独立高效地开展扶贫工作，又能够相互

① 此定义借鉴自《建立精准扶贫工作机制实施方案》（国开办发〔2014〕30 号）对精准扶贫的相关规定表述。

② 扶贫领域的精英俘获是指本应该瞄准贫困人口的扶贫项目、资源被村庄内的富裕精英群体获得，或者是应该被分配给贫困村的项目、资源、利益被富裕村庄获得。

配合、无缝对接、整体联动。

5）精准扶贫的资源内涵是扶贫资金来源广泛，借国家、市场和社会之力，扶贫资源的选择和匹配要根据扶贫对象的贫困程度、维度、致贫原因等标准有针对性的提供，避免供需错位。既要防止扶贫对象滥用扶贫资源，也要防止扶贫主体的寻租行为，以求发挥扶贫资源的最大效用。在资源的具体内容上，当前偏向于资金补贴、技术扶持、教育助学和医疗救助。

6）精准扶贫的目标内涵是精准脱贫。精准扶贫和精准脱贫的辩证关系体现为手段与目标、过程与结果、量变与质变、战术及战略的有机结合统一，精准扶贫的最终目标是帮助真正的贫困农户永久脱贫，开始新的生活。

总而言之，精准扶贫是我国扶贫开发与贫困治理思路的一次伟大转型，是对马克思主义反贫困理论的创新与发展，是突破我国扶贫工作现实瓶颈的有效路径。

三、精准治贫与精准扶贫的关系

就内涵和本质而言，精准扶贫是一种现代反贫困机制。以消除贫困为目标的社会治理是实现社会公平正义的基本手段。根据现代西方治理理论的观点，贫困是国家治理过程中有限的社会资源总量无法满足社会对国家治理资源大规模需求的结果。贫困治理的性质就是社会资源的创造与再分配。我国贫困现象具有复杂性、顽固性、多变性，且贫困治理在主体上需要广泛动员政府部门、市场组织、社会机构、普通民众等多主体共同参与，协作构建一个治理贫困的网络体系。它不只是政府单方面的事，而是全社会的事。贫困治理过程是多方主体投入不同性质的资源，应用现代技术和方法，将这些资源合理配置，准确投放，最大限度满足不同地区、不同类型、不同程度贫困者的资源需求。贫困治理追求的总体效应是有效减少贫困，提高社会均衡程度。

在全球化、市场化、信息化、工业化、城镇化、民主化的时代背景下，推进贫困治理是国家治理能力现代化的重要体现。治理术（governmentality）是理解国家治理能力的重要视角。治理术发展至今，具体包括三个方面的含义：第一，政府理性（governmental rationality）。政府理性包括法治理性和善治理性，其内涵是指政府在经济和社会活动中，寻求最优决策实现既定目标，以同时满足社会公众和政府自身的需要。第二，如何执政（the how of governing）。国家治理中的“如何执政”面临的首要问题是各治理主体如何商讨、如何分工、如何配合，以找到最适合于公民的方式实现治理目标。第三，政府的艺术（the art of government）。它包括政策的制定、执行和监督的科学化水平、法治化水平与善治化水平。我国贫困精准治理思路的提出正是我国政府治理能力现代化的重要体现，尤其是治理艺术的直接展示。

贫困的精准治理包括广义和狭义两个层面的内涵。广义精准治贫可被视为现阶段我国贫困治理主体范式的代名词。从历史上看，我国对贫困的审视经历了经济视角、能力视角、社会视角三个不同的角度，并在此基础上先后推行了救助式扶贫、开发式扶贫、参与式扶贫的贫困治理范式。随着对贫困问题认识的不断深化及政府自身治理能力的不断提升，我国政府开启了贫困治理范式的第四次建构，改变了以往片面化、局部性的扶贫思路，着眼于整体，构建统筹一体的贫困治理新范式，或可称为综合视角下的"统筹式扶贫"。统筹式扶贫以综合考量不同地区（中东西部、城市和乡村等）、不同民族、不同性别、不同年龄、不同致贫因素、不同贫困性状（贫困的维度、程度、动态等）为基础，动员全社会资源，统筹分配，以期实现社会福利最大化、社会均衡最优化的最佳效应。

统筹式扶贫涵盖了其他三种扶贫范式，借助扶贫主体和扶贫资源的广泛性、多元性、协调性，对贫困展开全面系统、持久深入的积极干预。其统筹资源、合理配置的基础是贫困治理工作的艺术化，具体体现为"精、准、细、严"。其中，"精"是指精致、精准、精确和精益求精，代表目标，追求最优的质量和效果；"准"是指准确、明确、及时和恰到好处，强调信息准确与决策合理正确；"细"是指细节、细致、细分、仔细，强调重视细节、执行细化；"严"是指严格实施各项政策和标准，严格监督管理，严格控制偏差，是贫困治理质量的重要保证。[①]因此，如果从技术角度予以审视，精准治贫是对统筹式扶贫范式的另类表达，它囊括了针对当前农村极端贫困问题的精准扶贫。

但是，如果从狭义角度来理解，精准治贫可被视为与精准扶贫相对的城市贫困治理模式的总结。从目前政府发布的相关政策文件，党和国家领导人的多次讲话及绝大多数学术观点中，不难发现，"精准扶贫"具有明确指向广大农村地区、西部地区的意涵。这些地区现存的贫困问题是我国多年来以农村为重点的扶贫工作未能攻克的顽疾，也是我国全面建成小康社

① 王宇、李博、左停：《精准扶贫的理论导向与实践逻辑——基于精细社会理论的视角》，《贵州社会科学》2016年第5期，第157页。

会、实现中华民族伟大复兴的主要障碍。因此，以习近平同志为核心的党中央高度重视老少边穷地区的扶贫开发工作，系统提出并全面落实“精准扶贫”来应对这些地区的绝对贫困、长期贫困。

而狭义的“精准治贫”则是我们应对日益严重的城市贫困问题的主要战略。城市贫困与农村贫困存在诸多不同，主要表现为结构性、相对性、反复性、需求的多元性、鉴别与审核难度大等。对城市贫困的治理也需要强调“精准”二字，以“治”替“扶”，突显出城市反贫困战略的特点。

1）精准治贫的价值意涵是适应城市贫困形势发展的需要，有利于弥补城市经济社会体制改革中制度设计与安排的缺陷而产生的城市各群体间的收入差距和利益分化，有助于处理好“共同富裕”与“公平正义”的关系，缓解城市反贫困压力，实现城市社会均衡和谐发展。

2）精准治贫的对象内涵是以拥有城市户口及长期在城市中工作生活的流动人口中的贫困者为治理对象，以能力培养和消除结构性障碍为贫困治理的基本辅助，尤其要加强对贫困维度、程度及贫困者需求的鉴别，以便更准确地投放各类资源。

3）精准治贫的过程内涵是严格推进“更新城市贫困定义”—“根据科学合理的标准明确‘谁是贫困者’和‘贫困的类型与迫切需求’”—“由专业机构负责综合配置投放各类资源”—“政府及相关部门强化监督，提高治贫效应”各个步骤。精准治贫的过程是要建立健全城市贫困治理的技术工具体系，实现行政化、市场化、社会化的有机结合，突出其专门化和专业性，技术内涵被纳入制度设计与安排之中。

4）精准治贫的主体内涵是多方主体共同承担，社会与市场是城市反贫困在未来更加依靠的力量。国家必须回归，在增强责任意识的同时，积极担负保底、筹集组织供应各类资源、监督评估等服务性职能。国家需摆正位置，下放权力，与其他主体形成制度化的平等合作伙伴关系。

5）精准治贫的资源内涵是来自国家、市场、社会的各种资源与贫困者的具体需求相匹配，尤其强调发展型资源和机会型资源的供给，除了物质救助，心理咨询、技能培训、提供就业机会等是最主要的治贫手段。这需要市场资源与社会资源的积极调配，更需要贫困者自身的积极参与。

6）精准治贫的目标内涵是通过资源再分配协调城市各群体间的利益，帮助贫困者恢复和提升生存发展能力，缩小城市贫富差距，让弱势群体、底层民众也能够共享改革发展的红利，进而有效化解转型改革进程中面临的社会风险，保障城市社会健康和谐稳定发展。

综上所述，“精准治贫”是适用于城市的贫困治理模式，“精准扶贫”

是针对农村提出的扶贫开发战略;“精准治贫”主要治理城市中因社会转型、产业升级、制度壁垒等结构性因素而产生的相对贫困现象,“精准扶贫”主要扶助城乡二元结构下农村地区的绝对贫困家庭;“精准治贫”突出市场和社会力量的主体作用,政府主要发挥思想引领和辅助服务性作用,“精准扶贫”主要依赖政府安排与投入,市场和社会力量适当辅助;“精准治贫”重在发掘贫困者自身的潜力,强调恢复与发展,“精准扶贫”重在提高物质扶贫资源的实际效用,其次才是调动贫困者的积极性;“精准治贫”以缩小贫富分化、协调城市各群体利益为最终目标,“精准扶贫”以实现农村贫困户切实脱贫、助力全面小康社会的实现为最终目标。这两者聚集于我国现代贫困治理范式之下,以“精准”理念为指导分别应对城市和农村的贫困治理路径,它们相互协调、相辅相成,服务于城乡统筹一体的社会保障制度的建立。

第二节　“精准治贫”的理论基础

城市新贫困“精准治贫”模式的提出并非凭空产生的,而是有着深厚的理论基础。宏观而言,社会治理理论、社会福利理论等都可以为其提供理论滋养,但是其更直接的理论启发主要来自福利多元主义理论和目标定位理论。

一、福利多元主义

福利多元主义(welfare pluralism)是 20 世纪七八十年代西方福利危机下的产物。其本质是认为国家不是唯一的福利供给主体,家庭、市场、志愿组织等都应当是福利来源,社会福利的地方分权化和私营化有助于缩减国家在福利领域的责任,进而克服国家垄断型福利的官僚化、集权化和权威化之弊端。

福利多元主义源于 1978 年沃尔芬顿的报告——《志愿组织的未来》。此后,大量相关研究不断涌现,学者就福利多元中的“元”表达了不同看法。第一种观点是“二元”,认为社会福利应该由国家和市场提供。第二种观点是“三元”,代表人物如罗斯、欧尔森等。罗斯认为“三元”主要是指国家、市场和家庭,欧尔森则将家庭、邻里和志愿组织合并为民间社会,与市场、国家共同构成社会福利的主体。第三种观点是“四元”,其中伊瓦斯认为社会福利由市场、国家、社区和民间社会共同提供,约翰逊则认为福利“四元”是指国家、市场、家庭和志愿组织。[①]

罗斯认为，社会福利是各种制度综合的产物。现代社会中，福利主要源于家庭、市场和国家三方主体。一个社会的福利整体就是由这三者提供的福利整合。伊瓦斯在借鉴罗斯观点的基础上，从组织、价值和社会成员关系三个方面将福利三角中的三方分别具体化（表 4-2）。市场通过正式组织提供就业福利，个人努力、家庭保障和社区通过非正式组织提供非正规福利，国家则通过正规的社会福利制度对社会资源进行再分配。他强调福利三角分析的文化、经济、社会和政治背景，认为国家提供的社会福利和家庭提供的家庭福利在一定文化、经济、社会和政治背景下，可以有效分担社会成员在遭受市场失败时面临的风险。只要福利三角三方良性互动，社会中就不会产生贫困群体。

表 4-2　Evers 福利三方的组织、价值和社会成员关系

福利三角各方	组织	价值	关系
家庭	非正式的/私人的	团结和共有	行动者与社会
市场（经济）	正式的	选择和自主	行动者与市场
国家	公共的	平等和保障	行动者与国家

资料来源：转引自彭华民：《福利三角中的社会排斥》，上海人民出版社 2007 年版，第 23 页。

伊瓦斯后来进一步修正了福利三角，把社区和民间社会作为与国家、市场平等地位的福利主体加以看待，而且特别强调民间社会在福利供给中的特殊作用：在不同层次上建立起政府、市场、社区之间的联系。约翰逊在罗斯的基础上增加了一个“志愿组织”。他分析了福利供给的四个部门：国家提供各种直接或间接福利，市场提供营利性质的福利，志愿组织包括自助、互助组织、非营利机构、压力团体、社区组织等，非正式组织包括亲属、朋友、邻里等。他认为，在此种福利主体结构下，分权和参与是实现福利多元化的有效途径。解决福利国家危机的出路在于将国家减少的福利责任由其他三个部门适度分担。吉尔伯特在此基础上区分了经济市场和社会市场，社会市场以人类需求、依赖性、利他情结、社会义务、慈善动机、对公共保障的渴求等为依据来分配商品和服务，经济市场以个人进取心、生产效率、消费者选择、支付能力、利润追逐等为基础进行商品和服务分配。这两种市场分别对应公共领域和私人领域，福利供给在社会市场和经济市场之间相互区别、彼此交织。

① 彭民华、黄叶青：《福利多元主义：福利提供从国家到多元部门的转型》，《南开学报（哲学社会科学版）》2006 年第 6 期，第 44 页。

福利多元主义理论上可以缩减政府财政开支，发挥不同部门的福利优势，提高福利供给的效率，提高社会总体福利的总量和质量；可以通过多元化、赋权和参与等理念重建组织之间、个人之间、组织与个人之间的关系，强化社会团结；可以借助赋权、放权、增权等理念调动福利对象参与到政策的制定与执行中，扩大公民的选择空间。尽管福利多元主义在实践中的发展并非完全乐观，但仍然为发达国家的福利改革和发展中国家的社会保障制度建设提供了极具价值的启发：福利不应当由政府一力承担，社会各部门都有责任为改善民众的生活质量贡献力量。

二、目标定位理论

社会福利政策中的“目标定位”问题是一个受益者资格的认定问题，可被理解为公共福利支出的目标指向的一种方式。在任何一个社会里，受益者资格的确定标准都是多样的，尤以普享性原则和选择性原则最具代表性。美国学者威伦斯基和莱博把社会福利划分为剩余性社会福利和制度性社会福利。剩余性社会福利是提供暂时性和补偿性社会救助给无法自助者，其援助对象一般是选择性的。而制度性社会福利则是政府为所有公民而非少数有特殊需求的公民提供的福利，其援助对象具有普遍性，援助具有常规性、常态性。英国学者蒂特马斯根据国家、市场、家庭之间的关系，把福利体系划分为剩余型、市场型和制度型三种类型。剩余型福利体系中，国家只对市场和家庭都不能满足的需求进行干预；市场型福利体系中，国家会根据生产效率和工作表现满足需求；制度型福利体系中，国家对具有公民身份的所有社会成员给予照顾。显然，前两种类型的福利体系都是选择性的，只是选择标准不一，第三种类型的福利体系则是普享性的。安德森在《福利资本主义的三个世界》中提出的市场化体系、社会保障体系和普遍主义体系也基本遵循了普享性与选择性标准的分类法。

普享性原则强调把社会福利作为一项基本权利，所有具有公民资格人均可享有。在某些情况下，虽然受益人群并非全体公民，但却是一个很大的群体，如老年人、儿童、在职员工等，这一类社会政策也可划入普享性福利政策的行列。但是，当普享性原则实施时，一定范围内的所有人都是受益者，在某种意义上可以说目标消失了，因此有些学者主张，应从狭义角度来理解“目标定位”，即把福利资源分配给最需要或最贫困的人群。选择性原则特别适用于社会救助，选择性原则的落实有助于将有限的社会救助资源真正投向那些需要社会救助保护的对象，如低收入者、贫困者、脆弱者或弱势群体等。

选择性原则的落实过程一般包括两个环节：设标和寻标。设标是指确定受益资格标准，寻标是指根据已经确定的资格标准找到合乎资格的受益人。在贫困救助中，设标的过程主要体现为对贫困加以界定并划定贫困线，寻标的过程主要依靠家庭经济状况调查（即家计调查）。

总体而言，福利多元主义和目标定位理论分别从主体架构和操作技术角度对我国城市反贫体系的构建提供了重要启示。就受益对象而言，城市反贫体系应遵循选择性原则，依托社会救助制度对城市贫困群体提供帮扶。城市新贫困群体规模庞大、需求多元，单一政府主体无法一力承担满足该群体的保障性需求，而是需要政府、市场、社会、家庭等各主体的通力协作。因此，社会保障主体多方协同化是我国城市贫困治理主体的必然选择。同时，伴随适度普适性理念的扩展，拓展选择主义必然是城市治贫的重要路径，需要借助更精准的设标和寻标过程，提高治贫资源的使用效率，满足贫困者的多元化需求。

第三节　推进城市贫困精准治理的几个关键问题

精准治贫是当代中国政府解决城市贫困问题的重要战略。贯彻贫困精准治理理念，对城市新贫困群体准确定位、精准帮扶将有利于缓解城市扶贫压力。结合我国当前城市反贫困过程中存在的诸多问题，我国城市精准治贫模式的贯彻需要从以下几个方面予以推进。

一、建构精密的组织体系

构建新时期城市贫困治理的主体框架和运行机制，理顺政府主体与民间主体之间的权责关系，是推进城市贫困精准治理的组织保证。城市贫困治理主体关系变化的过程实质上是我国对城市贫困治理责任划分问题的思考与探索过程，与社会转型所发生的重大变化关系紧密。从政府的一力承担到政府撤退、家庭和市场的主体地位前置再到政府回归、多方主体并存，城市贫困治理主体多元化发展的趋势渐趋明晰。

我国目前形成的多方主体并存的城市扶贫体系就其本质而言是一种“强政府—弱市场—弱社会”的贫困治理格局，它是传统政治全能主义向现代治理转变的过渡阶段，其发展的目标是实现国家、市场、社会三方主体相对平等协同的平面化治理模式。[①]在人类社会发展史上，各主体的地位往往此消彼长，国家、市场、社会几乎从未在社会治理中实现相对意义的平等。在社会治理的实践中，人类经常陷入谬误之中，或相信政府治理万能，或过度迷信市场自发配置资源和调控的能力，或盲目认定社会力量（各种第三部门、非营利性组织等）代表一种“清洁”的治理方式，而没有看到它与政府、市场的内在联系。事实证明，任何一种此强彼弱的管理模式都会导致强主体对其他领域事务的跨界干预，也会削弱其他主体的地位和功能。防止这些谬误的根本做法是调整贫困治理结构，适当限制政府力量，培育、发展市场和社会力量，构筑“强政府—强市场—强社会”的多元格局，使其有机统一、协同联动。

实现城市贫困治理三强格局的基础是科学划定治理边界、区分各主体的性质和功能。这是一个确定结构—功能对应关系的过程。治理边界不能按照传统的政治、经济、文化等领域来划分，而应按照主体职能的标准来确定。福利多元主义的探讨对城市贫困精准治理主体做好结构安排与功能分配提供了极大启示。

借用帕森斯的 AGIL 功能分析模型[②]可以将这一问题阐述的更加清晰（图 4-1）。AGIL 功能分析框架包括社会系统、人格系统、文化系统和行为有机体系统，每一个子系统都可以进一步划分出四个次级系统。这些系统执行不同的功能，且相互依存、相互影响，共同维持整个系统的运行。四类系统对应着四种功能：行为有机体系统具有适应功能（adaptation），人格系统具有目标获取功能（goal attainment），社会系统具有整合功能（integration），文化系统具有模式维持功能（latency），因此将这一功能分析框架简称为 AGIL。系统是分层次的，功能也是分层次的。在帕森斯看来，这种系统与功能的四分法，具有非常广泛的解释力，可以穿越不同层次的制度、组织来说明其运行状态。帕森斯特别强调结构安排与功能分配的“均衡”状态，强调各子系统相互协同对于整体均衡的重要意义。

---

① 西方福利多元主义在福利主体结构的安排上存在三分法与四分法两种基本模式。它们的共同点在于突破了传统的国家与市场的二分法来分析福利国家的福利供给，强调其他社会部门的福利功能。这两种基本模式都把国家、市场作为重要的福利来源，差别之处在于对家庭、邻里、社区、志愿组织等部门的归属方式不同。本书在这里将非正规部门（家庭、邻里、社区）和志愿部门统一归属为“社会”主体。

② 关于 AGIL 分析框架的具体内容可详细参考侯钧生主编：《西方社会学理论教程》，南开大学出版社 2008 年版，第 175—177 页。虽然帕森斯主导的宏大理论受到了诸多批评，但若忽视该理论的兴盛与美国的霸权地位之间的内在关系，他构建的 AGIL 模型在笔者看来确是一个非常精致、有效的系统功能分析方法。

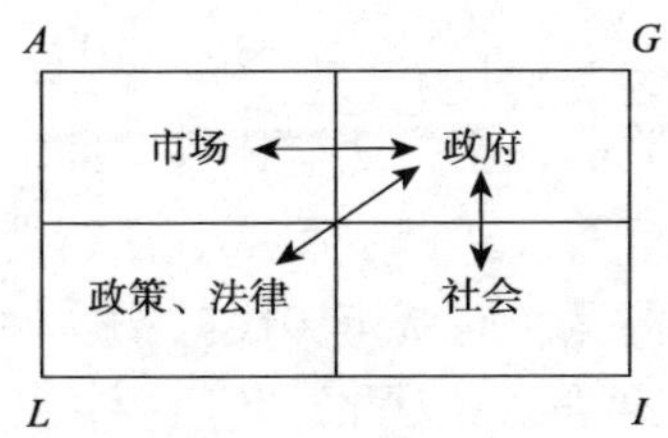

图 4-1　城市贫困治理体系的 AGIL 功能分析

城市贫困治理体系作为一个完整系统是由政府、市场、社会三个子系统构成的，它们分别发挥着相应功能。市场主体表现为企业等各种营利机构，其主要职责是为城市贫困治理系统提供资金、实物等必要资源（*A*）。通过培育企业的慈善理念，可以把利润中的一部分转化为慈善资金，借助项目的形式，为其他主体开展扶贫助贫工作提供必要支持。

政府的主要职能是确定城市扶贫的目标，动员全社会的力量，强力推进贫困治理目标的实现（*G*）。在这一过程中，政府出台的相关政策、法律既是系统目标确立的体现，更是系统运行结果保存延续的重要保障。与此同时，政府还履行着为市场主体、社会主体提供后盾支持、监督引导的职能。

社会主体由志愿部门和非正规部门（如家庭、邻里、社区等）构成。它们主要借助沟通、互动和情感联系发挥各种扶贫资源的效能，诸多力量聚合在一起形成在理想信念、道德规范、行为准则等方面的共同取向，城市贫困治理体系的整合得以实现（*I*）。最终，政策、法律将系统运作的结果转化为一种社会秩序巩固下来，确保整个体系的存续发展（*L*）。在城市贫困治理系统内部，各子系统及其结构功能相互联系、相互作用。各子系统虽然都有各自的主导职能，但它们不是孤立存在的，而是在交叉的动态关系中发挥作用。

二、探索整体参与的治理思路

转变各治理主体的行动理念，建设引导型政府、责任型企业、自治型机构、参与型家庭和回应型社区，是推进城市贫困精准治理的有效路径。其中，以强调社会责任、培育慈善精神、拓展投资理念为目标的企业转型和以地位独立、运作自主、诚信规范为目标的机构建设思路较为明确，这里主要探讨城市贫困治理中，政府、家庭和社区的行动理念问题。

中国政府的职能改革不能简单套用西方经验和理论。中国事业必须坚持党的领导，必须在政府的引领下自上而下的向前推进。在城市贫困治理领域，政府的行动理念要从“主导”转变为“引导”。未来城市贫困的主体是农民工群体、老年人群体、新失业群体等。而政府目前主持建立的最低生活保障制度、就业扶持和失业保险制度、住房保障制度、特殊群体救助制度、临时救助制度等多是面向城市居民的物质性保障，无法应对城市贫困人群多元化、多层次的需要。因此，政府要在提高自身传统救助项目质量的同时，将部分福利供给空间开放给社会力量，并为它们改善环境、创造条件。政府要运用政策、资金、各种资源、配套服务等方式引导企业和社会机构参与贫困治理，加强督导。

关于参与型家庭建设的讨论多见于农村扶贫开发问题的相关研究。这一思路对城市贫困治理具有积极启发。相较于农村，城市的现代性更明显，城市居民的公民意识和权利意识更强。参与型家庭建设的任务不仅是鼓励贫困家庭参与就业培训、重视子女教育、积极生产自救，还表现为在政府出台扶贫减贫政策、履行责任的过程中，促进贫困家庭的制度化参与，贫困群体能够主张权利、表达需求、维护权益，最大限度地避免政策上的偏差，提高政策的合意性和实施绩效。当前，我国城市进入快速发展期，城市更新改造涉及大面积城中村和棚户区，公众参与多停留在事后公示阶段，较少参与到整个规划过程中，贫困居民利益受损的情况时有发生。因此，从参与角度构建贫困群体利益诉求与贫困治理举措之间的制度化连接机制对城市的综合性反贫工作极为必要。

在社区层面，城市街道社区已成为城市贫困治理的前沿阵地，扶贫减贫的各项政策举措都需要通过社区予以落实。但是，当前社区层面的扶贫助贫工作就其本质而言仍是国家意志的体现，是一种单向、单维的资源再分配过程，对社区贫困居民的需求和意愿缺乏了解和回应。如果能够对贫困居民真实、迫切的需求做出回应，哪怕是部分回应，也能够在一定程度上维护该群体的利益，这实际也符合社会公共利益的需要。回应意味着社区和贫困者之间相互尊重，贫困者的特殊利益和社区的共同利益得以兼顾。

行动理念的转变，既是功能划分的结果，也为各主体履行职责提供了有力支撑。当然，各主体职责行动的开展是在不同层次上进行的。围绕城市贫困者，由内向外，层层扩展，构建家庭、社区、社会机构、市场和政府的“同心圆”式保障体系。每一个居于外层的主体，其行动都指向中心；跃居于外层的主体，其行动都会对内层主体产生影响。政府行动的渗透力最强。

三、创新目标定位与管理手段

对贫困治理的“设标”和“觅标”两个环节进行重新思考与布局是实现城市贫困精准治理的技术需要。贫困的目标定位旨在确定“谁是贫困者”和“如何准确地寻找贫困者”，从而使扶贫资源得到最佳配置。

（一）科学设标，更新城市贫困的定义

当前，我国城市普遍采用的贫困标准是根据《城市居民最低生活保障条例》，把“持有非农业户口”和“共同生活的家庭成员人均收入低于当地城市贫困线”作为两个认定贫困的并行条件，缺一不可。这种身份和收入并行限定是一种明显的制度性排斥，把生活在城市中的农业人口和支出型贫困人群排斥在外，造成了城市贫困治理的漏洞。该条例对各地制定标准的具体办法没有作出统一明确的规定，各城市根据地方具体实际采用菜篮子法、恩格尔系数法、最低生活支出法、相对贫困线法等方法，标准制定较为随意、偏低，且侧重强调现金支持的作用。既没有考虑人员流动、人户分离对家庭规模和结构的影响，也忽略了生活多元化对城市居民需求的影响。因此，城市贫困的精准治理需要更新贫困的定义，从绝对贫困向相对贫困、从单维贫困向多维贫困转变。

多维贫困观把物质资源、能力、健康、寿命、安全、自由、公正对待、各种资本积累等方面的不足都视为贫困的内涵，体现了对贫困者多种需要的充分尊重。鉴于上述思考，可以从如下三个方面限定城市贫困。首先，必须对在城市中居住生活的年限加以规定，如在本市生活至少三年以上。时间限定可以有效避免人员过度流动带来的保障压力，把流动人口和常住人口中的贫困者都纳入社会保障体系。其次，必须对城市居民重要需求的匮乏状态作出规定，选择合适的福利变量并分别确定相应的贫困线。目前，中外学者已经提出了多个多维贫困测量指标体系，为确定城市贫困维度提供了有益借鉴。城市贫困维度的选择和指标构建可采用规定维度与选择维度的组合，以便于比较并兼顾地方差异。规定维度主要用于整体考察我国城市贫困状况，需选择具有普遍意义的基本或重要维度，如收入、住房、健康、教育等。选择维度则旨在尊重各城市发展的差异，体现贫困测量的动态与弹性。饮用水、生活能源、基础设施、生态环境、心理健康、社会资本等维度可作为选择维度。最后，必须考虑城市居民的生存竞争能力和奋斗意志。能力限定强调贫困者争取更好生活发展条件的可能性与机会，也是对其参与性的强调。

维度确定之后，尚需对每个维度划定贫困线。贫困线的划定要从相对性入手，采用比例法。收入维度的贫困线可以国民平均收入的30%为标准，收入低于该标准的即为贫困者。支出型贫困线的划分，可以以家庭月平均刚性支出与收入之比来衡量，家庭每月刚性支出与收入之比大于70%，表明2/3以上的月收入用于刚性开支，结余很少甚至入不敷出。若一个家庭的人均收入虽然高于当地最低收入线，但也仅是平均国民收入的30%～50%，而且存在稳定的2/3以上的刚性开支，那么这样的家庭也应被视为收入维度的贫困。住房维度的贫困线可以确定为人均住房面积的一定百分比（如50%）。其他各维度的贫困线划定均可参照这种思路。这样有利于惠及更多困难群众，让他们也能够共享社会发展的成果。

（二）合理觅标，完善贫困治理的动态管理

觅标的目的是找到符合条件的贫困者。国际上通行的做法是开展家计调查，对贫困者个人或家庭收入进行调查，结合当地民情选择几项容易识别的指标（如住房、家用电器、交通工具、衣着打扮等）用以辅助判断经济状况。家计调查是城市贫困识别、扶贫资源分配落实的过程，其准确性、有效性直接关系到城市贫困治理的成效。我国城市的家计调查基本是依托街道社区完成的，受限于人手、信息、技术等因素，存在操作过程难度大，准确性低；调查项目不全，福利信息缺失；缺乏动态跟踪评估，进入与退出机制僵化；依赖“土政策”，专业性、科学性不强等问题。觅标过程的操作失误导致了诸多消极后果，包括贫困污名化、贫困陷阱、福利依赖等。

城市贫困精准治理对贫困的寻找识别过程提出了更高要求。现代福利国家先后发展出类别定位、财富定位、需要定位、行为定位、道德定位、加权人口法、个案管理法等方法来弥补家计调查中单纯收入测度的缺陷，实践中各种方法往往混合使用。以我国香港的综援计划为例，其采用的是“财产定位+类别定位+需求定位”的方法，有助于突出重点、兼顾一般、分类施保。这些做法对我国城市贫困精准治理都具有极强的参考价值。此外，运用大数据、智能技术、网络技术等现代科技手段对城市贫困进行精准化模型描述、精准化数字系统分析和精确化的结果处理也是城市贫困治理的发展趋势。“土政策”“土办法”已无法适应社会治理现代化的要求。搭建网络资源与信息共享平台，整合各贫困治理主体的专项业务，开展“一站式”管理服务；科学及时收集录入各类贫困者及其家庭的境况变化，完善信息核对机制，加强动态监测管理等做法能有效保证整个觅标过程的有序、开放、弹性适度。

在扶贫资源的配置方面，分类救助是与多维贫困内涵相适应的资源输送方式。分类救助是通过综合辨别贫困者的贫困维度，以及在各贫困维度的贫困程度向其提供“私人定制”式的扶助“套餐”，借此提高多种扶贫资源的利用率，最大程度拓展扶贫对象的范围，满足贫困者的不同需求。例如，香港政府推出的综援计划即是根据不同类别受助者的需求，分类发放标准金、补助金和特别津贴。内地城市也在逐步探索分类救助体系，如根据家庭收入证明、家庭负担证明、重大疾病证明、残疾等级证明等划分特级贫困或 1 级～3 级贫困，分别给予不同程度的救助。但是，这些做法仍局限于现金支持，无法满足贫困群体多元化需求，可考虑把社会服务、心理咨询等资源都纳入分类救助的范围。

四、强化贫困治理的监督评价体系

出台政策法规的目的是将城市贫困治理体系的建设和运作结果巩固稳定下来，使其转变为一种长效的、综合性的制度安排。自 1999 年 9 月国务院颁布《城市居民最低生活保障条例》以来，我国政府出台了多个指导城市扶贫工作的政策文件，涉及低保救助、临时救助、下岗失业工人和农民工的就业与再就业、就业培训、廉租房建设、棚户区拆迁、各类保险、子女教育等诸多方面。

我国针对城市贫困问题采用的是“政策治理”的思路，出台各种福利政策指导城市扶贫实践。西方现代福利国家，无一不是通过国家立法建立和完善社会保障制度的。例如，英国的济贫法，德国的社会保障法、事故保险法、伤残及养老保险法、职业介绍及失业保险法等，法国的周日工作法案、提高退休年龄法案，美国的个人责任和工作机会协调法案等，都以法律形式明确了贫困者的各项权益并予以强制性保护。西方国家社会福利制度构建的经验对我国城市贫困治理具有极大的启发与借鉴意义。近年来，我国政府在扶贫立法方面加大了力度，2011 年颁布实施《中华人民共和国社会保险法》，2016 年诞生了首部《中华人民共和国慈善法》，为推进贫困精准治理营造了良好的制度环境与法制保障。但是，这样的政策法律环境对于保障贫困人口的基本权益，引导贫困治理工作有序开展尚存不足，需要进一步予以强化。

未来，贫困治理领域需要借助更严谨的政策法律形式对我国城市贫困治理框架、思路、原则、主体及其职责、可行与禁止的领域等问题进行总体设计、长远规划和具体安排。构建城乡统筹的社会保障体系，推进农村精准扶贫和城市精准治贫都需要对贫困治理的主体、资源调配、权责划分、实施原则等问题进行顶层设计和统筹安排。既能够把城乡扶贫作为一盘棋通盘考虑，又能够兼顾地域、人群、阶层之间的差异；既能够动员政府、市场组织、民间力量的共同参与，又能够明确其各自的角色定位、权责范围，避免保障资源的交叉重叠或供给真空，避免资源分配不均或浪费；既能对目标确定寻找工作予以指导，又能够为整个贫困治理过程监督评价提供可靠的政策法律依据。

第五章

城市精准治贫的主体架构

尽管福利多元主义思想为我国的贫困治理工作提供了重要思想借鉴，但是中国的历史文化、经济社会发展条件、民情基础等与西方国家存在较大差别。因此，构建贫困治理主体体系既要体现多方化趋势，又要体现中国特色。这是推进我国城市精准治贫工作需要解决的重要问题之一。

第一节　贫困治理主体架构的相关研究

目前，我国学者大多将贫困治理主体的讨论置于社会福利转型的框架之下，并提出了许多颇具建设性的观点。

一、关于福利主体架构的相关研究

福利多元主义思想被我国学者广泛学习并加以应用。学者通常能够结合中国的政治、经济、社会、文化背景，在福利多元主义范式下进行相关分析和修正。彭华民运用伊瓦斯的理想福利三角模型对我国的家庭制度、就业制度、社会福利制度的转型进行了深入的分析，以此揭示城市新贫困群体所遭受的社会排斥。根据他的观点，在计划经济体制向市场经济体制转型的过程中，社会福利构成中市场机制的作用主要体现为就业制度的转型；国家机制的作用主要体现在社会福利、社会保险、就业支持服务和家庭支持服务四个方面；家庭机制的作用则通过家庭制度、经济互助、成员照顾三个方面来发挥（表 5-1）。[①]换言之，彭华民结合中国经济社会转型实际，把理想福利三角模型进行了适度修正，认为在中国的福利转型分析中，市场、国家、家庭的福利三角可以用其他具体制度来替代，这些具体制度就是中国福利主体的基本构成。

表 5-1　制度转型背景下福利三角的构成

项目	市场	国家				家庭		
制度转型背景下的福利三角构成	就业制度	社会福利	社会保险	就业支持服务	家庭支持服务	家庭制度	经济互助	成员照顾

胡薇从老年社会福利领域出发，分析了该领域福利责任结构从二元状态向三元或多元状态转型的过程（图 5-1）。在计划经济体制下，国家与家庭承担了老年人社会福利的主要责任。其中，国家主要负责物质保障，家庭则负责生活照料。随着市场经济体制的改革和社会保障制度的转型，国家的责任在逐渐减少，家庭的责任在增多，民间力量开始缓慢发展，三元格局尚未真正形成。进入 21 世纪后，国家明确了自身的养老责任，以积极姿态投身老年人社会福利，并大力支持民办养老机构的发展，加大对家庭的资金支持，国家、民间力量和家庭之间形成了有效互动，老年福利领域的多元供给结构日益稳固。显然，胡薇也借用了福利三角模型，对老年福利的供给主体进行了探讨。国家、民间力量和家庭是当前和未来中国老年人福利领域的三大责任主体。其中，国家的责任比重虽较计划经济体制时期有所减小，但仍然承担着最主要的福利责任。

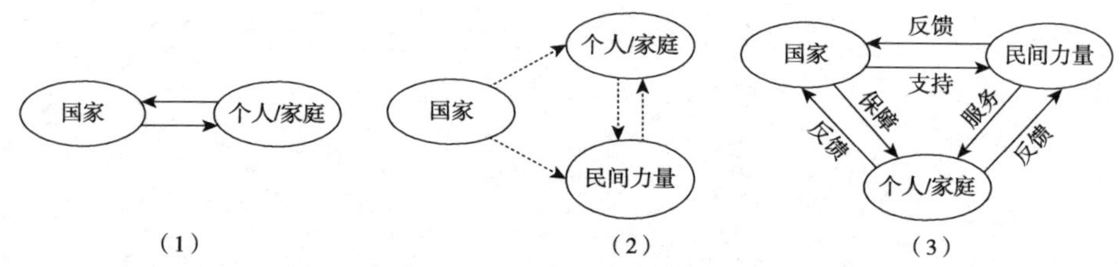

图 5-1　社会福利责任结构的转型过程

资料来源：胡薇：《国家回归：社会福利责任结构的再平衡》，知识产权出版社 2012 年版，第 163 页。

也有学者专门从城市贫困角度探讨贫困治理主体结构的变化。黄晓燕和万国威指出，在计划经济体制下，基于城乡二元结构的存在，城市形成

① 彭华民：《福利三角：一个社会政策分析的范式》，《社会学研究》2006 年第 4 期，第 163—166 页。

了物资限额、低价供给、普遍就业的福利运行体制，国家承担着城市社会保障的主体责任和最终责任。国家及其支持下的公有制企业在福利三角中处于基础地位，家庭互济是社会保障的重要补充。此时的福利三角结构稳定且高效，但是经济激励程度不高，国家财政负担较重，必然需要改革。转轨后，个人及家庭被推至台前，成为社会保障的主体力量，国家责任隐蔽化，市场福利失效，出现了城市社会保障福利三角的倒置（图 5-2）。这种结构根本无法应对城市新贫困现象的恶化。他们强调，国家应当加大承担福利责任的比重，应当与市场、个人进行福利责任的明确划分，应当将能力建设和机会赋予作为社会福利供给的重要内容，如此才能保持福利三角的稳定性，化解城市新贫困社会保障所遭遇的福利责任与内容的双重失范问题。

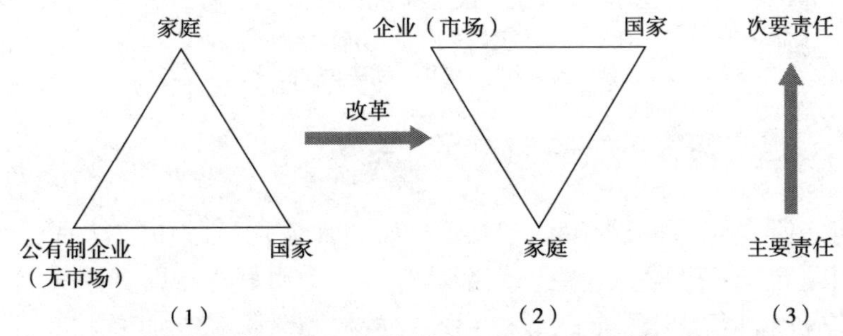

图 5-2　转轨过程中城市社会保障责任范式的变化

资料来源：黄晓燕、万国威：《解构中国城市新贫困群体社会保障的困境：福利的分析范式》，《理论探讨》2010 年第 6 期，第 75-79 页。

许光根据福利三角构成中政府责任的变化及福利供给机构的变化，用坐标轴的形式分析比较了各历史时期社会福利政策制定的背景（图 5-3）。图 5-3 中，X 轴表示政府在福利供给中所起的作用，其中 A 点代表政府责任较重，C 点代表政府责任负担比重下降，社会责任和个人责任比重上升；Y 轴表示参与福利供给的组织与机构所起的作用，其中 B 点代表福利的主要供给者是政府，D 点代表福利的供给者可以是家庭、志愿部门或市场。由此形成的四个象限分别代表传统保守主义模式、国家福利主义模式、福利社会主义模式和社会合作主义模式。许光认为，第四象限的社会合作主义模式是我国社会福利制度发展的现实趋势。这就意味着鼓励更多的市场组织、社会机构、志愿部门参与分担福利责任，政府职责适当缩减，更突出“补缺”责任。此种分析模型的特点是虽然没有明确指出城市贫困社会保障的主体，但是借由二维坐标轴的说明，大致可以确定我国社会福利的主体构成及责任比重。

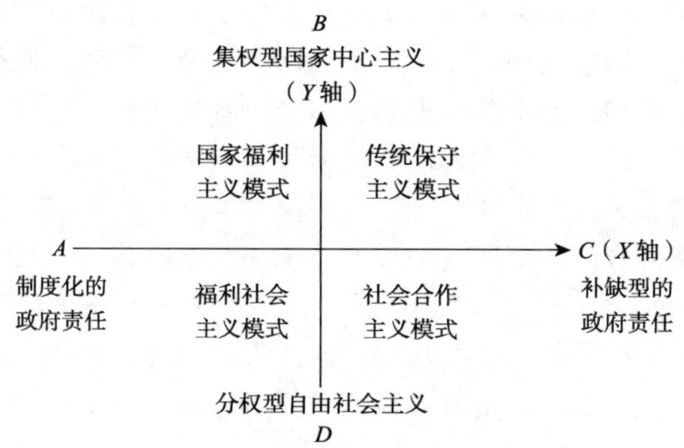

图 5-3　基于二维坐标轴的福利模式划分

资料来源：许光：《福利转型：城市贫困的治理实践与范式创新》，浙江大学出版社 2014 年版，第 151 页。

二、已有研究的特点与不足之处

前述研究充分体现了我国学者对福利社会化过程中主体责任承担与分配问题的深入思考。这些研究都具有的一个明显特点即赞同我国社会保障主体应该向多方化发展，政府要通过放权和激励来鼓励更多市场及社会部门参与到福利供给中来。他们多借助福利三角来说明福利主体系统的多元结构，对国家和家庭在社会保障中的地位给予充分肯定，存在争议的地方主要体现在两个方面。首先，关于国家的责任比重问题。国家是中国社会保障资源供给、分配、监督过程中不可或缺的重要主体。对国家在这一过程中究竟应该扮演什么样的角色、发挥怎样的作用，有的学者认为是“保底型”“补缺型”，有的学者认为是“支持型”“服务型”，有的学者认为是“全面型”“全程型”。总之，关于国家责任比重的争论尚未形成定论。其次，关于第三极主体面貌的问题。在国家和家庭之外，谁能够充当福利三角的第三极也是一个充满争议的问题。市场、社区、社会机构、志愿部门、民间力量等都是学者的热门选择。它们彼此之间经常相互涵括，因此形成了不同的观点和主张。

此类研究除了具有上述特点之外，还存在三个明显不足。

第一，这些研究大都从福利三角出发来分析演绎福利主体的构成，忽略了“多元”并非就是“三元”的根本问题。在西方福利多元主义思想中，“多元”包含了“二元”“三元”“四元”等不同的可能性。我国学者在福利主体的框定上，将视线局限于“三元”显得有些拘谨狭隘了。根据我国经济社会文化发展的传统与现实条件，国家、市场、社会、家庭完全可以形成四元的福利主体架构，这方面的拓展探讨还有待加强。

第二，这些研究过于注重对福利三极的确定，而忽视了对三角形本身的放置方位及其内涵的探讨。三角形的方位设置存在三种可能性，每一种可能性都可以表示三个主体在福利体系中的地位、作用和相互关系。方位的差异就是主体架构的差异。目前看来，学者对福利三角方位意义的建构存在较大分歧，无法形成统一的意见来指导该问题的进一步推进。

第三，这些研究对福利三角模型的使用体现出我国社会保障制度改革中的西方思维，而没有结合本国国情开拓新的思路。我们过分欣赏并夸大了西方文化的先进性，把福利多元主义视为中国社会保障制度改革的方向，却忽视了福利多元主义在基本假设上的理想主义和在模型建构上的过分简约。而中国社会的本土文化并不完全具备这些条件，需要我们因地制宜地对模型本身及其表现形式进行改造。

三、对中国传统与现实因素的考量

当我们如此积极主动的向西方国家借智借力时，恰恰忽略了中国传统社会贫困治理中所蕴含的智慧与能量，忽略了中国传统文化的历史影响和现实基础，忽略了西方文化对当代中国文化的渗透扭曲。这些恰恰为完善创新城市贫困精准治理主体架构提供了很好的思想启发，也指引了前进的道路。

（一）中国传统社会是一个差序格局的社会

中国传统社会的构造与西方社会迥然不同。费孝通的“差序格局”是关于中国传统社会结构的最具影响力的代表性观点之一。费孝通指出，中国传统社会的人际关系就像是将一块石头丢入水中所产生的一圈圈扩展出去的波纹。这个格局的最中心是“己”的利益，其次是他的“家”，再次是他所属的更大范围的团体，由此一层层推延出去，最后才是“国”和“天下”。在差序格局中，家庭是一个具有极大伸缩能力的关系圈，具有亲密关系的人都可以被拉入自家人的圈子，所以“家”的边界比较模糊，可大可小，且是连接个人与国家、天下的一条“通路”。显然，在费孝通的观点中，“个人”无疑在中国传统社会结构中居于核心地位，而“家”也是最重要最基本的一环。

差序格局不仅描述了中国传统社会以个人为核心、以家庭为通途形成的亲疏远近的情感距离和伦理关系，同时也反映了个人及其家庭获得外部资源的途径和方向。当个人利益遭受损失或家庭陷入危机时，个人及其家庭最倚重的是居于差序格局中最靠近核心的关系，外围关系提供的帮助非常有限。

尽管差序格局本身所反映的中国传统社会之结构及人际关系的构成与我们今天所要建立的治贫体系存在较大差异，但它至少从两个方面为我们提供了宝贵启示。首先，对陷入困境的个人及其家庭而言，“自家人”是一个非常重要的援助主体，今天我们所倡导的家庭建设、邻里关系建设都是基于这样的考虑。它们往往能够提供最直接、最便捷、最灵活、最多样的援助资源，尤其是情感方面的支持慰藉功能更是不容忽视的。其次，差序格局层层扩展的环形构造能够为我们创新贫困治理主体格局提供模型借鉴。这种环形构造完全不同于西方福利多元主义的棱角构造[①]，它既可以体现出我国城市贫困治理主体的构成，又能够体现出各主体的职责范围和相互关系。

（二）中国传统社会就存在贫困治理的多方格局

在中国传统社会，一般情况下，家庭或家族是一个独立完整的生产生活单位，可以实现自给自足，满足家庭成员的个人需求。但是，一旦遭遇天灾祸患，家庭的基本功能出现紊乱，甚至崩溃瓦解，“自家人”系统在无法提供有效援助和保障之时，政府、庙宇僧侣、达官贵人、乡绅富民等“外围关系”便成为社会救助的主体，为陷入困境的个人及家庭提供援助。因此，从某种意义上说，中国传统社会本身就存在参与贫困救助的多个主体，它们的救助行为具有以下几个方面的特征。

第一，自觉自愿参与。中国传统社会各社会救助主体基于不同的文化基础都积极主动参与社会救助。宗族在“施由亲始”观念的影响下，依托血缘和地缘关系对贫困的族人与邻里乡亲加以赈济；同业公会、会所、会馆等本着同乡之情、同业之缘相互帮扶、共渡难关；官员士绅胸怀“达则兼济天下”之志，在儒家“仁治”思想的引导下，通过救灾赈荒来舒展其政治抱负、治国情怀；寺庙僧众秉承“慈悲为怀、救苦救难、普度众生”

① 费孝通把西方现代社会结构成为“团体格局”，其最大特点是“家庭”和“国家”是两个边界清晰的团体单元，而且国家是最重要的团体单元。这种格局由政治、法律、宗教等各个层面的制度文化所塑造并维护。各种团体单元之间边界清晰是福利多元主义模型构造的一个社会文化基础，而这一点恰是中国社会到目前为止都不具备的。

的教义，怜悯贫困无助者，关怀大众苦难；普通百姓也感怀“行善积德、造福子孙”之念，在日常生活中主动行善，积德积福。

第二，具有较高的组织化程度。汉唐以后，中国传统社会贫困救助进入了组织化、制度化阶段。从唐代的悲田养病坊、社邑，宋朝的义庄、义仓、义学庄田，到明清时期的社仓、会馆、善堂、善会等，民间组织的慈善行为经历了从自发、松散向组织化、制度化方向的发展，救助内容多样，功能渐趋齐全。在救助内容上，民间救助资源包括粮食、生产工具、钱财、衣服、棉被、棺木、临时住所、医药，乃至诵经祷告、安抚民心等，针对性很强，且具人性化。在救助形式上，提供济贫、恤病、养老、育婴、助学、助婚丧、便出行等方面的服务。总之，组织化形式有利于整合群体优势、分散风险，更系统、更高效的实施保障救助。

第三，帮扶对象和职责范围不同。各主体受能力和资源的限制，各自形成了明确的救助对象和职责范围。政府以雄厚的财力做保障，向全体受困者提供社会救济；义仓主要为农村地区的贫户、灾户提供扶助；商会、会馆主要以同乡或同业的失败商人及其家庭作为救助对象；宗族救济则只向宗族内部的群体开放，用以收族睦族、赈恤族众；宗教组织相对而言救助对象较为分散，救助规模也有限。正是由于各主体对不同领域、不同对象的帮扶救助，形成了官民相互补充、相辅相成的社会救助局面，从而从整体上完善健全了传统社会的社会救助体系。

总而言之，在中国古代，贫困救助就已经形成了多方主体协同参与的局面。在我们借鉴西方福利多元主义思想的同时，也应坚定文化自信，向我们的祖先学习治国理政平衡之术。至少从贫困救助角度来看，中国古代传统文化中尚有许多值得我们学习借鉴的经验。

第二节　城市精准治贫的主体架构

福利多元主义理论的提出离不开孕育它的社会文化土壤，中国城市精准治贫体系的构建也应当扎根于中国社会的文化基础和基本民情。基于各种因素的考虑，我们拟构建一个由外而内、四层推进、层层聚焦的全面治理体系来应对日益严重的城市贫困问题。

一、城市精准治贫的主体框架模型

我们所构建的城市精准治贫主体框架主要参考了费孝通的差序格局模

型，但是其含义和指向完全不同于差序格局。具体框架结构如图 5-4 所示。

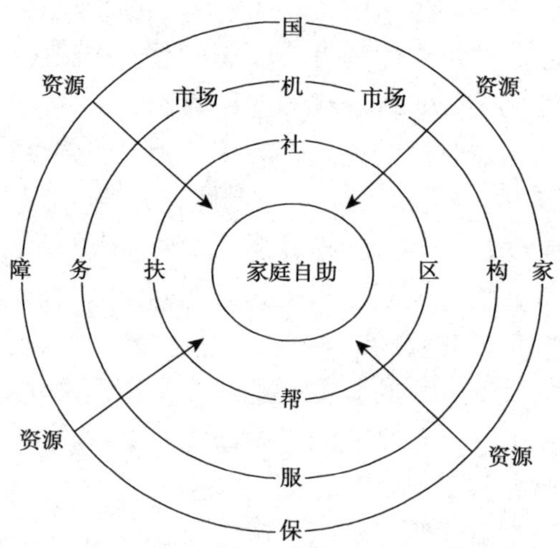

图 5-4　城市精准治贫的主体框架

城市精准治贫主体框架的特点主要有如下几个方面。

1）此框架主要由五个主体组成：国家、社会机构、市场、社区和家庭。这五个主体在地位上不能以类似于福利多元主义的“极”化关系来简单处理。它们在城市精准治贫体系中分别发挥着不可或缺、无法替代的功能。就自身能力和职责范围而言，更像是涵化的关系。

2）此框架以差序格局为基础，不同的是差序格局以个人和家庭为核心，由内向外代表了人际关系的亲疏远近，此框架则以反向差序格局，展示了当前阶段，陷入困境的个人和家庭所能依赖的援助主体、资源属性及获得资源的便利性。

3）这五个主体在城市新贫困治理中承担的责任比重与其对应的环长呈正相关，换言之，居于最内核的家庭担负的责任最少，然后依次向外，社区、社会机构担负的责任逐渐增加，最外圈的国家仍要担负最大比重的责任。

4）这五个主体向城市新贫困人口提供援助的便利性由内向外层层递减。最内圈的家庭提供着最直接、最便利的支援，最外圈的国家提供资源的路线最长、中间环节最多、程序最复杂。

5）各种物质资源、信息资源、服务资源、情感资源从外部向核心区源源不断地供应，不同主体提供的资源各有侧重。国家提供的资源侧重于物质援助和政策支持，也包括部分信息和服务，资源种类相对最齐全；社会机构和社区提供的资源以信息与服务为主，辅以适当的物质支持，但方式和程度存在差异；市场提供就业机会及资金和实物类支持；家庭主要是情感支持和少量的物质支持。各主体供应的资源相互补充辅助，整合起来就是一套针对性极强的、全方位的保障体系。

6）国家的责任比重虽然是最大的，但这不同于计划经济时代国家在社会保障和福利方面的全职全能。国家的责任比重总体而言较计划经济时代相对收缩了，但较20世纪90年代要增大一些。国家责任的内涵也发生了重大转变，从以物质资源供给为重转向以服务和监督为主，物质资源供给作为一项保底性保障，必须由国家承担。同时，国家也要对内圈的社会机构和社区的扶贫助困工作进行政策引导与绩效监督。

二、城市精准治贫主体的相互关系

城市精准治贫主体的相互关系实际上体现了各主体的职责内容和比重是如何相辅相成、协同一体的。

（一）家庭：提供情感与激发动力的内核

在这个框架中，首先要看到家庭自身的保障能力。尽管目前有部分研究指出，贫困家庭存在“穷帮穷”和“贫困代际传递”等问题，但是家庭仍然不失为一个可以为贫困者提供直接而便利援助的主体，虽然在物质援助方面能力有限，但是在情感支持、心态转变、动力激发方面所起的作用是其他主体无法替代的。近年来，城市新贫困群体的家庭保障面临着来自几个方面的挑战。

首先，城乡家庭的核心化趋势非常明显。截至2015年，在所有家庭类型中，核心家庭的比例达到59.5%，在某些发达地区的大城市中甚至可以达到70%以上。另外，直系家庭占24.2%、单人家庭占14.4%。[①]简言之，中国家庭呈现出小型化、核心化趋势，大城市尤为明显。而小型家庭相较于大型家庭在应对风险危机时的脆弱性更强，尤其是户主或家庭主要劳动力降薪或失业时，对家庭的生活质量和功能运作都将产生明显消极的影响。其次，人口流动对家庭稳定的人口规模影响明显。当前，我国城乡家庭户内同住人口均在3人以下，2人户最为普遍。城市同住人口数量少于乡村。人口流动对城乡家庭的影响不仅在于外流人口在异地他乡势单力薄，无法

① 国家卫生和计划生育委员会家庭发展司等：《中国家庭户规模和结构状况调查报告》，见李培林、陈光金、张翼：《2016年中国社会形势分析与预测》社会科学文献出版社2015年版，第159页。

迅速直接地获得来自家庭的援助，而且留守家庭成员往往因为年老、年幼或劳动能力减弱而难以承受生活压力。双方都会表现出对对方困境的鞭长莫及。最后，城市贫困家庭存在相对剥夺感，社会资本质量较低，摆脱贫困的心态不够积极，观念转变和能力建设不及时。这些消极状态极大限制了参与式扶贫理念的贯彻实施，无法从主体动能角度调动贫困家庭脱贫的积极性。

因此，城市贫困精准治理体系的建设在家庭层面需要正确认识家庭结构变迁趋势、人口流动等因素对家庭抗风险能力所产生的影响，通过家庭建设，加强情感交流与支持，激发家庭成员同舟共济、克服困难的意愿和勇气，帮助家庭成员在信息获取、能力培养、救助资金管理与利用等方面变被动为主动，主宰并扭转自己和家庭的命运。

（二）社区：配置投放内外资源的平台

伴随中国社会的现代化进程，宗族作为家庭最接近的外部援助力量已消失殆尽，计划经济时代提供“从生到死”全套福利的单位制度也逐渐衰微，社区成为新时期替代宗族、单位管理服务家庭的基层组织。在城市贫困治理过程中，社区是能够同时对家庭资源进行动员、对外部资源进行合理分配的前沿平台。它之所以具有这种特殊地位，与其作为相对稳定的居住场域关系密切。在城市社会里，尽管人口地域流动和职业变动频繁，但都会在一段时期内相对稳定地居住在某个社区。因此，针对外来流动人口，社区是提供居住地管理服务的最佳平台。

社区在贫困治理中，对内可以积极开展家庭建设、邻里建设、志愿者组织建设，依托社区自身的经济资本、人力资本、社会资本为贫困家庭排忧解难，如给家庭成员做思想工作，转变观念；倡导邻里互助友爱运动；组织志愿者为贫困家庭提供针对性服务等。人们对邻里、社区的信任和责任是现代良好社会的基础，社区在家庭之外为每一位贫困者构建了一个可以充分信任依赖的保障体系。另外，由于社区本身可以调动的资源非常有限，它必须向外部社会吸取更多资源和能量才能更好满足社区内贫困居民的需要。因此，社区的另一种功能就是通过各种途径渠道获取来自社会慈善机构、服务机构及政府部门的多种资源。

在对多种资源的分配投放问题上，社区具有先天优势和便利条件。城市精准治贫能否实现“扶真贫”，关键在于对贫困的鉴别认定是否准确。贫困家庭生活细节所透露的信息都可以通过邻里关系网络、社区工作人员的长期细致观察而被准确捕获，进而判断其贫困维度和贫困程度，同时也能够为贫困的动态监测、救助对象的及时调整提供有力保障。

（三）民间服务机构：提供多种援助资源的辅助

参与城市新贫困治理的社会机构主要是指以非营利为目的的民间慈善组织和服务机构。民间慈善力量参与贫困救助是人类自救与互助的主要方式之一。当代中国的新贫困治理需要积极吸取前人的经验智慧，克服历史和文化的片面性，在体制转轨、产业升级、社会分化加剧的时代背景下，广泛借助民间力量，满足城市新贫困群体的多元化需求。

民间服务机构的辅助作用主要体现在三个方面。其一，相较于政府在贫困救助内容方面的单一，民间慈善组织可以根据自身的服务目标和能力，以及服务对象的需要，更灵活、更具体、更有针对性地提供服务。各机构相互配合、相互衔接，能够满足贫困群体更多元的现实性需求。相比政府多以货币、物质支持为主要救助内容，民间慈善机构可以为贫困群体、弱势群体提供生活照料、情感与心理压力排解、重大疾病义务诊治、技能培训、子女教育辅导等多元化服务与救助。这在很大程度上拓展了贫困救助的内容，弥补了政府在该领域工作的不足。其二，相较于政府主要依赖基层社区工作人员的了解、判断、审核这种人力化程序来确定救助对象和救助力度，民间慈善组织往往具有更专业化、规范化的服务体系。由于经费限制，民间慈善机构更需要提高慈善项目的运作效率，将有限经费的使用效益最大化。采用科学化的服务对象选择机制、专业化的项目管理机制、规范化的监督评估机制是民间慈善机构提高运作效率、增强自身公信力的重要手段。这些科学化、专门化、规范化的操作程序，与政府的人力化救助程序相辅相成，可为贫困群体构建一个多方位、多角度的权益保护机制。其三，相较于政府过分依赖公共力量，在贫困治理中突出国家而轻视社会，民间慈善事业的发展恰恰更倚重私力，重视社会力量的挖掘。现代民主社会慈善事业的发展正是建立在具有博爱精神的公民积极承担社会责任，对陌生人表达同情关爱的基础之上。民间慈善事业的发展有助于动员最广泛社会力量的参与，营造和谐友善的社会氛围，为政府治理贫困奠定坚实的民意民心基础。

（四）市场：贫困治理资源的必要来源

在西方福利多元主义思想中，市场始终是一个非常重要的福利主体，企业、商业组织等根据劳动者的劳动付出提供相应的就业福利。市场之所以能够作为福利主体的一极，是因为在西方社会结构中，市场本身是一个发展成熟完善的体系，与国家、社会、家庭等社会构成之间存在相对清晰的边界。市场体系虽然主要按照功利主义原则运作，但是倡导诚信经营、遏制恶性竞争的法治体系，以及由此逐步培养形成的民众对公私利益关系的正确认知等都为福利主体的市场化、私营化奠定了特定的社会文化基础。在此基础上，西方社会中诸多大型企业、跨国公司、中小企业等都是私营性质的慈善机构背后的主要支持者。慈善机构的市场化运作不仅在很大程度上解决了慈善资金的筹措问题，也极大提高了社会救助、贫困治理的效率。

但是，市场在中国城市新贫困治理中却难以发挥同样的作用。国内各种经济组织慈善捐赠的比例依然偏低，而且商业目的较为明显。追根溯源，中国社会存在阻碍贫困治理主体市场化运作的深层文化根源。由于受诸多因素的影响，中美慈善文化对“爱”的理解、对慈善的认知、对财富的认识等都存在较大差别。受儒家文化长期浸染的中国社会，在差序格局中渗透着“亲亲之伦”“三纲五常”的等级观和秩序观，这决定着在实际交往中人际间很难实现平等合作。一旦引入强调竞争的市场机制，以个人利益为核心的差序格局便会成为功利原则在中国扎根发芽的土壤，恶性竞争、制假卖假、损人利己等现象也可能在贫困救助领域出现。到目前为止，中国社会尚未形成完备的制度和文化保障机制来支撑市场作为独立的贫困治理主体的地位。

尽管如此，市场依然是城市新贫困治理资源的必要来源。扶贫助困一直都是企业社会责任的重要内容之一。企业参与城市新贫困治理的渠道主要有三个：其一，贡献 GDP，增加政府财政税收，为政府主导的收入再分配提供资金保障；其二，直接拿出部分利润助力慈善公益，可与专业慈善机构合作，通过项目形式把资金、实物或服务输送到贫困者手中；其三，提供工作岗位，创造就业机会，改善职工福利待遇，对困难职工施以人性化关怀，或者进行就业技能培训。

（五）政府：资源供给与监督引导的主体

在我国社会保障制度建设发展的过程中，国家始终是一个极为重要但又显特殊的主体。从计划经济到市场经济、从单位制到社区制，国家在社会保障体系中的作用曾一度大幅收缩，引发了一些社会问题。城市新贫困问题的广泛性、复杂性需要国家从幕后走向前台，更积极主动地承担社会保障的责任与义务。

国家在城市新贫困精准治理中的主导性主要体现在资源供给和监督引导两个方面。资源供给包括直接资源供给和间接资源供给。直接资源供给是指，政府所属的社会保障与福利机构（如社会福利院、孤儿院、老年公寓等）、民政部门、群团组织、社区居民委员会等直接将政府财政划拨的扶贫资金、物质资源分配给城市贫困家庭。间接资源供给是指，由政府提供扶贫项目，民间服务机构通过项目申报获得项目执行资格，并在项目实施过程中把扶贫资源输送给贫困家庭，或者由政府出面筹措各种资源，组织各民间慈善机构参与扶贫资源分配。在城市新贫困治理过程中，政府的直接资源供给范围相对有限，主要对象是城市低保群体、"三无"人员，间接资源供给对象的范围较为广泛，既包括绝对贫困群体，也包括规模更大的相对贫困群体。

随着城市低保制度本身的不断完善和社会力量日益广泛深入参与城市贫困治理，国家的监督引导职能日益突出。政府不仅要加强对直接资源供给过程的监督，更要强化对民间慈善机构的引导和监督，使整个扶贫资源供给过程更富有弹性和灵活性，形成有效的进出机制，科学评估扶贫项目实效，规范性考核民间慈善机构的合法性和公信力，促进公正理性的扶贫理念的形成与发展，营造关注贫困、关爱弱者的社会氛围。

总体而言，城市精准治贫各主体在该体系中各自占据相应位置，发挥着无法替代的作用。它们相辅相成、互相配合，共同构建了新贫困群体的全方位扶助保障体系。但是，城市精准治贫主体框架的形成目前还存在诸多阻碍，需要各主体实现相应的角色转换和职能更新，如此才能保障城市精准治贫体系的有效运作。

第三节　城市精准治贫主体的角色转换

城市精准治贫体系的有效运作必须以政府、民间服务机构、社区和家庭各主体的角色转换和职能更新为前提。

一、国家回归

进入21世纪以来，"国家—社会"关系研究兴起了一股新风向，从"社会中心"向"国家中心"范式的转换，充分说明学术界对国家在产品和服务的生产及分配问题上的积极性角色形成共识。"国家回归"这一提法凸显了国家在改革开放进程中的主导地位和主体责任，关注政治和社会进程是如何受到国家政策及国家与社会集团模式化关系的影响。

（一）国家回归的时代背景

20世纪以来，国家干预市场和社会的政治实践明显加强，公共行为的广度和深度在世界范围内均有所提高。西方福利国家的兴起便是国家扩大对社会和市场干预的有力证明。福利国家大力发展公共部门，借助各种政治运作和行政手段来修正市场运作的失误，保证个人和家庭的基本收入，增强全体公民的安全感，保证他们平等享受良好的社会服务。国家对社会干预的强化实践直接推进了国家作为分析工具的回归。

但是，从世界范围来看，各国福利政策的发展总是在国家干预与社会自我负责之间摇摆不定。关于国家在社会福利体系中的角色定位基本有两种观点：一种观点以自由主义为代表，主张个人是自身福利的责任主体，应当自由放任，国家不可过多干预；另一种观点则以凯恩斯主义为代表，主张国家是资源聚集和福利分配的主导者。而在具体实践中，各国对国家角色的定位往往处于自由主义和干预主义谱系中的某一点，并不绝对的自由放任或高度全面干预。尤其20世纪70年代兴起的福利多元主义将国家置于一个更加多元化的福利供给结构体系之中，认为国家是福利三元或四元主体中的一极，可以承担服务供给、资金筹集、制度约束等方面的责任。福利多元化改革同样暗含着国家回归的意义，它所倡导的是国家在不同福利项目上的责任调整，而不是国家在所有福利责任上的收缩。它所主张的私营化和地方分权化已为许多国家的福利改革提供了重要思路与方向。

对中国的社会保障与福利制度改革而言，“国家回归”具有独特的历史进程和意义。中国的社会福利政策体系的演进经历了国家垄断性福利供给—国家收缩、市场与社会主导—多元化福利供给的阶段转型。在这一过程中，改革的关键问题便是国家、市场、社会与个人（或家庭等传统支持网络）之间责任的重新平衡和界限的重新划分。“由谁在何种领域承担何种福利责任”成为我国社会福利政策变迁所关注的核心议题。

在我国，“国家回归”的提出与20世纪80年代我国的社会福利改革“国家收缩”密切相关。这一时期，由于深受自由主义影响，我国试图通过国家收缩、引入市场来满足日益多元复杂的福利需求。国家的福利责任范围相对于大量新增的福利需要存在“增量上收缩”的趋势。这种收缩主要有两个方面的表现。其一，与计划经济时期，国家承担“父爱式”全方位保障责任相比，存在明显的责任收缩问题。虽然“三无”人员、“五保户”灾民等弱势群体依然是福利关照的对象，但是福利经费的减少及企业改制后，体制外社会保障制度建设的滞后都说明该时期国家的福利责任在收缩。

其二，伴随市场经济体制改革，城市中出现大量下岗失业、离乡进城而产生的非传统意义的贫困群体、社会弱者。相对于社会福利对象扩大、福利需求量增加而言，国家的福利责任从发展速度、覆盖范围、保障程度等方面来看，都相对滞后，存在增量上的相对收缩。正是由于国家收缩这一事实的存在，我国的社会保障制度改革引入“国家回归”理念才具有积极的时代意义。

（二）国家回归的内涵

正如许多学者所强调的那样，国家回归首先不是回到计划经济时期由国家单方面、垄断性提供社会福利的状态，而是对改革开放以来国家收缩趋势的修正和调整。国家收缩所带来的诸多不利后果直接推动国家必须加强福利干预、增加福利供给，承担其本应承担的社会责任。这里的“本应”意指那些只能由国家来承担，其他主体承担不了也承担不好的责任。因此，国家回归是对国家在福利供给中的责任与义务的再认识，也是对国家、市场、社会、家庭等福利主体之间关系的重新定位。

其次，国家回归是有层次的适度回归。国家的福利责任主要体现在服务供给、筹集资金和监督约束三个方面。目前看来，政府在社会保障的资金供应和经费筹集方面已经展开了实际有效的行动，社会保障的支出和投入也在逐年递增。而服务供给和监督约束方面的工作则相对滞后，与社会化服务体系之间的关系尚未厘清，对市场化监督机制的运作还不够成熟。总之，国家责任的回归必须符合新时期经济社会发展的阶段特征和具体需要。

最后，国家回归并不意味着其他福利主体的责任被国家替代或一力承担，相反它是要将国家置于一个由多方主体共同构成，各主体的福利责任在不同层次、不同方面有效分工与协作的福利供给格局中。这就意味着国家承担的责任是其他主体无法替代或者执行效果不佳的，而其他主体能够承担且效果良好的责任国家必须让渡出去，鼓励并支持多种类型福利部门的建设和发展，形成资源配置的最佳组合。[①]

显然，国家回归在我国有特殊意涵，它既不是走西方福利国家的老路，又力求纠正改革开放以来我国社会保障制度改革的偏差。国家主导是中国现代化进程的一个重要特征，尽管改革的动力最初源于民间，但是中国的改革整体上仍然是在国家统一运筹、谋划、推动下不断向前推进的。因此，

① 此部分内容，可参见胡薇：《国家回归：社会福利责任结构的再平衡》，知识产权出版社 2013 年版，第 155—160 页。

从“底层视角”来关注改革的代价由谁承担及如何转化时，国家是一个不可忽视的重要变量，底层群体的利益补偿离不开国家的政治运作。

（三）国家回归的路径

福利社会化可以说是我国在福利多元主义影响下确定的一条国家回归的路径。其实质是要解决哪些主体参与福利供给，各主体提供什么样的福利，形成怎样的关系等问题。其核心要义是重新认识并定位国家与社会的关系。慈善救助领域对该问题的呈现是较为突出和典型的。

在我国慈善救助领域，国家始终以强势面貌存在并发挥作用。在计划经济时代（1949～1992 年），国家将自身定位为人民群众福祉的绝对守护者，排斥民间自发的公益慈善活动，将其视为“极具伪善性和欺骗性”的“封建”“愚昧”“落后”之物。民间慈善机构和慈善活动被广泛取消。这一时期，中国的慈善救助事业陷入发展断层，政府是唯一的救助主体，借此体现社会主义的优越性。国家具有强大的总体性资源动员的能力，“一方有难，八方支援”正是这种国家能动性的具体表现。全面改革开放以后（1993～2008 年），国家的总体性控制逐渐松动，社会福利的输送渠道也逐渐多样化。尽管如此，国家在公益慈善资源的汲取、输送、分配领域仍然占据主导地位，主要表现为：①政府组织及通过某些变通途径而生成的准政府组织（如工会、妇女联合会等）搭建了慈善救助的主体框架，承袭了传统的体制资源，仍具有较强的社会动员能力，是慈善救助的核心力量；②国家按照自身意志，通过制度化渠道生产出民间慈善组织，使其在运作过程中带有较强的官方色彩，鲜有独立意志和行动；③国家鼓励各种草根运动和志愿行动，倾向于将其培养成社区事务的得力助手，认同国家对社会的控制与治理。这种“低社会参与下的高慈善投入”式发展之路体现了国家自主性在新时期的有效变通，这既是“非国家空间”尚未充分发育的结果，在某种程度上也是阻碍社会自主性提升的重要因素。

2008 年以后，民间慈善进入发展的高潮期，国家和社会在该领域的合作、博弈及冲突问题更加突出。若从国家长期在场来看，或许使用“回归”并不恰当，但若从国家与社会的关系角度来审视，把“回归”理解为正确处理国家与社会的关系，国家与社会各自归位、回到正途、各司其职、各负其责、相互配合、协调平衡，那么“国家回归”就意味着慈善救助领域国家与社会合作的优化升级，有利于取得更好的慈善效果。

重塑国家责任的边界，维持国家自主性和社会自主性的相互共生关系便是当前慈善救助领域“国家回归”的合理路径。这一系统的制度建设过程应包括两个方面。一方面，国家对公益慈善资源的动员能力要建立在基础性权力而非强制性权力的运用之上。基础性权力是一种通过社会建构起来的日常权力，它存在于日常生活之中，是对国家治理社会生活的认同力量，是各种社会力量合作与协商的引导工具，是培养和推动社会自主性发展的肥沃土壤。对这种基于社会共识和理性认同的基础性权力的尊重与运用不仅能增强政权的合法性，也是政府的管理技术和技巧不断成熟与多样化的体现。另一方面，国家在承担相应主体责任的同时，要鼓励其他社会力量的参与，尊重并维护每个公民参与公益、共享成果的现实权利，平等待之。国家不仅要从底层视角出发，保障弱势群体的经济、政治与社会权利，也要敦促优势群体承担社会责任。对中国而言，一个强势而相对中立的政府有利于对各方力量进行支配和调控，有利于社会的平衡稳定。

若从底层视角出发来审视国家与社会的关系，应当看到国家—社会的关系既是分化的过程，也是融合的过程。一方面，社会的发育与建构并不与国家完全相对，民生建设不能仅仅通过社会来达到，它仍然需要国家力量的推动；另一方面，公民的政治参与是国家回归社会的重要桥梁，应当在国家权力外部建立起成熟的社会权力制约机制。

总而言之，关于国家回归的合理路径，学术界尚存有诸多争议，但是从社会保障与福利政策变迁的角度来看，从多元互动的视角去分析不同责任主体的角色转变才是有效的思维方式。或许我们并不能仅仅从国家—社会的简单二分结构中去寻找答案，因为社会是一个由市场、民间机构、社区、家庭等多个主体共同构成的复杂系统。

二、机构规范化

在城市新贫困精准治理的主体系统中，民间慈善组织和服务机构是非常重要的辅助性力量。从我国民间慈善事业的发展现状看来，面临的最大问题就是诚信问题。信息不公开、公信力低下、问责机制不健全等都是诚信问题的具体表现。推进民间慈善组织和服务机构运作的规范化、专业化既是解决上述问题的有效途径，更是社会办慈善得以成功，实现国家—社会协调运作的有力保障。

（一）加强慈善立法，在制度建设上实现规范化

我国民间慈善组织和服务机构运作的规范化首先体现在制度建设上。

第一，制定出台慈善基本法。慈善基本法是对我国慈善事业发展进行

总体规划的指导性立法，内容可涉及慈善立法的目的与适用范围，慈善活动主体的权利、义务、责任和相互间的法律关系，慈善活动的性质、原则、监督和激励机制等。这些规定有利于慈善组织、慈善资金的运营与募集、慈善信托、慈善事业扶持、慈善问责等方面工作的制度化、规范化建设与发展。

第二，建立统一的慈善管理机构。对现行的双重许可制进行改革，限制政府过多干预，保证慈善组织的民间性、独立性。可以采用集中立法模式，成立半独立于政府的慈善管理机构，赋予慈善组织独立的法人地位，统一负责慈善组织的登记与管理，审计监督慈善组织的运行、制定修正慈善行业标准、评估发布慈善组织的相关信息，为慈善组织提供服务。

第三，完善慈善捐赠的税收激励机制和慈善义工制度，激发民众参与慈善活动的热情，保障民众相应的社会权利。目前，我国针对社会团体的税收减免政策实行的范围非常有限，只有少数几个全国性公办慈善组织可享受该优惠政策。该种做法的实质是将慈善组织置于不平等的法律地位，一定程度上阻碍了民间慈善事业的发展。因此，必须放开慈善免税政策，让所有的慈善团体都能够享受免税政策。但同时要制定慈善机构认证标准，对不同类型的慈善机构实施差别化税收优惠和监管办法。尤其要向民间公益慈善组织进行政策倾斜，加大扶持力度，允许捐赠结转，将实物捐赠也纳入免税行列。税务部门可借助合法的慈善账号对税收优惠、政府补贴等项目进行统一管理。

慈善义工制度的完善也离不开政府的大力支持。政府要通过立法加强对志愿者的保护和责任限制，提供必要的资金支持、表彰与鼓励。机构自身也要在志愿者的信息保护、技能培训、工作条件改善、工伤保险购买等方面规范化管理，解除志愿者的后顾之忧，保障慈善事业发展的活力之源。

第四，构建严格的监督和处罚机制。慈善事业的道德属性决定了人们对慈善行动的严苛态度，不能容忍一丝一毫的伪善与欺骗。因此，构建组织自律、政府监督和社会监督的三重监督机制，对慈善组织的违善、违规、违法活动进行认真鉴别、严格处罚是促进慈善事业健康发展的必要保障。监督机制重在预防，慈善组织的自律需要不断优化自身的内部监控机制，对慈善经费的募集、管理和使用过程进行全程严格监督，并实行信息公开制度，主动接受外部监督。政府监督可依靠半独立的慈善管理机构来进行，制定相应行业标准，对慈善组织的运营情况、财务信息和项目效果进行评估与信息发布。社会监督则可依靠公众、传媒及受益人群体进行。他们可利用自己的监督检查权通过合法渠道获取相关信息，深入实地了解慈善项目的运作情况及存在的问题，并向相关机构举证反映。处罚机制侧重于对不良后果进行惩处，是约束慈善组织行为的最后一道防线。慈善组织自身、慈善管理机构、税务部门、司法部门都有权根据慈善组织经营活动违规违法的程度进行干预和管理，追究其行政责任、民事责任或者刑事责任。[①]

（二）重视社会工作，以专业化推动规范化

在城市贫困精准治理体系中，有一类特殊的治理主体需要给予特别关注，即专业社会工作机构。在当前形势下，政府转变传统治贫模式的重要手段就是在精准治贫中引入社会工作作为有效补充。社会工作的发展史在一定程度上就是一部与贫困做斗争的历史，它的理念和专业方法正是在这一过程中逐步形成与发展的。社会工作的个案、小组和社区工作方法早已被国际社会广泛运用于扶贫工作中。毫无疑问，社会工作介入城市精准治贫具有强大的专业优势和效能。

社会工作在本质上是一个关注个体疾苦、追求社会公正、推崇科学方法的学科，这些特点使它与精准治贫高度共通、契合。它不仅能够顺利参与城市扶贫工作，而且具有明显的专业优势。社会工作可以从"扶持谁""谁来扶""怎么扶"三个方面发挥自身专业优势。其优势具体表现为：基本理念相通，工作方法合宜；评估监督一体，彰显第三方优势；链接域外资源，推动多元合力；聚焦长远发展，巩固脱贫成果等四个方面。[②]它的引入，有利于优化精准扶贫的政策选择，有利于提升扶贫对象的脱贫能力，有利于激发扶贫对象的进取精神，有利于整合扶贫社区的社会资源。

总而言之，社会工作作为一支专业力量，在世界范围内已成为许多国家政府反贫困的得力助手。随着中国反贫困事业的不断深化推进，我们更应当大力借助社会工作的专业优势来实现精准脱贫、全面小康的战略目标。

党的十八大以来，政府部门也切实注意到社会工作所扮演的角色和所发挥的作用，积极推进社会工作专业发展，并深入探索社会工作介入社区反贫困的可行路径。目前已大致形成三种介入路径。一是"委托—代理"型扶贫路径。该种路径的特点是政府和各类扶贫机构作为委托人，专业社会工作机构作为代理人，双方以契约形式进行合作。由委托方出资资助代理方完成扶贫助困目标，代理方对委托方负责、受委托方监督。这种政府

---

① 张奇林等：《中国慈善事业发展研究》，人民出版社 2014 年版，第 233—237 页。

② 李迎生、徐向文：《社会工作助力精准扶贫：功能定位与实践探索》，《学海》2016 年第 4 期，第 117 页。

向专业社会工作机构招标购买扶贫类服务项目的形式已经在全国范围内得到推广。二是“协作—互助”型扶贫路径。协作互助的双方分别是专业社工机构和基层政府、社区、企业、其他社会组织、志愿服务团体或个人等。它们之间不存在严格的契约关系,主要是基于相同的扶贫济困的道义关系。该种关系的建立是社会工作链接社会资源的重要形式和结果。三是“外展—介入”型扶贫路径。其实质是社会工作内容领域的扩展。在社会工作者的日常服务中，他们可能会主动发现或经贫困者求助而与贫困者建立起专业的帮扶关系，从而形成服务外展和扶贫介入。这三种介入路径并非彼此孤立、相互排斥的，在实践中往往交叉或重叠出现。

笔者也曾专门撰文探讨社会工作介入社区工作的可行路线，提出了三种介入模式：资质介入、机构介入和理念介入。资质介入模式下，社会工作者与社区工作者合二为一，社区工作者必须参加社会工作者职业资格考试，持证上岗，把社会工作的理念和方法完全融入社区工作中，提高社区工作的专业化。该种模式下，社区工作者会根据贫困群体的具体需求和实际困难，为贫困群体提供更好的服务。机构介入类似于“委托—代理”型扶贫路径，主要是由政府向专门的社工机构购买服务，社工机构在社区设置服务中心，开展相应的帮扶工作。社工机构和社区居委会各自为政，权责分离，从不同角度和方面为贫困居民提供服务。理念介入适用于政府财政困难、社会工作专业发展滞后的城市和地区，社区工作人员接受适量的社会工作培训，了解社会工作的基本理念，丰富社区工作的方法与技巧，提高日常工作的效率与质量。在这三种模式中，理念介入可以被包含在资质介入和机构介入中。

总体而言，社会工作介入社区治理的路径和模式仍处于探索阶段，虽然为社会工作介入精准治贫奠定了一定的基础，但距离各项机制和条件的成熟还需假以时日。目前看来，社会工作在东部沿海地区、发达城市中的实践较为充分、成熟，但在中西部地区则相对滞后，且面临很多困难。此外，社会工作参与扶贫济困的广度和深度仍十分有限。目前主要以孤寡老人、残障人士作为帮扶对象，侧重日常照料和社会救助，在扶贫济困的广度和深度上还存在很大的扩展空间。

因此，社会工作专业的发展既需要制度建设也需要能力建设。制度建设的目标是为社会工作创造专业发展的外部环境。具体表现为，在机构建设、财政投入、项目管理、人才培养、资质认证、待遇保障等方面为社会工作提供工作指引和规范导向。能力建设则是社会工作的“内功”。为了更好地介入精准治贫，社会工作者必须更明确、更具目标导向的发展职业技能和专业水平。增强使命感、责任感、牺牲精神和奉献精神，理解精准治贫的政策意涵，掌握城市新贫困的特征、贫困测量与认定的相关知识及技术，更新知识储备，以便更好地为贫困群体服务。另外，社会工作机构也要加强规范化、制度化、标准化建设，提升承担扶贫助困项目的能力，提高服务水平和质量，切实发挥好辅助作用。

具体而言，社会工作可以从行政管理服务和劳务服务两个方面切入贫困治理。首先，社会工作者可以从事城市贫困家庭救助服务的行政管理工作，成为行政管理性服务的主体。我们可以借鉴发达国家的做法和经验，设立社区和市级扶贫社工岗位。在社区层面，按照一定户数和人口比例，设立贫困专员岗位，由专业社会工作者来任职。其主要职责是对所辖范围内贫困家庭的基本情况长期跟踪摸底，对贫困家庭的救助申请及证明材料进行审核批复，对贫困家庭进行需求评估及服务招标、监察等。在市级层面，设立扶贫专职社工岗位，指导基层社区中从事贫困家庭救助服务的社会工作者，对全市范围内基层社工的行政管理性服务工作进行监督，定期组织集中培训和进修，提高管理服务的专业化水平。其次，社会工作者也可以直接为贫困家庭提供劳务服务。他们可通过项目进驻社区，直接与贫困家庭接触并建立联系，开展贫困家庭救助预防、贫困家庭需求评估、救助资源链接、救助对象服务转介等工作，也可以直接把个案工作、小组工作、社区工作等模式引入贫困家庭的救助服务中，增强救助的针对性和有效性。

三、社区回应

社区建设是单位制解体后，中国政府着力推进的一项社会工程。尽管学术界经常从公民社会的视角出发，讨论什么是社区，真正的社区是怎样的等问题，但在实际建设过程中，社区是政府管理社会最基层的组织依托，是国家管理在社会层面的基层代言。在扶贫济困领域，社区也是城市贫困治理的前沿阵地，扶贫减贫的各项政策举措都需要通过社区予以落实。

从社区执行扶贫减贫政策的效果来看，尽管最低生活保障制度在各个城市中普遍推行开来，并切实改善了大部分特困家庭的生活质量，但仍然存在诸多问题。随着矛盾和问题的逐渐暴露，在国家治理理念不断提升、构建“回应型政府”议题日益明晰的时代背景下，建设“回应型社区”也成为解决社区在扶贫减贫工作中功能局限的有效途径。

“回应型社区”是社区主义学派的关键概念。回应是真正的社区的首要特质，好的社区对所有社区成员的真实需求都会做出回应，在秩序和自主之间维持恰当的平衡。[①]根据社区主义的观点，社区可以更加具备回应能力，但不是完全的回应，因为贫困只能被明显减少，却不能完全消除。如果能够对贫困居民真实、迫切的需求做出回应，哪怕是部分回应，也能够有效维护该群体的利益，并在更大程度上实现社会的共同利益。另一位社区主义的代表人物塞尔兹尼克强调，社区最主要的美德是“无限义务”，这种义务应当覆盖社区所有成员的关系。[②]

在当前境况下，社区的“回应”首先表现为社区要倾听贫困居民的诉求，积极反应，并采取有效措施关照他们的利益。这种回应既是必要的制度性安排，也是社会基本工作原则。社区回应贫困居民的诉求是义不容辞、责无旁贷的。社区的各项扶贫济困的规章制度及其实施举措的出台，都要与社区居民进行充分沟通和交流，以便了解民众对政策的接纳和反应。这是一个良性的互动过程，有助于及时发现问题、解决问题，提高社区扶贫减贫工作的成效，让贫困居民真正受益。其次，“回应”绝不是单向的，社区居民也要主动关注社区事务，尤其是贫困家庭，对于涉及自身利益的相关政策措施，要积极反馈意见，参与到政策修正与落实的过程中。贫困居民在接受福利救济的同时，即使暂时找不到工作，也要承认自己负有某种责任，并且要尽己所能为社区做出贡献，如参加学习培训、遵守社区规范、积极自救等。总之，在贫困治理领域，“回应”意味着社区和贫困者之间要相互尊重、彼此照拂，贫困者的特殊利益和社区的共同利益得以兼顾。

四、家庭参与

我国的扶贫工作在相当长一段时期内是一种自上而下的封闭系统，贫困群体一直是被动的接受者，国家给什么就必须接受什么，主体意愿得不到尊重和表达。20 世纪 90 年代以后，西方国家的参与式理论和实践被引入中国，我国也开始逐步在农村扶贫工作中采用参与式扶贫策略，并取得了积极成效。

参与式扶贫是促进我国欠发达地区农村反贫困的重要手段，其核心内涵是“赋权”，即赋权给穷人，使其能够影响和控制涉及他们的发展介入、发展决策及相应资源。参与式扶贫“赋权”的主要途径是围绕发展介入的

① 夏建中:《城市社会学》，中国人民大学出版社 2013 年版，第 115 页。

② 〔美〕菲利普·塞尔兹尼克:《社群主义的说服力》，马洪、李清伟译，上海世纪出版集团 2009 年版，第 24 页。

决策与评估，创造机会，鼓励村民说话，表达自身想法与诉求；或者组织贫困村民建立合作组织，应对市场风险。这要求村民必须具备一定的表达能力、参与能力、自组织能力和发展意愿，成功赋权的重要保障就是开展能力培养，投资人力资本，增强村民的自我发展能力。

近年来，随着城市化进程的加快，城市大量贫困人口的多元利益诉求更需要借助民众的主动参与才能获得尊重和满足。城市贫困治理具有应用参与式反贫机制的天然优势。城市新贫困人口整体而言，较贫困农民具有更高的文化程度、更明显的权利观念和更强烈的发展意愿。城市贫困治理在能力培养方面无须花大力气，主要是创造机会，调动贫困家庭的积极性、主动性。首先，需要完善法律保障和制度建设。通过制度建设，从内容和形式两个方面保障贫困居民的知情权与参与权。对公众参与的内容、程度和范围进行详细具体的规定，为公民提供可靠的参与渠道，并保障其能够有效借助行政和司法程序，保护自身的合法权益。其次，政府要提供相关培训和引导，以增强贫困者参与决策的意愿和能力，避免只有少数精英阶层和利益相关者参与而导致的政策失衡。最后，鼓励发展稳定有效的组织机构来保证参与行为的正常进行。贫困群体本身也存在利益分化，没有有序的组织与有效的动员，他们难以以一个统一整体的群体身份参与到公共政策的决策过程中。一旦城市满足了贫困者参与贫困治理的条件，贫困家庭便可通过以下四种方式参与到贫困治理工作中。

1）议策性参与。目前，城市扶贫工作中有很多项目都与贫困群体切身利益息息相关，如老旧社区的拆迁补偿、各种保险缴费额度的变化、多种保障性住房的建设和分配、子女入学资格与负担等。政府要赋权于民，与公众之间保持信息畅通，欢迎鼓励贫困群体及其他社会群体深入参与政策出台和方案制订的过程，使他们在参与中感受到自身价值和社会尊重。这正是公共政策之公平和正义的体现。

2）监督性参与。贫困家庭可以对城市贫困治理工作实施过程监督和效果评估。城市贫困治理工作的关键环节是贫困的分类定级和资源的针对性投放。这一过程由于受人为因素的影响而难以做到完全透明、公正、合理，寻租现象时有出现。杜绝此类问题最有效的办法就是动员民众，尤其是贫困家庭，积极参与监督，此为现代的“以民辨民”法。“以民辨民”法的优势在于民众在日常生活中长期频繁交往接触，邻里之间对彼此家境状况的观察了解较为深入，能够准确辨别贫困家庭分类定级的结果。同时，作为资源投放扶持的对象，对资源投放是否准确、能否满足需要等问题的回答是最具说服力的。当然，普通民众的文化程度、认识水平及利益关切的狭隘性可能导致监督评估结果的偏差，因此必要的培训、引导及适度政府监控有利于提高贫困家庭监督性参与行动的效力。

3）自助性参与。贫困家庭不仅是扶贫济困的对象，也是扶贫济困的主体。目前，各国反贫困行动的一个消极后果是"福利依赖"。所谓"福利依赖"是指，福利享受者宁愿保持低水平生活状态也不愿意积极寻找机会自食其力。作为一种综合现象，它包括"状态"（享受福利并有劳动能力）、"行为"（没有积极寻找工作）和"意向"（不愿意积极寻找工作）三个方面。研究发现，在没有工作的低保对象中，46.6%的人没有再就业的意愿①；"啃老族"也是低保家庭面临的一种更严重的福利依赖。总之，福利依赖的存在已获得普遍认可，争议的焦点在于依赖规模和依赖程度问题。

对于多数城市新贫困者而言，他们的福利依赖是被迫的，结构性障碍是难以逾越的壁垒。但是，"难以"并不意味着"绝对不能"，伴随着城市社会的结构松动，新贫困者必须积极行动，主动参加就业培训、争取创业项目、重视子女教育发展、寻求心理辅导等，家庭成员间要相互鼓励、相互扶持，为摆脱贫困而努力。

4）责任性参与。作为社会关爱的承受者，贫困家庭也应当主动承担社会责任，履行社会义务，为其他贫困家庭提供力所能及的帮助，既可以是精神心理层面的相互安抚慰藉，也可以是在生活照料、老幼看护、信息传递等方面的相互关照。尽己所能地承担社会责任、回报社会，这体现了贫困家庭参与性的更高境界。目前，在城市居民最低生活保障制度的实施过程中，也存在低保户参与社区公益劳动的现象，但这种参与因社区的强制性要求（三次不参加公益劳动就下保）而发生了本质性变异。部分社区管理者仍然抱着"施恩"的思想，强求低保户"知恩图报"，回报政府。低保户被迫回报政府与贫困者自愿回报社会有本质区别。后者才是城市新贫困治理所需要达到的境界，它体现了城市新贫困者的主体精神和自由意志，是其自尊、自信、自强精神的展现。

与此同时，企业也必须实现企业自觉的角色转换。所谓企业自觉，即企业主动承担社会责任，积极参与城市新贫困治理，实现经济效益与社会效益的双赢。我国企业在参与农村精准扶贫的过程中，积累了宝贵经验：扶贫光给钱是不够的，要变"输血"为"造血"，充分利用农村的广阔天地、丰富资源，把精准扶贫融入企业的战略规划和长远发展，以产业兴农，带

---

① 洪大用：《当道义变成制度之后——试论城市低保制度实践的延伸效果及其演进方向》，《经济社会体制比较》2005年第3期，第20页。

动农民脱贫致富。这样的经验能否复制于城市新贫困治理之中，还有待实践检验。城市生产资源的高度集中，产业结构与技术层次的现代化及劳动力市场的激烈竞争，都使城市新贫困治理较难与企业的发展战略相融合。相较于农村的精准扶贫，企业参与城市新贫困治理是一个更单向化的资源输出，需要培养人道主义和慈善精神。

总而言之，城市精准治贫的主体架构能否顺利搭建关键取决于政府、机构、社区、贫困家庭四个主体能否实现运作机制的转型，能否达成相互间协调一致的配合协作，能否准确把握相互间的权责义务关系。近年来，我国各地方政府、社区都在积极探索可行路径，并取得了显著成效。例如，武汉市百步亭社区创造的百步亭模式就积累了许多成功经验，值得普遍推广学习。

附件　百步亭社区贫困治理的基本经验与启示

百步亭社区是一个占地 3 平方千米，拥有 12 万居民的大型新建社区。15 年来，百步亭社区在武汉市各级党委和政府的关怀支持下，依托社区居民，引入社会资源，把这里建设成为一个环境优美、设施完善、管理规范、服务周到、人际关系和谐、道德风尚良好的文明社区，先后获得一百多个国家级荣誉。在扶贫济困方面，该社区积极探索了一套“百步亭经验”，成为中国和谐社区建设的一个典范。

百步亭社区有目前武汉市最大的保障性住房项目，规划面积 70 万平方米，现在已经交付使用的小区有文卉苑、悦秀苑、景兰苑等，数千个困难家庭在此安居生活。为了解决这些贫困家庭的实际困难，使其生活顺心，百步亭社区主要从两个方面入手开展工作，取得了巨大成效。

一方面，在建设规划和居住格局上，百步亭社区采取了“大分散、小聚居”的布局，让贫困居民小范围内相对聚居，但社区居民的整体分布仍属于贫富混居。这样有利于各社会阶层的居民互动交流、增进理解。为了给社区居民创造更多交流的机会和平台，百步亭社区的建设者舍弃巨额商业利润，在社区中心地带建设了 4 万平方米的社区公园，其间分布着文化长廊、足球场、羽毛球场、网球场、篮球场、门球场、露天电影院、儿童乐园等服务设施。依托这些阵地，百步亭社区组织居民开展乒乓球比赛、卡拉 OK 比赛、摄影书法展览等喜闻乐见的活动；成立太极拳队、扇子舞队、钓鱼队、自行车俱乐部队、孩子呼啦圈队等特色队伍；倡导每个居民都要会一项技能，参加一个活动组织，找到自己的生活乐趣。在这些活动中，居民们不分贫富贵贱，因兴趣而结缘、因互动而相识，和乐融融、亲如家人。这样的精心安排，极大丰富了贫困居民的精神生活，增强了他们对社区的认同感、归属感、责任感。

另一方面，百步亭社区深入挖掘社区内部资源，积极引导推动社区志愿服务。目前，百步亭社区有 1.4 万名注册志愿者，60%为离退休和赋闲在家的居民，20%为在职在岗人员，还有 20%为青年学生。社区志愿者组织现有 1 个中心、23 个工作站、820 个楼栋服务小组、540 个小小楼栋服务小组、100 多支特色服务队。庞大而完善的志愿服务体系深入每个贫困居民身边，为每个贫困家庭带去关怀与温暖。这些志愿者服务队结合自身特点，为贫困家庭提供帮助和服务，从照顾残障居民生活起居到为绝症患者发动捐款，从调节贫困家庭成员矛盾到奖励贫困子弟学业优良，社区志愿服务扶贫济困的点点滴滴时刻传递着人间的温情与爱心，让贫困居民感觉到他们从未被遗忘、被抛弃。百步亭社区不断完善服务机制，建立畅通的诉求通道，方便居民求助；建立招募机制，挖掘社区内外资源；加强培训力度，提高服务技能；重视激励考核，确保长远发展。制度的建立健全，为社区志愿服务保驾护航，使其获得了持久的生机与活力。

百步亭社区的努力在于打开心灵一扇窗，拆掉邻里一堵墙。广大居民走出家庭、走进社区，投身志愿服务活动，“走千家门，解万户难，暖众人心”，形成了“扶危济困、关爱他人、奉献爱心”的良好社会风尚，形成了“事有人管、难有人帮、苦有人问”的良好社会局面，让困难群众真正得到了实惠。

百步亭社区在扶贫济困方面取得的成就带给我们的启示主要有以下三个方面。

第一，积极争取各级党委和政府在政策、资金、各种资源等方面的支持。百步亭社区是武汉市社会建设的集大成者，体现了武汉市在社区建设方面的基本思路和发展方向。近年来，武汉市各级党委政府都对百步亭社区给予了高度关注，时常莅临视察、指导、学习、宣传，社区也一直全力配合政府工作，形成了良好的政府—社区关系。社区能够及时学习领会政策精神、积极探索落实政策的具体做法、主动争取政府的关注和支持、总结宣传社区经验，从而产生良好的社会效应。政府在提供指导和支持之外，能够放权社区自主探索可行道路，与社区密切协作，形成良性互动。

第二，社区充分发挥资源整合与配置平台的作用，在政府之外，大力内外拓展资源渠道，引进专业社会机构的高质量服务，调动社区内部蕴含在居民中的公益力量，借助完善的制度将其有效整合，为社区内贫困居民提供全方位、人性化的关爱，并将其打造成社区文化的核心要素，在邻里之间、老少之间传承延续，使扶贫济困事业能够生生不息、后继有人。

第三，重视发挥社区志愿服务的辅助补充作用，探索了行之有效的社区志愿服务组织方式和运行模式，用志愿服务精神教育和影响全体居民，掀起了全民参与公益的高潮。志愿者作为一种民间力量，有效弥补了社区居委会、物业公司在管理和服务方面的不足。它提供的全天候、全方位、亲和感强的帮扶，能够较充分的满足困难居民在物质生活和心理情感方面的需求。

第六章

城市精准治贫的目标定位

准确判定贫困性状是城市新贫困精准治理所需要解决的最核心的技术难题。精准治贫要想扶真贫、真扶贫，就必须解决谁是贫困者，贫困的程度有多深，贫困的维度有哪些，如何才能准确地找到贫困者等实际问题。这些问题正是目标定位理论关注的核心问题。目标定位理论是西方近年来兴起的一种福利思潮。所谓目标定位是指，将社会保障资源有效的分配给最需要的人。它主要涉及两个问题，即如何定义“最需要的人”和如何将有限的资源配置给“最需要的人”。在我国构建适度普惠型社会保障体系的过程中，尤其需要借鉴目标定位理论的观点，准确、精细地鉴定识别贫困人群的不同性状，提高资源配置的效率和质量。本章将以目标定位理论为依据，围绕上述问题，尝试建立一个合理判定贫困程度和贫困维度的指标体系，并讨论贫困识别认定的过程。

第一节　贫困目标定位的传统方法

贫困，自古有之。人类社会的发展总是伴随着与贫困的不懈斗争。古往今来，为了能够提高济贫赈灾的成效，准确识别贫困、认定等级是所有政府和赈灾官员都高度关注的重要事项，也因此积累了很多宝贵经验，给我们提供了有益启示。

一、中国古代的贫困认定

作为一个农业大国，中国历史上经历了无数次自然灾害，造成人民生命财产的巨大损失。从《周礼》的荒政十二策至明清，中国在灾荒救助、贫困救助方面积累了丰富经验。从某种意义上讲，中国社会发展史就是一部救灾救荒的社会救济史。政府救济在其中发挥着主导作用。政府救济的目标是以适当的物资投入取得最佳救济效果。但在救济过程中，仍有颇为殷实的家庭，使用欺骗手段，领取大米粮食，而“穷饿之夫反待毙茅檐……真伪莫分”[①]，使得有效救济难以实现。为了避免贫者未必报、报者未必给、报且给者未必贫的情况发生，作为赈济之前的必备步骤，审户时会采用多种办法来分辨贫困及其程度。

（一）贫困识别的具体做法

（1）保甲法

保甲法是贫困认定的基础。保甲制度最初是为了救灾赈济而设，其原理是利用老百姓追求利益的偏好将他们整编组织起来以便供养救济。宋朝的保甲制度推行得较为成功，城乡均设保长一职，一旦灾荒发生，在城保长督促在乡保长，在乡保长督促甲长，甲长根据甲内每家每户的受灾情况，将他们划分为不贫、次贫、极贫三个等级，并把需要赈济的家户逐级上报。明朝潘游龙在《救荒》中对其进行了发展完善。他把城市分为东南西北四坊，每坊设若干保，每保统十甲，设保长正副各一人，每甲统十户，设甲长一人。东坊自北编起，南坊自东编起，西坊自南编起，北坊自西编起，至东北连成一片。坊不可变更，序不可打乱。然后再以城市为中央，把城外的乡村地区也分为四坊，由城市中的四坊正副保长会同乡村正副保长一起度量各村庄边界而后编之。“分东西南北四坊，而以在城统在乡者。”[②]明朝金俊明对此法的批语是“以此法查民贫富，督之积谷甚妙”[③]。保甲法以一种稳定的制度形式存在，计坊分统、内外相维，非常有利于基层管理者全面深入了解各家各户的真实情况，准确判断饥馑轻重。现代城市社区

---

① （明）林希元：《荒政丛言》，见李文海、夏明方主编《中国荒政全书》，北京古籍出版社 2003 年版，第 159 页。

② （明）潘游龙：《救荒》，见李文海、夏明方主编《中国荒政全书》，北京古籍出版社 2003 年版，第 637 页。

③ （明）潘游龙：《救荒》，见李文海、夏明方主编《中国荒政全书》，北京古籍出版社 2003 年版，第 637 页。

所采用的网格化管理方法与此法有异曲同工之处。

（2）分层法

该法根据多种标准，将灾民的受灾程度、贫困程度分层定级，每个等级对应不同的赈济之法。苏轼在处理安乡县大涝时，令典押和乡司分别将全县地图逐乡涂色，绿色表示全乡都受灾，青色表示乡里有半数受灾，黄色表示没有受灾。然后，把两张地图进行对照，就可以知道各乡各村的受灾程度。李珏在毗陵任太守时，把灾害损伤分为四个等级系列记录在册。“仁字系”的家户有产税物业；“义字系”的家庭属于中下等家庭，虽然有产税，但实际受灾严重，没有收入或收获；“礼字系”的家庭是下等家庭，有佃田可耕种，或者略有手艺，这样的家庭在饥荒中很难求得他人的帮助；“智字系”则包括孤寡贫弱、疾废乞丐这些人。李珏的做法是“仁字不系赈救，义字赈粜，礼字半济半粜，智字全济”[①]。

清朝的赈济官员在继承前朝分层审户的基础上，进一步细化了分辨贫困程度的标准。汪稼门认为，贫民当分极次，全在察看情形，如产微力薄，家无担石，或房倾业废，孤寡老弱，鹄面鸠形，朝不保夕者，是为极贫；如田虽被灾，盖藏未尽，或有微业可营，尚非迫不及待者，是为次贫。极贫无论大小口数多寡，俱须全给；次贫则老幼妇女全给，其少壮丁男力能营趁者酌给。[②]王凤生在《荒政备览》中也详细列举了极贫、次贫的判定条件。极贫的情况包括无己田己屋，佃田耕种全荒者；无己田己屋，佃田耕种成灾过半，家口众多者；外乡别邑农民携眷耕种，搭寮居住，田已全荒，无力佣工者；无己田又无佃田，并无手艺，专藉佣工糊口，因被灾，无工可佣而有家口之累者；无己田又无佃田，并无手艺，专赖小本营生，因被灾无可卖买而有家口之累；成灾村庄之四茕无依，未经编入孤贫者。次贫的情况包括虽无己田，尚有房屋牲畜，佃田全荒者；虽无己田己屋，佃田半属有收，而家口无多者；自种己田，仅止数亩而全荒者；自种己业仅止数亩，尚有少许收获，而家口众多者；搭寮居住，耕种外乡别邑农民，佃田荒已过半，无力佣工者；无己田又无佃田，并无手艺，专藉佣工糊口，因被灾，无工可佣而孤身者；无己田又无佃田，并无手艺，专赖小本营生，因被灾无可卖买而孤身者。[③]

---

① （明）陈龙正：《救荒策会》，见李文海、夏明方主编《中国荒政全书》，北京古籍出版社 2003 年版，第 692 页。

② （清）杨景仁：《筹济编》，见李文海、夏明方主编《中国荒政全书》，北京古籍出版社 2003 年版，第 82 页。

③ （清）王凤生：《荒政备览》，见李文海、夏明方主编《中国荒政全书》，北京古籍出版社 2003 年版，第 609—610 页。

（3）以民辨民法

林希元在其所著的《荒政丛言》中提出，欲分民为六等，富民分为三个等次：极富、次富、稍富；贫民也分为三等：极贫、次贫、稍贫。稍富不劝分，稍贫不赈济。极富之家自己在乡里找稍贫之家，并借钱给他们；次富之家自己在乡里找次贫之家，并借种子给他们。采取这样的做法，目的不在于借钱和种子给贫困家庭，而是借民众之力开展审户之法。因为极富之家必定会考虑稍贫之家的偿还能力才会借其银钱，他们不予借钱的就是次贫之家，次富之家必定会考虑次贫之家的偿还能力才会借其种子，他们不予借种的就是极贫之家。"不用耳目，而民为吾耳目；不费吾心，而民为吾心。"①

分层法和以民辨民法都是划分贫困程度的有效手段，前者通过田产、收获、佣工、手艺、家口等标准由官方区分出极贫与次贫，后者则是民众根据日常相处中的观察、判断，借由相互间的借贷选择达成贫困辨别的目的。

（4）容貌辨别法

陈霁岩在开州赈济水灾时，自坐仓门外小棚下，执笔点名，视其容貌衣服，于极贫者暗记之。②潘游龙所提的示审法也强调直接观察的重要性。"依册用一小票粘各人自己门首，县官亲到逐保，令饥民跪伏门首，按册核察，排门沿户，举目了然。"③在贫困辨别中，物质性依据不足以提供最真实的信息，长期困窘所导致的营养不良、面容憔悴、精神萎靡都是无法遮掩造假的。

（5）公众检举法

宋朝的苏轼在澧州赈济时，"患抄札不公，令民用纸半幅，上书某家口数若干、合请米豆若干，实帖各人门首壁上。如有虚伪，许人告首，甘伏断罪，以备委官检点"④。明代周孔教在苏轼审户法的基础上进一步改进，把发生灾荒时零时性的贫富辨别改为平时的先行辨别。其主要做法是以主赈官监督在城保长，以在城保长催在乡保长，以保长催甲长，以甲长报花户，每甲分不贫、次贫、极贫三等，除不贫外，将次贫、极贫各口数

---

① （明）林希元：《荒政丛言》，见李文海、夏明方主编《中国荒政全书》，北京古籍出版社 2003 年版，第 160 页。

② （清）陆曾禹：《钦定康济录》，见李文海、夏明方主编《中国荒政全书》，北京古籍出版社 2003 年版，第 906 页。

③ （明）潘游龙：《救荒》，见李文海、夏明方主编《中国荒政全书》，北京古籍出版社 2003 年版，第 638 页。

④ （清）陆曾禹：《钦定康济录》，见李文海、夏明方主编《中国荒政全书》，北京古籍出版社 2003 年版，第 303 页。

大小若干，帖其门首壁上，再令每保开一土纸手本，送至赈济官处，待乡党日久论定，委官乘便覆查。[①]钟化民赈济河南时也使用了公众检举法。他“令府州县正印官，遍历乡村，唤集里保，共同查审。胥棍作奸，许人告发，得实者重赏，如虚反坐”[②]。此法充分发动民众力量进行监督，形成了一张地方官员、乡村里保、普通民众共同组成的审户网。

（二）中国古代贫困认定的特点

古人在贫困认定方面探索出的实用性技术，具有如下几个鲜明的特点。

（1）政府主导、民间辅助

在中国传统社会，政府始终是济贫赈灾的主体。每逢灾年荒年，中央财政都会划拨专项资金用于赈灾济贫。为避免主赈官员贪污挪用救灾款，或者审户工作不到位，朝廷对赈灾官员的选拔异常重视。林希元特别强调救荒用人的重要性，“救荒无善政，使得人犹有不济，况不得人乎？如常平义仓之法，在耿寿昌、长孙平行之则为良，后世踵之则有弊。其何故也？正以不得其人耳！”他认为，主赈官员的人选不必拘泥于府县的正职官员，只要能力出众，廉洁自律，副职官员也是可以任用的。分赈官员的选拔则应强调个人的道德品性，心地善良、有情有义的人即可担当。[③]周孔教也指出，主赈官员可从受灾洲县的正副职官员或者无灾州县廉洁能干的正职官员中选拔，分赈官员的人选包括主赈官所属佐领、学职、侍选举人、监生等。显然，朝廷官员及后备力量是救灾济贫的直接责任人，作为政府代理人，他们肩负输送朝廷抚恤、救民于水火的责任，是抗灾救荒的主力军。其素质和能力是提高赈灾效果的重要保障。

审户救灾工作仅靠赈灾官员的勤勉、廉洁、聪慧、机智是不够的，地方小吏和百姓的积极配合也是必要条件。主赈官员查赈饥口的主要依据是里正、甲长、保长逐级上报的贫困户名册。他们必须挨家挨户亲自勘查，了解每家每户的具体受灾情况和贫困状况，对照名册检查记录是否属实。核对后才能根据贫困家庭财产状况、人口数、劳动力状况等，酌情划归不同的贫困等级类别，现场记录在册，开具赈票。每查完一个

---

① （清）陆曾禹：《钦定康济录》，见李文海、夏明方主编《中国荒政全书》，北京古籍出版社 2003 年版，第 306 页。

② （清）陆曾禹：《钦定康济录》，见李文海、夏明方主编《中国荒政全书》，北京古籍出版社 2003 年版，第 305 页。

③ （明）林希元：《荒政丛言》，见李文海、夏明方主编《中国荒政全书》，北京古籍出版社 2003 年版，第 158 页。

村庄，都要立即结总扎账，把赈册票根封存于县衙备案。审户查验工作，赈灾官员必须亲力亲为，不能由地保、书役等人代查代报，以避免有人浑水摸鱼，冒领物资。由此可见，在整个审户过程中，主赈官员的工作需要地方官员和老百姓的积极配合，并提供真实信息。由于主赈官员对地方的情况不甚了解，查赈又是临时性行为，在官民之间会存在大量信息不对等的问题，难以准确掌握各家各户的真实情况和具体变动。在贫困甄别中，官员应利用民间内部信息分享的充分性把官民博弈转变为民民博弈，从而将不合格群体淘汰出局。以民辨民和公众检举等措施都是动员民间力量参与审户的有效手段。

（2）家计审查制度化

如何及时准确掌握每家每户的受灾情况、贫困状况是贫困认定的难点。保甲制度是借助精心组织、精细管理提供精准信息的高效家计审查机制。它为贫困的准确认定和济贫工作的顺利开展提供了最基本的制度保障。保甲制通过建立坊—保—甲的行政设置把百姓包括流民组织管理起来，确保赈灾工作的组织性、有序性、严密性，确保救灾济贫工作可以逐级推进、有条不紊的展开。同时，由于甲长、保长长期驻扎民间，对百姓的家庭收入和财产状况了如指掌，经由他们逐级上报的名册，能够较为准确地反映各家各户的受灾程度，有助于高效快速的甄别贫困，确定赈济方式。即使在流民来袭的情况下，也可以迅速依托保甲地域安顿流民、施粥放粮。保甲制把贫困勘定转变为一项常态化工作，有利于提高贫困识别的准确率，缩短赈济资源投放的时间，增强赈灾工作的应变能力。

（3）贫困分类定级

古代贫困认定的标准主要是实物标准，包括家庭财产（如田产、房产、牲畜、器用农具等）、家庭收入来源、家庭人口数、有效劳动力等。通过对这些信息的收集、筛选、甄别、分类，可以划分出贫困的不同类型、不同程度，并提供不同的救助资源。极贫之民便赈米，次贫之民便赈钱，稍贫之民便转贷。[①]极贫、次贫和稍贫的划分，反映了贫困群体内部的分化及不同层次贫民的需求差异，最大程度保障了贫困家庭的生存。此外，贫困维度也是分配救灾物资的重要考量。垂死贫民急澶粥，疾病贫民急医药，病起贫民急汤米，既死贫民急募瘗，遗弃小儿急收养，轻重系囚急宽恤。[②]

---

① （明）林希元：《荒政丛言》，见李文海、夏明方主编《中国荒政全书》，北京古籍出版社 2003 年版，第 161—163 页。

② （清）李侪农：《荒政摘要》，见李文海、夏明方主编《中国荒政全书》，北京古籍出版社 2003 年版，第 163—166 页。

根据各家各户的迫切需求，有针对性地提供救助，这种人性化赈济充分体现了古人的智慧。

（4）贫困动态监测

古人对贫困的动态变化也有所认识。贫困状态不是一成不变的，它会随着各种因素的消长而在贫困程度和维度方面发生变化。陆曾禹在《钦定康济录》中记载了王守仁巡抚江西时，使用十家牌法审户造册。对此，他评论道：十家牌一行，真实无虚，则保甲之法，已得八九。但须注明左右邻居及每季更换之人，方称至当。否则迁移物故，仍然混杂而无稽。[①]陆曾禹所强调的是迁徙搬家对记录资料的影响。实际上，家口数增减、突发事件影响的消失、家庭收入来源的变化、财产变化等对贫困性状都会产生影响。每次灾荒来临，都要重新审户以使贫困性状的变化尽在掌控之中。

总体而言，中国古代的先人们在贫困认定救助方面展示出了高度的政治智慧和人性关怀。他们在贫困程度认定、贫困维度鉴别等方面探索的各种做法对现代社会都极具启发。其中，保甲法、分层法所包含的科学思维值得我们大力借鉴。我们可以沿着古人开创的道路，将贫困测量认定的科学性向前推进，用精细化、客观化指标代替肉眼的观察判断。

二、现代贫困定位的基本做法

随着社会的发展、文明的进步，贫困的内涵已经变得前所未有的丰富，人类对贫困的认识和测量技术相较于古人有了更理性化、客观化、科学化的发展。

（一）贫困的界定与度量

“什么是贫困，谁是贫困者”是贫困目标定位要解决的核心问题。围绕这一问题，人们从理论与实践层面都展开了积极探索，从各个角度予以解答。

（1）单维贫困及其度量

尽管贫困的内涵已经从绝对贫困和相对贫困扩展到支出型贫困、能力贫困、权利贫困等，但是无口否认根据一定阶段社会发展的条件，确定维持基本生存所必需物品和服务的最低费用，以此界定贫困已成为世界各国的普遍做法。联合国开发计划署推出的人类贫困指数以日均 1 美元作为划

---

① （清）陆曾禹：《钦定康济录》，见李文海、夏明方主编《中国荒政全书》，北京古籍出版社 2003 年版，第 278 页。

定贫困的界限标准，世界银行将每人每天生活支出 1.25 美元（2015 年上调至 1.9 美元）作为国际贫困线。我国 2016 年的国家贫困线为人均年纯收入不足 3000 元。收入或消费支出参照贫困线不达标者即为贫困者。

贫困线的划定就是一个度量贫困的过程，贫困线的确定方法非常多。童星和林闽钢总结了三类共十二种度量贫困的定量方法。客观相对贫困标准的测定包括收入等分定义法、收入平均数法、商品相对不足法三种具体方法；客观绝对贫困标准的测定包括热量支出法、基本需求法、恩格尔系数法、数学模型法等七种具体方法；主观贫困标准的测定包括主观最小收入定义法、主观最小消费定义法两种具体方法。[①]阿尔柯克在《认识贫困》一书中，提出了标准预算法、收入替代法、剥夺指标法三种确定贫困线的方法。莫泰基在《香港贫困与社会保障》中讨论了四种贫困线确定法：市场菜篮式、生活形态式、食费对比式（即恩格尔系数法）、国际贫困标准线。各国各地区可根据地域经济社会发展的实际情况，选择适合的方法来确定贫困线。

就本质而言，贫困线作为界定贫困的标准体现了经济学的思维，收入与支出确实在很大程度上能够反映出一个家庭在一段时期内的物质生活水平，它们虽然很直观，但是对贫困的考量却显得较为简单直接。它们共同的缺陷在于：其一，对支出造成的生活压力考虑不周，有的家庭虽然收入高于贫困线，但是生活用度端口多、开支大，处于入不敷出的状态，完全不考虑支出或者只关注食品支出不能准确反映贫困的程度。其二，忽视了收入从何而来、怎样获得、如何支配这些问题，导致无法反映贫困的维度。收入从何而来、怎样获得、如何支配所反映的是家庭成员的能力和切实需求，在城市新贫困问题治理过程中，对这些问题的探究是准确助贫的前提和基础。其三，收入测量的结果虽然客观，却是一个静态且片面的数据，它通常反映的是家庭在某个阶段的货币流入量，却无法从整体角度判断家庭成员的创收能力，也无法从长远角度判断家庭收入的变化趋势。其四，这两个指标都是用作学术研究的，或者提供政策参考，在实用性、便捷性方面存在缺陷，难以为贫困认定的实际操作提供服务。因此，随着研究的深入，单维贫困逐渐被多维贫困所取代，人类对生活状况的评价由“水平”提升到“质量”，融入了更多具体项目的考量。

（2）多维贫困及其度量

多维贫困概念的发展受启于森的“能力贫困”说，实质上是对单维

---

① 童星、林闽钢：《我国农村贫困标准线研究》，《中国社会科学》1994 年第 3 期，第 89—90 页。

贫困概念的丰富和扩展。收入和支出指标被具体化为教育、健康、住房、服务等多个变量。近年来，联合国开发计划署发布的《人类发展报告》已经开始采用多维贫困指数来衡量国家的贫困状况。多维贫困指数（multidimensional poverty index，MPI ）涵盖了单位家庭的关键因素，包括教育、医疗卫生、健康、财产、电力、服务、食材、营养等 10 个主要变量来测算贫困水平。这些因素的整合能够比简单的收入数据更全面地展现贫困现实，更形象地反映贫困家庭面临的挑战，更深刻地揭露出家庭、地区、国家乃至国际层面的贫困差异。

多维贫困的测度一般有两种思路。第一种是基于传统的单维贫困测度拓展到多维贫困，传统的交与并的方法、公理化方法、基于信息理论的方法和“双界限”方法等都属此种类别。第二种是摆脱传统的贫困测度思路，创新多维贫困测度方法，如模糊集方法、投入产出效率方法、多元统计分析方法等。无论哪种思路方法，都面临两个基本问题，即维度的选取和权重的设定。

为了能够客观反映特定国家和地区的多维贫困状况，便于相互间的比较，多维贫困测度指标的选取通常是涉及人们普遍关心的生存权利的诸方面，如人均 GDP、预期寿命、教育、健康、住房、环境、就业、社会治安、幸福感等。许多个体及家庭的具体数据都被排除在测度之外。考虑到衡量各维度贫困深度及严重程度的需要，所选用的指标必须具有连续测度的能力，或者可用作多层次计量分析的条件。在维度选取中要注意的另一个问题是各维度之间的相互关系，尽量避免替代关系、互补关系的出现，否则可能会夸大或者降低贫困的程度。

在多维贫困指数的选取过程中，权重的设定也是非常关键的问题，它包括维度内的权重设定和维度间的权重设定。维度内的权重反映的是个体在福利衡量中的地位，个体的贫困程度越深，被赋予的权重就越大。相比之下，维度间权重的设定更为重要。它反映的是一定时期内各因素对人们生活质量影响力的差异，权重的调整会极大影响多维贫困指数的大小。权重的确定方法主要有数据推动法（根据频率等统计数据）、规范法（取等权重、专家意见、基于价格等）、混合法（前两种方法的交叉使用）。由于“休谟的断头台”①和“阿罗的不可能定理”②的存在，合理权重的设定始终是研究中的难点。但是，这也并不妨碍多维贫困测度取代单维贫困测度的发

① “休谟的断头台”是指不能根据实际状态来推导应然状态，实然与应然之间没有必然联系。

② “阿罗的不可能定理”是指在确定权重时，个体偏好差异的存在导致无法统一所有个体的权重偏好。阿罗不可能定理的最终结果是只能根据“独裁者”或者“权威者”的偏好来选择权重。

展趋势。单一的收入或支出在客观评估个体贫困及其动态变化问题上过于单薄已成为国际学术界的普遍共识。

（二）现代贫困度量方法的局限

现代贫困度量方法的出现与发展是人类科学思维、理性思维发展的具体体现。各种指数的构建反映了人们对贫困理解的不同，以及用抽象数据模型掌握贫困的科学追求。这些指数对贫困的度量，通常反映的是一国或地区贫困的整体形势、贫富分化的程度，以及贫困群体的总体特征。这种宏观视角非常有助于政府掌握各地区的贫困状况，展开跨区域的比较研究，从顶层设计层面对国家的扶贫政策进行科学设计，并对扶贫工作做出合理安排。尽管如此，现有的贫困度量仍存在一些问题。

其一，贫困指数的构建与运用虽然都是以微观数据为基础的，但是它们最终服务的层次仍指向宏观。在精准扶贫中的作用是引导政府和社会把扶贫资源投向贫困地区与人群，但却无法鉴别贫困地区和人群内部的细微差别，无法为基层社区社会保障专员直接应用，无法在微观层面把资源准确投向不同需求的贫困个体和家庭。

其二，从单维贫困测度到多维贫困测度，用于衡量贫困的指标始终侧重于生活的客观层面，无论是收入、支出、财产、住房，还是教育、营养、卫生、安全等，都是从客观角度对贫困展开的衡量，而文化、情感、能力、社会支持等人文类指标较少出现在贫困指数的建构中。这样的取舍造成贫困指数具有较强的时效性，能够反映一段时期内国家或地区贫困人口的分布状况与贫困程度，却难以预测个体家庭贫困生成发展的变动与趋势。

三、我国城市低保制度的设标与寻标

（一）我国城市贫困的一般性定义

我国对城市贫困的定义既遵循了国际社会的通行做法，又受到特殊国情的限制。《城市居民最低生活保障条例》决定了我们对城市贫困的理解，即贫困者就是低保户，低保户才是贫困者。该条例规定，获得低保救助资格的两个必备条件是：①持有非农业户口的城市居民；②共同生活的家庭成员人均收入低于当地城市居民最低生活保障标准。低保政策对贫困者的界定一方面基于城乡二元结构把农民、农民工排斥在外，另一方面基于城市贫困线把收入虽高于最低生活保障标准但生活压力巨大的家庭排斥在外。身份与收入的双重限定体现了绝对贫困观和制度性障碍对城市贫困界定的影响。

城市低保政策对贫困者的定义，在执行过程中暴露出很多问题，如长期低水平扶贫，难以保障贫困者的基本生存需求；低保资格的稳定性削弱了贫困者努力劳动、改善境遇的积极性，形成"福利依赖"；采用单一的货币补贴方式，更强调现金支持的意义，缺乏人文关怀，难以达到"让每个人都能有尊严地活着"的水平；大量低保边缘家庭被排斥在政府救助体系之外，无法获得有效援助，境况堪忧；造成目标群体收缩，"三无"人员成为最低生活保障制度最易瞄准的类别群体；低保标准制定比较随意，没有统一规定的指导，标准混乱且偏低；在人员流动加剧、人户分离严重的背景下，没有考虑到家庭规模与结构的影响，对家庭成员的确认尚无统一标准；另外，构建了新型农村合作医疗制度来保障农民工的福利权，却始终把农村流动人口排斥在城市低保范围之外等。

（二）低保中的家计调查

在"寻标"环节，我国的家计调查是依托街道社区，对低保申请者的个人或家庭收入进行核查。结合地方民情选择几项容易识别的指标（如住房、交通工具、家用电器、各类收藏等），通过入户调查，辅助判断申请者个人或家庭的经济状况。在实际操作过程中，家计调查的难度很大，且存在诸多问题：①由于个人收入和财产登记制度尚不完善，申请者的工作状态也不稳定，申请者个人及其家庭的真实收入和财产状况难以把握，隐性收入信息难以核实；②调查项目单一，只核实收入，对申请者个人及其家庭的消费支出、福利缺失、可获得性社会支持、对贫困的主观感受等缺乏了解；③对贫困的动态跟踪评估不足，不能及时掌握申请者个人及其家庭的经济变动、需求变化，低保资格的进入与退出机制缺乏弹性；④社区工作压力大，"土政策"较多，缺乏专业性、科学性、系统性评估指标与方法。

武汉市武昌区辖区内的各街道社区统一执行的"十八不准"标准，正是这种"土政策"的直接体现。"十八不准"从住房、投资、收藏、车辆、家用电器、服装购买、休闲娱乐、子女教育、水电费开支、宠物饲养、把握就业机会等十八个方面规定了明确的禁区，也就此划定了低保的边界。这些标准虽然简便实用，但有很多不近人情、非人格化的特点。例如，规定 "家里不能有空调"，然而武汉市的夏天高温闷热，几乎家家都有空调，只是空调的数量、品牌、性能、用时等方面存在差异，此条规定明显忽略了这些问题，造成低保目标群体范围的收缩。又如，规定“家里不能饲养宠物”，但对“宠物”没有明确界定，使得很多饲养猫狗的贫困家庭无法获得贫困救助。另外，街道社区的低保评审，都是依靠相关工作人员根据经验予以判定的，缺乏科学系统的贫困量表和规范全面的贫困分类定级机制。

总之，我国城市低保制度的目标定位机制既在一定程度上忽略了绝对贫困群体需求的差异性和多元性，又对其他相对贫困群体的困难和需求缺乏充足的考虑。其实施的最终效果是只有少数典型贫困群体、极端贫困家庭才有机会获得政府贫困援助。实质上塑造了一个身份群体，造成贫困群体的内部分化和利益竞争。它难以适应城市贫困形势发展的变化，不利于新时期适度普惠型社会保障体系的建设，也不利于为更大规模的新贫困人群提供福利支持。

四、城市精准治贫的目标定位

针对城市新贫困现象而建构的精准治贫体系在目标定位方面要吸取借鉴传统做法的有益经验，同时积极探索适应新时期城市贫困形势发展需要，以精准导向资源分配助益社会保障范围扩展的新方法、新思路。

城市精准治贫的目标定位机制建设要争取实现如下三个目标。

第一，结合时代背景和贫困内涵的发展，对城市贫困进行重新界定，力争克服绝对贫困、客观贫困的局限，纳入相对贫困、主观贫困、能力贫困、贫困代际传递等方面的考量，对城市贫困形成更全面、更深刻的理解。

第二，建立一个突破经济学视角，更具社会学意义的，一个主观和客观、绝对和相对、暂时性和持久性等维度合理搭配的综合贫困度量量表。该量表既能够反映家庭的客观贫困程度（可凭此确定家庭所获救助资金数额）、贫困维度（可凭此确定家庭所获救助资源的具体内容），又能够展现家庭成员的精神面貌、心理状态、自我评价（据此可测算家庭的实际贫困程度），以及家庭贫困的未来走势（用网络资源的数量和质量加以衡量，可据此确定扶贫的阶段性任务）。

第三，建立一个贫困分类定级体系。以综合贫困度量量表为基础，结合社区低保专员、社区居民的主观评判，构建一个客观测量与主观评估相结合的贫困分类定级机制，用以科学确定贫困者的贫困程度、福利资源的短缺状况、贫困的发展趋势等，为后续扶贫资源的定向分配做好准备。

第二节　构建综合贫困指标体系的尝试

近年来，我国对贫困救助的投入不断加大，对贫困救助体系的建设持续深入，已建立起以最低生活保障制度为中心，多种类型贫困救助为辅助的综合救助体系。但是，由于目标定位机制仍存在着诸多问题，在决定贫困救助对象、救助额度和救助资源类型时往往有很多不确定性。目前，各类救助项目主要依靠街道社区的工作人员来管理和实施，他们借助工作经验和日常积累的零散信息来判定救助对象与额度，造成评判标准的随意性和不确定性。我们希望通过对贫困个体和家庭的共性进行总结与归纳，构建一个集科学性和现实易操作性的贫困判定标准，能够综合反映贫困者的贫困程度、福利欠缺维度、贫困持续性等，从而为政府决策和基层工作提供一个较规范的量化工具，降低评判的随意性和不确定性，减少规则缺失引致的寻租问题。

一、城市贫困定义的完善

总体而言，人们对贫困的理解经历了从单纯的物质范畴逐渐扩展到涉及社会、文化、政治、心理等领域的综合范畴。这种变化也是一种学科视野的拓展。经济学对贫困的理解强调收入不足导致无法达到起码的生活水平。社会学则认为贫困是基本能力的缺失而导致的最基本的发展机会和选择的缺失，这些机会和选择包括健康、长寿、自由、体面地生活、社会地位、自尊和他人的尊重等。随着城市贫困形势的发展变化，城市贫困需要用更广阔、更综合的视角来加以界定，需要从单维向多维、从客观向主客综合、从绝对向相对转换。

我国对城市贫困的定义不仅要突破维度、视角的限制，也需要克服制度壁垒的阻碍。随着城镇化水平的提高，越来越多的农村流动人口、外来人口在城市安家落户，参与城市建设，为城市的社会、文化、经济发展做出了重要贡献。但是，由于受户籍制度的限制，他们中的很多人尽管生活困难，却无法平等地获得城市福利关照。因此，对城市贫困的再定义必须突破户籍制度的限制，更灵活地对待那些在城市生活、工作、学习、奉献的贫困者。

结合以上两个方面的考虑，城市贫困可以如此界定：凡在城市合法稳定的工作生活至少三年以上者，个人及其家庭成员的基本或重要需求难以获得满足，人力资源含量、知识与技能水平低，经济能力、适应能力、发展能力欠缺，依靠自身及家庭力量难以摆脱困境的。这一概念由时间规定、需求规定和能力规定三个部分构成。

（一）时间规定

时间规定可定为“在城市合法稳定的工作生活至少三年以上”，时间判定以居住证的办理时间为标准。目前已经有部分城市在尝试户籍制度改革，都做出了明确的时间要求，如表 6-1 所示。显然，居住证持有年限和社保缴费年限是两个普遍采用的时间限定。换言之，人口生产生活的稳定性是获得城市公共服务的重要条件。目前看来，各城市的时间限定平均过长，尤其对参保时间的限定，对于外来人口中的贫困人口而言有失公平。然而，完全放弃时间限定对各城市而言，又不太现实，因此缩短时间限定来降低门槛是重新定义城市贫困的必然选择。鉴于贫困人口的参保率较低，其中的参保规定可以舍弃，只对合法稳定就业和生活时限作出规定，综合考虑之下，以“三年”为界是较为合理可行的。并且可以设想，随着城市化水平的提高，城市基础设施不断完善，公共服务资源不断扩充，城乡一体化社会保障统筹机制的不断健全，以及全国性社会保障大数据库的建立，这个时间界限将逐渐取消。

表 6-1　几个重要城市外来人口落户的时间规定

城市	户籍政策中的时间限定
上海	居住证转户口的必备条件：“持有上海市居住证满七年”“持证期间按规定参加上海市城镇社会保险满七年”； 优先申办条件规定：“在上海市远郊地区教育、卫生等岗位工作满五年”“持证及参保满五年”
广州	在本市合法稳定就业或创业并缴纳社会保险满四年
深圳	深圳市未对居住证持证时长、参保时长等予以明确规定，政策更灵活，规定每满一年均有相应积分，并划定居住证年限积分上限（十年）
北京	持有北京市居住证，在京连续缴纳社会保险七年以上

此外，时间规定中还有另外一层含义，即“在城市合法稳定的工作生活”，这意味着户籍制度不再是排斥流动人口获得福利资源的壁垒。只要人们在一座城市合法稳定的生活三年以上，从事合法劳动，对城市发展做出了相应贡献①，就有资格和权利享有平等的市民待遇。

① 对于贫困者的贡献，传统的观点认为，贫困是社会阴暗面的表现，贫困者的存在是社会发展的负担。但是，如果辩证地看待贫困的功能，就会发现贫困对社会也有积极作用。例如，甘斯在《贫困的功能》中所讨论的那样。

（二）需求规定

贫困救助始终与满足人们的需要相联系，只是个体需要的范围和重点存在差异。从这个意义上讲，贫困救助即是向目标对象提供满足其需要的产品和服务。所谓需要，是指“人的生存、幸福、充实所必需的物质的、心理的、经济的、文化的以及社会的等方面的要求”[①]。人类的诸多需要中，既有共性部分，也有个性部分。共性部分反映人们的普遍需要，是所有人生存发展所必需的，包括物质、情感、精神、人际关系等各方面的需求。个性部分可以只涉及具体个人或者群体，内容非常丰富，范围相当宽泛。在需要的构成中，共性部分和个性部分都是相对的。随着群体规模和需求层次的变化，某些个性化需求可以转变为共性需求，某些共性需求也能够呈现出个性化特征。

传统意义上，贫困者的需求往往被局限为“生存的需要”无法获得满足，这种需求定位显然不符合城市新贫困的特征。鉴于城市新贫困以相对贫困为主，具有较强的比较性和主观性，需求规定中的“基本或重要需求”的内涵包括三个方面的意义：其一，所谓基本需求，并不仅限于生存需求。按照马斯洛的需求层次理论，基本需求、安全、尊重、社会交往和自我实现是人们在不同层次上的普遍需求。马斯洛认为，不同层次的需要之间是不可逾越的，只有低层次的需求获得满足，高层次的需求才会出现。然而，在现实生活中，不同层次的需要常常同时产生，穷人既有生存的需要，也有安全的需要，更有维护尊严的需要。因此，这里的“基本需求”是指贫困者与其他群体共同具有的普遍性需求。其二，“重要需求”更多地反映贫困者个人及其家庭的个性化需求。对贫困群体而言，尽管他们也有同其他群体一样的需求，但是基于其特定的社会地位、文化技能、发展机会，各需求之间的轻重排序必然不同于其他群体，甚至在贫困群体内部，也因为继续分化而存在不同的需求组合。因此，用“重要需求”是要表达需求偏好的存在。其三，无论是基本需求还是重要需求，都涉及福利变量的选择，并且每个福利变量都需要确定相应的贫困线，这样才能够更好地衡量贫困程度和贫困维度。

（三）能力规定

能力规定强调贫困者争取更好生活发展条件的可能性与机会。根据森

---

① 高颖、张欢：《城市家庭贫困程度判定模型的构建——基于北京西城区社会救助工作实践的研究》，《北京社会科学》2008 年第 4 期，第 50 页。

的"能力贫困"说，贫困的根源是能力贫困，即基本能力的剥夺。这里的基本能力包括人力资源含量、知识与技能，发掘经济机会、参与经济政策决策、增加自我投资、应对不确定性和风险、从创新性经济活动中获利、共享经济增长的成果等。基本能力的缺失，使得贫困者难以借助现代教育、信息技术、知识外溢、社会资本积累等效应来充实自身经济实力，从而陷入经济困境。正是基于此种观点而作出的。

这三个规定分别从时间、需求、能力三个方面对城市贫困进行了限定。尽管这些限定总体而言比较宽泛，但它们实质上明确了理解和度量贫困的基本思路，为后续贫困度量指标的选择和确定指明了方向。

二、多层次指标体系的设计

从社会学视角出发构建一个能够综合反映贫困程度、贫困维度及贫困发展趋势的指标体系是本书的目标之一。我们希冀该指标体系能够在微观操作层面上用于贫困判定，以提高贫困认定的科学性、准确性。社会学强调贫困可以从经济、政治、文化、心理、情感、社会支持、个人能力等多方面加以把握和理解。

（一）一级指标的选择与说明

在综合考量了多个指标类别后，我们构建了一个能够反映整体贫困程度的指标公式为

$$综合贫困程度 = 0.7 \times （能力+保障+支持-负担）+0.3 \times 认知$$

该指标公式中用以反映贫困者综合贫困状况的一级指标有五个，即能力、保障、支持、负担、认知。所谓"综合贫困程度"是基于社会学的贫困观，对从经济学视角出发构建的各种贫困指数的修正，希望能够更全面综合的反映贫困者的贫困程度和贫困维度，也有助于推测贫困的发展趋势，进而为扶贫资源的准确分配和及时调整提供重要依据。该指标公式的特点主要体现在以下几个方面。

1）能力类指标、保障类指标、支持类指标、负担类指标都侧重从客观层面反映人口生活状况，认知类指标则借助对主观感受的客观化处理来反映人口对自身生活状况的认知与评价。这样的指标组合有助于实现主观与客观的有机结合，能够更准确反映贫困性状。

客观状况与主观评价的不同组合大致可以形成如图 6-1 所示的贫困判定结果。如果客观状况很糟糕，主观评价也不满意，可以判定为绝对贫困，

危险系数较大，需要给予高度关注和重点扶持；客观状况很糟糕，但主观认知觉得尚可，这种情况可能发生于贫困文化现象中，往往是持久贫困在主客观层面的典型表现；客观状况不是很糟糕，但主观感受较差的情况是相对贫困的明显特征，需要积极安抚、正向激励。由此可见，主观指标与客观指标的有机结合的确能够反映某些重要的贫困特征，有助于贫困识别的展开。

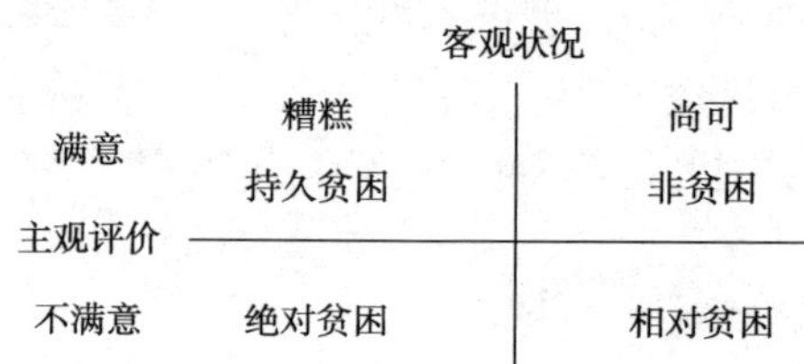

图 6-1　客观状况—主观评价的组合与贫困判定

2）在反映客观状况的四类指标中，能力类指标、保障类指标、支持类指标都取正值，它们的和与负担类指标值之差，能够反映贫困程度。负担类指标的赋值采用负担越大，赋值越高的原则，因此差值越小，表示负担较重，贫困程度较深，脱贫可能性较小；若差值较大，则表示负担较轻，贫困程度较浅，脱贫可能性较大。

3）在综合贫困程度的判定过程中，客观层面测量结果贡献率为 70%，主观层面测量结果贡献率为 30%。这里权重的确定依据主要是专家经验。通过征求相关领域专家学者①的意见，确定客观状况的权重为 0.7，主观评价的权重为 0.3。

（二）二级指标的选择与说明

（1）能力类指标

能力类指标的设计目的是挖掘致贫原因，预测贫困发展走势。该类别指标包括以下 9 个二级指标。

1）户口所在地。设标理由：户籍制度下，城市与农村在各个方面存在较大差别，城市户口意味着享受更多机会、更多资源、更多服务、更多保障、更多发展。因此，假设城市户口所有者的生产能力更强，脱贫解困能力更强。

---

① 专家的普遍观点是，主观指标必不可少，但由于主观感受的模糊性较强，指标测量的准确性、有效性便会受到影响。在贫困判定中，应该以客观指标的测量结果为主要依托，以主观指标的测量结果为辅助参考。

2）性别。设标理由：性别不平等是一种根深蒂固的结构性不平等。男性比女性在就业市场有更多机会和更高报酬。因此，假设男性比女性生产能力更强，就业机会更多，脱贫解困能力更强。

3）年龄。设标理由：年龄是一个生理因素，年富力强者与年龄较小或偏大者相比，在体力、精力、智力等方面具有明显优势。因此，假设中青年人生产能力和脱贫解困能力更强。

4）文化程度。设标理由：文化程度与能力的关系已获得人力资本理论的支持，文化程度越高，意味着可以获得更多发展机会、更好的福利报酬。因此，假设文化程度高的人生产能力和脱贫解困能力更强。

5）健康状况。设标理由：身体是人生事业的基础，健康的身体在持续竞争中更具优势。因此，假设身体健康的人生产能力和脱贫解困能力更强。

6）心理健康。设标理由：良好的心态不仅能在躯体上产生积极反应，更有助于人们在顺境中乘风破浪，在逆境中奋发向上。因此，假设心理健康的人生产能力和脱贫解困能力更强。心理健康本身是一个复合型指标，我们采用了一个相对成熟的心理健康量表来测量人们的心理健康状况。

7）工作稳定性。设标理由：工作稳定往往意味着收入来源稳定、福利供给稳定、生活环境稳定。与频繁变动工作者相比，工作稳定的人应对风险的能力更强。因此，假设工作稳定的人生产能力和脱贫解困能力更强。

8）工作能力。设标理由：工作能力由知识技能、逻辑思维、创新、沟通、表达、挫折耐受力六个指标复合而成，反映个人能否把握或者创造工作机会。因此，假设工作能力强者，生产能力和脱贫解困能力更强。

9）月收入。设标理由：收入是解除生存困境、维持体面生活的必要条件。它是前面八个指标综合作用的直接结果。收入越高，消费能力越强，购买各种服务、满足自身及家庭诸多需求的机会更多。这是贫困测量中最稳定、最可靠的指标。

（2）保障类指标

保障类指标主要指向由政府主导的各种正式的社会支持，依据相关政策法规由政府各部门和正规机构提供的扶助性资源。这里主要纳入养老保险、医疗保险、工伤保险、失业保险、低保和其他类型补助（如助学、丧葬优惠、日用能源优惠等）。

（3）支持类指标

支持类指标测量家庭、邻里、朋友、同事等非正式关系的亲疏与提供帮助的可能性。考虑到城市新贫困群体中流动人口的实际状况，我们将这些类型的关系区分为本市和家乡两个体系，分别测量两地非正式社会关系的帮扶效力，以考察在人口流动过程中，不同社会关系在其中发挥的作用。这里就存在一个基本假设，即贫困流动人口因各种制度性障碍，无法获得基本的城市社会福利资源和公共服务资源，同时因人口流出而与源出地的各种关系疏远，也难以获得及时有效充足的非正式支持。

（4）负担类指标

负担类指标从支出角度衡量长期高强度支出对个体及其家庭所带来的压力。这里主要纳入了住房压力、医疗压力、供养压力。其中，供养压力是指因长期照顾养活生活半自理或完全不能自理的病人、伤残人员、老人，婴幼儿、在校学生，下岗失业人员等而面临的生活压力。为了进一步分辨供养压力程度，我们对每一类供养对象的具体情况都会进行相应测量，包括失去劳动能力时长、健康状况、医疗花费、收入来源、日均需要照顾时间、社会保障等。

（5）认知类指标

认知类指标包括对自身物质生活水平的认知和幸福感认知。另外，还增加了一个量表，用以辅证认知结果。该指标设计的目的是反映人们对自身生活的主观评价，有助于对贫困性状的判定。

（三）指标体系的结构与特点

基于上述考虑和选择，“综合贫困状况”多层指标体系的结构如图 6-2 所示。

这是一个由两个层次指标构成的指标体系，也是直接用于测算新贫困群体综合贫困状况的具体指标。在实际调查中，还采用了许多支撑性指标来补充完善相关信息，以便于为后期的人工审核评估提供必要参考。此指标体系与其他测量贫困程度的指标体系相比较存在一定差异。目前，所常见的测量贫困程度的指标体系大同小异，普遍都会纳入基本生活类指标（如家庭月人均收入、家庭月人均支出、恩格尔系数等），安全稳定类指标（包括保障类指标、住房类指标、医疗类指标、社会安定类指标等），发展类指标（如子女教育、就业等）。可见，反映贫困程度的指标虽有争议，但多数仍获得了普遍认可。总体而言，这些指标体系的特征有：第一，主要还是从经济学视角出发，以“收入—支出”为基本轴心，衡量家庭经济能力及经济能力低下而导致的一系列需求满足障碍。第二，这些指标体系

- ◎城市新贫困人口综合贫困状况的测评指标
  - ◎能力类指标
    - ●户口所在地
    - ●性别
    - ●年龄
    - ●文化程度
    - ●健康状况
    - ●心理健康状况
    - ●工作稳定性
    - ●工作能力
    - ●月平均收入
  - ◎保障类指标
    - ●是否参加了医疗保险
    - ●是否参加了养老保险
    - ●是否参加了失业保险
    - ●是否参加了工伤保险
    - ●是否拿低保
    - ●是否有其他类型补助
    - ●住房性质
    - ●住房是否有独立卫生间
    - ●住房能否满足需求
  - ◎支持类指标
    - ●近一年来的居住状况
    - ●可以得到支持和帮助的亲密朋友的个数
    - ●与邻居的关系
    - ●与同事的关系
    - ●从家庭成员那里获得的支持与照顾
    - ●对其他亲属所提供帮助的评价
    - ●对老乡所提供帮助的评价
    - ●对本地社区工作人员所提供帮助的评价
    - ●对本地政府相关部门所提供帮助的评价
    - ●对家乡社区工作人员/村干部所提供帮助的评价
    - ●对家乡政府相关部门所提供帮助的评价
    - ●在经济上给予你最大帮助的社会关系，其自身经济状况
    - ●寻求经济帮助的难易程度
  - ◎负担类指标
    - ●是否有债务
    - ●是否需要照顾0～6岁的婴幼儿
    - ●是否需要照顾生活半自理/完全不能自理的病人
    - ●是否需要照顾生活半自理/完全不能自理的伤残人员
    - ●是否需要照顾生活半自理/完全不能自理的老人
    - ●家里是否有在校学生
    - ●家里是否有下岗失业人员
    - ●家里是否有服刑、刑满释放、吸毒或其他特殊人员
    - ●每月的硬性支出占月收入的比重
    - ●家庭负担对于个人而言能否承受
  - ◎认知类指标
    - ●对自身物质生活水平的评价
    - ●对生活幸福程度的评价
    - ●对目前生活状况的描述

图 6-2　“综合贫困程度”多层指标体系的结构

是以统合救助模式[①]为基础构筑起来的，其应用对象主要是低保群体及低保边缘群体，这些群体尽管内部存在分化，但整体共性特征明显，因此指标测量方向非常明确、精准。第三，强调收入的贡献，并习惯于给需求排序，通常会采用不等权重法来表示不同指标在测量体系中的重要性差别。

比较而言，城市新贫困精准治理所设计的这套综合贫困程度指标体系具有自身显著的独特性。城市新贫困群体规模庞大，内部分化明显，差异较大，过于具体细致的指标不能适用于各细分群体，并且会造成指标体系的复杂。"综合贫困程度指标体系"首先对各种指标进行了筛选，挑选出具有代表性、简洁明了的指标，有利于简化测量过程、精练指标体系。其次，该指标体系摆脱了"收入—支出"轴心的限制，纳入了更具社会学思维的指标，将经济资本、文化资本、社会资本等视角统合在一个指标框架内，从更广阔视阈展开了对城市新贫困的关注与衡量。最后，在赋权问题上，该指标体系除了一级指标中的客观指标与主观指标分别赋予 0.7 和 0.3 的权重外，二级指标均以等权重方式处理。如此处理的依据，一方面是对"等权重法与不等权重法的计算结果相差不大"这一学术研究结论的认可，另一方面是基于简化操作的考虑。

三、城市贫困分级界线的划定

为了给城市新贫困分层定级，我们对这套指标进行了适度调整后，制作成问卷，于 2015 年 5～10 月对武汉市保安街社区、起义门社区、成宝社区、军威社区、清水源社区等八个贫困人口、外来人口聚居的社区，若干建筑工地、地摊夜市等地进行了问卷调查，发放问卷 1100 份，回收有效问卷 1050 份。样本的概况如下：农村户口占 42.4%，城市户口占 57.6%；女性占 43.2%，男性占 56.8%；高中以下学历者占 91.3%；个人月收入 1500 元以下者占 54.3%，家庭人均月收入低于 1500 元以下者占 42.7%。[②]这里需要说明的是，男女两性人群的退休时间不同，问卷设计中对男女两性的

---

① 统合救助是指，城市最低生活保障制度所推行的救助模式。它以低保线（贫困线）为标准，向生活水平处于该线以下的贫困群体提供资金或物质补助。其特点是救助标准划一，未能顾及救助对象的需求差异。

② 2015 年，武汉市常住居民年人均可支配收入为 32 478 元，月人均可支配收入为 2707 元。按照国际贫困线的定义，社会平均收入的 50%～60%是相对贫困线，本书以社会平均收入水平的 55%（50%～60%取中位数），即 1488.85 元，约取 1500 元作为本书研究的相对贫困线。"家庭人均月收入"的单列主要是因为，部分被调查者的个人月均收入虽然高于 1500 元，有的甚至达到 4000 元以上，但是由于其他家庭成员收入较低或者无收入，家庭人口平均下来还是低于 1500 元的。

年龄段划分有所不同，造成部分分析结果从性别角度分别呈现。本书希望通过对相关数据的分析，发现新贫困人口不同贫困程度的边界。

（一）能力贫困程度的等级

能力的衡量由九个指标完成，根据情况和程度差异，赋予不同选项特定分值，由选项前的标号代表。如此计算，男性能力指标的满分为 41 分，女性能力指标的满分为 40 分。其中，“工作能力”得分通过量表中各项问题得分之和 / 12 计算得来，“心理健康”得分通过量表中各项问题得分之和 / 9 计算得来。根据上述原则，数据处理结果如表 6-2 所示。

由表 6-2 可知，女性被访者中，能力最强者得分为 36.64 分，男性的最高分则为 37.50 分，而且男性平均能力得分高于女性。从得分情况看，绝大多数被访者的能力得分都未达到满分的 80%（男性为 32.8 分，女性为 32 分），这反映出调查对象能力方面整体贫乏。通过采取五等分线策略，可以获得进一步的结果：女性能力贫困Ⅰ级值域为 21.97 分以下，能力贫困Ⅱ级值域为 21.98～24.33 分，能力贫困Ⅲ级值域为 24.34～26.30 分，能力贫困Ⅳ级值域为 26.31～28.65 分，能力贫困Ⅴ级值域为 28.66～32 分（表 6-3）。男性能力贫困Ⅰ级值域为 23.89 分以下，能力贫困Ⅱ级值域为 23.90～26.13 分，能力贫困Ⅲ级值域为 26.14～27.82 分，能力贫困Ⅳ级值域为 27.83～30.00 分，能力贫困Ⅴ级值域为 30.01～32.8 分（表 6-4）。

表 6-2　能力分值总体情况

性别	N	极小值	极大值	均值	标准差
女性	350	15.00	36.64	25.198 9	4.147 37
男性	519	14.33	37.50	26.834 4	3.940 51

表 6-3　女性能力等级分界

人数占比	20%	40%	60%	80%	100%
能力分值/分	21.97	24.33	26.30	28.65	36.64

表 6-4　男性能力等级分界

人数占比	20%	40%	60%	80%	100%
能力分值/分	23.89	26.13	27.82	30.00	37.50

（二）社会保障贫困程度的等级

城市新贫困人口社会保障缺失程度等级的测量由 9 个指标完成，得分满分为 13 分，贫困等级上线取 13 分的 80%，即 10.40 分。表 6-5 的数据显示，城市新贫困人口社会保障的平均得分为 6.6680 分。同样以满分 13 分的 80%作为贫困上线，区分出社会保障贫困的五个等级分别为：贫困Ⅰ级值域为 4 分以下，贫困Ⅱ级值域为 4.01～5.00 分，贫困Ⅲ级值域为 5.01～6.00 分，贫困Ⅳ级值为 6.01～7.00 分，贫困Ⅴ级值域为 7.01～10.40 分。

（三）社会支持程度的等级

社会支持对于新贫困人口而言是非常重要的私力救济渠道。我们共引入 13 个指标测量城市新贫困人口社会支持的程度。其中，“从家庭成员那里得到的支持与照顾”通过对配偶、父母、子女得分加总／3 计算得来。13 个指标的满分为 61 分。在表 6-6 的分析中，最高得分为 53 分，则取 61 分的 80%即 48.80 分为等级上线。基于上述处理，区分出社会支持贫困的五个等级分别为：贫困Ⅰ级值域为 20.00 分以下，贫困Ⅱ级值域为 20.01～23.49 分，贫困Ⅲ级值域为 23.50～28.40 分，贫困Ⅳ级值域为 28.41～34.58 分，贫困Ⅴ级值域为 34.59～48.80 分。

（四）生活压力程度的等级

“负担”所反映的是城市新贫困人口的生活压力。经过筛选，共有 10 个指标用来衡量贫困人口的生活负担。这 10 个指标的满分为 18 分，最高分为 17 分，满分的 80%为 14.40 分。由于指标的计分采用的是正向计分，即“否”等于 0，“是”等于 1，这意味着得分越高生活压力越大。因此，在值域判定中，五等分位数的顺序是由高到低。根据表 6-7 中的数据，可以获知生活压力Ⅰ级值域为 14.40 分以上，Ⅱ级值域为 14.39～8.00 分，Ⅲ级值域为 7.99～7.00 分，Ⅳ级值域为 6.99～6.00 分，Ⅴ级值域在 5.99 分以下。

表 6-5 社会保障得分情况

N	有效/份	1003
	缺失/份	47
均值/分		6.6680
极小值/分		1.00
极大值/分		13.00
百分位数	20	4.0000
	40	5.0000
	60	6.0000
	80	7.0000

表 6-6 社会支持得分情况

N	有效/份	985
	缺失/份	65
均值/分		27.0728
极小值/分		10.60
极大值/分		53.00
百分位数	20	20.0000
	40	23.4900
	60	28.4000
	80	34.5800

表 6-7 生活压力得分情况

N	有效/份	1046
	缺失/份	4
均值/分		6.9500
极小值/分		2.00
极大值/分		17.00
百分位数	20	6.0000
	40	6.0000
	60	7.0000
	80	8.0000

在生活压力的测量中，我们不仅要判断新贫困人口生活负担的大小，同时也要注意他们的压力指向，这有助于在资源配给环节提高资源投放的准确性、针对性。有效数据显示，23.3%的人表示负有债务，17.6%的人要抚养婴幼儿，11%的人表示要照顾生活半自理或完全不能自理的病人，3.4%的人要照顾伤残人员，15.3%的人要照顾生活半自理或完全不能自理的老人，42.4%的人要供养在校学生，2.7%的家庭有需要看护的精神病人，1.4%的家庭有特殊人员，32.3%的人表示住房较难或完全不能满足需要，22.7%的人表示较难承受或完全不能承受生活压力。精准治贫必须高度重视负担类指标反映的信息，以确定资源投放的种类、投放量的多少和投放时间的长短。

（五）贫困认知程度的等级

贫困认知测量的是人们对贫困状况的主观感受，由 3 个指标完成，满分为 15 分，80%位数为 12 分。得分越低，表示对生活满意度越低。表 6-8 数据显示，贫困认知危险Ⅰ级值域在 8 分以下，危险Ⅱ级值域在 8.01～9.00 分，Ⅲ级值域为 9.01～9.80 分，Ⅳ级值域为 9.81～10.60 分，贫困Ⅴ级值域为 10.61～12.00 分。

（六）综合贫困程度的等级

根据综合贫困程度的计算公式，把各项指标的满分带入其中，可以获得“综合贫困状况”指标的满分，男性为 72.4 分，女性为 71.7 分。分别取其 80%位数 57.92 分和 57.36 分作为参考贫困上线。再将能力、社会保障、社会支持、生活负担、贫困认知五个指标的实际得分代入公式，可以得到如表 6-9、表 6-10 所示结果。

女性综合贫困等级：综合贫困Ⅰ级值域为 31.86 分以下；综合贫困Ⅱ级值域为 31.87～36.22 分；综合贫困Ⅲ级值域为 36.23～40.32 分；综合贫困Ⅳ级值域为 40.33～45.50 分；贫困Ⅴ级值域为 45.51～57.36 分。

男性综合贫困等级：综合贫困Ⅰ级值域为 33.47 分以下；综合贫困Ⅱ级值域为 33.48～36.90 分；综合贫困Ⅲ级值域为 36.91～41.57 分；综合贫困Ⅳ级值域为 41.58～46.11 分；贫困Ⅴ级值域为 46.12～57.92 分。

（七）综合贫困等级划分标准的检验

为了检验这一结果的有效性，我们采用将模型计算结果与主观经验判断比对一致性的方法。一方面，随机从综合贫困等级的数据中抽取女性贫困者 15 人，男性贫困者 15 人，每一个贫困等级上人数均为 3 人。另一方面，邀请了武汉市武昌区、洪山区、东湖高新区、青山区共 10 个社区居委会的主任和低保专干作为专家，请他们根据日常工作的经验对挑选出的样本进行分档和排序。专家们根据每个样本的具体情况，把他们分别归入五个贫困等级。具体的操作过程采用匿名评判的方式，专家看到的样本仅显示编号，而且在分档判定过程中，各位专家彼此独立操作，相互间不能协商讨论。表 6-11 显示了 30 个样本依据综合贫困判定标准的综合贫困程度归档情况，表 6-12 总结了 30 个样本专家归档的情况。

表 6-8　贫困认知得分情况

N	有效/份	1050
	缺失/份	0
均值/分		9.2289
极小值/分		3.00
极大值/分		15.00
百分位数	20	8.0000
	40	9.0000
	60	9.8000
	80	10.6000

表 6-9　女性综合贫困程度

N	有效/份	335
	缺失/份	715
均值/分		38.8427
极小值/分		21.57
极大值/分		59.75
百分位数	20	31.8567
	40	36.2183
	60	40.3183
	80	45.4994

表 6-10　男性综合贫困程度

N	有效/份	498
	缺失/份	552
均值/分		39.7750
极小值/分		21.65
极大值/分		65.84
百分位数	20	33.4709
	40	36.8950
	60	41.5657
	80	46.1140

表 6-11　30 个样本的模型判定结果

样本编号	综合贫困得分/分	贫困归档	样本编号	综合贫困得分/分	贫困归档
№134	31.72	Ⅰ级	№546（女）	37.83	Ⅲ级
№420	23.89	Ⅰ级	№293（女）	39.31	Ⅲ级
№710	28.60	Ⅰ级	№824（女）	39.24	Ⅲ级
№477（女）	26.15	Ⅰ级	№638	45.21	Ⅳ级
№800（女）	30.05	Ⅰ级	№859	42.97	Ⅳ级
№912（女）	25.18	Ⅰ级	№793	44.13	Ⅳ级
№225	33.50	Ⅱ级	№201（女）	44.08	Ⅳ级
№733	36.47	Ⅱ级	№63（女）	43.90	Ⅳ级
№780	34.65	Ⅱ级	№751（女）	43.38	Ⅳ级
№311（女）	35.78	Ⅱ级	№745	56.49	Ⅴ级
№92（女）	35.20	Ⅱ级	№486	51.67	Ⅴ级
№562（女）	35.16	Ⅱ级	№356	48.07	Ⅴ级
№28	37.00	Ⅲ级	№674（女）	57.31	Ⅴ级
№172	40.72	Ⅲ级	№105（女）	51.43	Ⅴ级
№907	41.09	Ⅲ级	№415（女）	58.40	Ⅴ级

表 6-12　30 个样本的专家判定结果

样本编号	第一档	第二档	第三档	第四档	第五档	总和
№28		5 人次	8 人次	4 人次	3 人次	20 人次
№63		1 人次	2 人次	10 人次	7 人次	20 人次
№92	6 人次	7 人次	7 人次			20 人次
№105		2 人次	2 人次	4 人次	12 人次	20 人次
№134	10 人次	6 人次	3 人次	1 人次		20 人次
№172		5 人次	9 人次	6 人次		20 人次
№201		2 人次	3 人次	10 人次	5 人次	20 人次
№225	8 人次	10 人次	1 人次	1 人次		20 人次
№293		3 人次	14 人次	2 人次	1 人次	20 人次
№311	4 人次	7 人次	9 人次			20 人次
№356		2 人次	3 人次	8 人次	7 人次	20 人次
№415		1 人次	4 人次	5 人次	11 人次	20 人次
№420	12 人次	6 人次	2 人次			20 人次
№477	13 人次	4 人次	3 人次			20 人次
№486		1 人次	3 人次	9 人次	7 人次	20 人次
№546		7 人次	8 人次	3 人次	2 人次	20 人次
№562	5 人次	7 人次	8 人次			20 人次
№638		2 人次	2 人次	7 人次	9 人次	20 人次
№674			3 人次	4 人次	13 人次	20 人次
№710	9 人次	10 人次	1 人次			20 人次
№733	6 人次	8 人次	5 人次	1 人次		20 人次
№745		1 人次	3 人次	4 人次	12 人次	20 人次
№751			8 人次	10 人次	2 人次	20 人次
№780	7 人次	7 人次	6 人次			20 人次
№793		2 人次	3 人次	6 人次	9 人次	20 人次
№800	9 人次	8 人次	3 人次			20 人次
№824		4 人次	5 人次	9 人次	2 人次	20 人次
№859			11 人次	8 人次	1 人次	20 人次
№907			7 人次	11 人次	2 人次	20 人次
№912	12 人次	5 人次	3 人次			20 人次

对两份结果的比对显示，模型计算的结果与主观经验判断的结果具

有较高的异质性。有 10 位及 10 位以上专家的分档结果与模型判定结果一致的样本有 13 个，占总样本量的 43.3%；有 9 位专家的分档结果与模型判定结果一致的样本有 2 个，占样本总量的 6.7%。即使两者之间存在差异，专家判断的结果与模型判定结果也只相差一档。其中，综合贫困Ⅰ级和Ⅴ级的判定一致性最高，极端数值所代表的家庭贫困情况非常典型，相对而言易于判断。综合贫困Ⅱ级、Ⅲ级和Ⅳ级，尤其是临界数值最容易发生判断偏差。专家在进行判断时，对不同的指标各有侧重，这也是造成判断结果多样化的重要原因。这也恰好说明日常工作中所采用的主观判断分档法容易产生较大偏差，需要借助判定模型才能得到相对科学、客观、公正的结论。

（八）研究说明与反思

前文对新贫困分层定级过程的展示充分体现了城市新贫困治理在“精”“准”两字上的用心与努力。为了能够更准确把握新贫困群体的贫困性状，掌握其贫困细节，在综合贫困程度的测量过程中，对能力、社会保障、社会支持、生活负担、贫困认知等指标也一并进行了贫困程度的衡量，而不仅仅满足于求得综合贫困状况的等级划定。如此做法，既能够反映贫困人口的贫困程度，又利于分析导致最终贫困的内在原因，进而为资源的高效配给利用提供指引。例如，在综合贫困程度相等的情况下，可以进一步审查几个一级指标的贫困状况，可能是没有什么负担，但是其他几项得分较低的情况，也可能是负担较重，其他几项指标得分尚可的情况。在能力贫困程度相等的情况下，可以进一步分析是结构性因素所致，还是个体性因素所致；或在同等生活压力下，进一步了解生活负担的具体情况。相较于经济学对贫困的测量而言，这里所采用的指标体系和贫困分层定级的方法对致贫原因、贫困性状等进行了更综合宽泛的考量，对于把握城市新贫困形势助益多多。

各项指标贫困分界线的划定是一项技术含量较高的工作，它遵循了两个基本原则。其一，各项指标贫困上线的确定原则是取该指标满分的 80%位数作为参考贫困上线。所谓“贫困上线”意为“此标准以下即属贫困”。换言之，是贫困与非贫困的分界线。之所以定在 80%位数，主要基于以下几个方面的考虑：第一，单从收入角度来看，本次样本都属于相对贫困状态；第二，城市新贫困的综合贫困线应在相对贫困的范围之内确定；第三，由于城市新贫困综合贫困程度的测量具有较强原创性，没有可参考借鉴的类似贫困线的划定原则，只能根据经验和测量的实际情况权衡获得；第四，鉴于问卷调查的对象在选取上本身偏向低地位、低身份、低收入、生活不易的人群，他们的得分普遍偏低，其最高得分可用于反向推导贫困线；第五，通过对能力、社会保障、社会支持、生活负担、贫困认知五个方面实际得分的均值、最大值、满分的60%、满分的80%等数值的综合比较考量，最终确定“若最大值高于满分的80%，以后者为贫困上线；若最大值低于满分的80%，则以前者为贫困上线”作为划定各方面贫困线的基本原则，并将“综合贫困状况”总分的80%作为综合贫困线的上线。其二，在综合贫困线上线以下，用五等分法再划定五个贫困等级，Ⅰ级～Ⅴ级表示贫困程度逐级降低。

为了检验模型判定结果的准确性，来自基层工作一线的 20 位专家被要求就随机挑选出来的 30 个样本(每个贫困档 6 个样本,男女各 3 个样本)进行主观判断，根据他们在社区低保工作、扶贫工作中积累的经验对这 30 个样本进行归档。通过比较两种路径所获得的判定结果，可以肯定综合贫困判定模型在贫困分级定档方面具有一定效力，与专家主观判断的结果可以达到 50%的一致率，另外 50%的样本判断结果偏差也在一档之内。

本章呈现了城市新贫困分级界线的划定思路和过程。坦言之，这一过程还存在很多问题。例如，测量指标的选取和赋值问题，能力、社会保障、社会支持、生活负担和贫困认知的组合对贫困程度、维度与延续性的测量有其合理性，却也不能实现绝对的全面准确，尤其是其下二级指标的选取，显得有些简单粗糙，对贫困动态的反映不够到位，其分值的确定也存在不当之处。其中，尤以生活负担部分的指标与分值处理问题最大。在研究设想中，生活负担部分不仅要了解贫困者面临哪些生活压力，也要掌握每种生活压力的具体表现、程度、持续性等特征。遗憾的是，在实际调查中，相当部分的被调查者对此部分的细节调查重视不足，回答简单仓促，难以为最终的贫困判定提供佐证，以致影响了负担部分指标测量的效果，指标单一、分值单薄，对综合贫困程度的最终认定产生的负面影响较大。再如，权重确定和贫困线划定原则问题，主要依据课题组和部分专家学者的经验判断。受研究者本人的知识和能力所限，无法采用科学的客观方法来确定或者用客观方法来辅助主观判断。此外，在模型判定准确性的检测问题上，30 个样本的抽取原则存在缺陷，没有考虑总样本量中男女数量所占的比例，选择出来的样本量相对于样本总量的比例较低，代表性问题较为突出。这些技术性的问题，可以通过后续研究获得补充和完善。

对本书而言，最值得肯定的是看待贫困的视角和度量贫困的思路。对城市新贫困的判定只采用经济学的视角和方法是远远不够的，该群体的复杂性决定了我们必须用更开阔的视角来审视它，用更全面动态的方法来把握它。前文所展示的度量贫困、判定等级的思路和过程具有积极的理论与实践意义，在指标选取与赋值不断完善的情况下，重复操作这一过程应该可以获得更为理想的结果。

最后，要强调的一点是，贫困等级的划定并不意味着它是扶贫资源分配的唯一依据。划定的结果必须获得相关人员和机构的审查、判断、认可才能最终生成扶贫资源分配的具体方案。

第七章

城市精准治贫资源的配给

在构建城市精准治贫体系的过程中，资源配给是一个非常重要的技术问题，也是一个程序问题。它涉及不同层次、不同类型贫困与相应资源的对接。分类救助是当前就这一问题所制订的最佳方案。但是，如何分类、如何救助仍处于探索阶段。本章将围绕这些问题展开论述，试图探索一条分类治贫的可行路径。

第一节　我国分类救助的实践及其不足

分类救助是相对于统合救助的一种面向贫困群体的社会保障模式。与统合救助模式下“一刀切”的救助标准、救助措施不同，分类救助尊重贫困人群内部的需求差异，依据合理科学的救助标准，按需施保，差别化救助。它是一种更科学、更人性化、更高效的社会保障机制。

分类救助的“类”，在一般意义上可从两个方面来理解。其一是指具体的项目内容，从这个角度讲，分类救助实际上包括了国家对贫困群体提供的所有救助项目，如生活救助（低保）、住房救助、医疗救助、教育救助等。其二是指从贫困人群的具体特征出发所划分的类别。分类救助就是基于贫困人群所属类别展开针对性救助。它的优越性在于对救助对象的需求进行科学识别，能避免盲目性和随意性，提高救助效率。此种分类救助是我国社会救助制度向纵深发展的结果，是城市贫困精准治理要持续推进探索的方向。

一、贫困分类救助的实施特点

2003 年，民政部发布了《关于按照国务院要求进一步健全城市低保制度的通知》，开始在全国范围内着手推进分类施保。这一举措将我国城市低保制度的建设提升到了一个全新高度。分类救助制度的建设在各地的推进较为顺利，总体呈现出三个方面的特征。

（一）救助对象类别化

分类救助就是把城市低保对象依据一定标准划分为不同类别，分别提供相应救助。分类的标准较为多元，如收入及生活状况、公民群体、特殊境遇、政策规定等。总体而言，各地分类救助的对象群体可以归结为如下四个类别。第一类是以“三无”人员为主体的传统救济对象。所谓“三无”人员，是指无劳动能力，无生活来源，无法定赡养人、抚养人或扶养人的城市孤老和孤儿。第二类是有特殊困难的低保对象，各地规定不一，综合起来包括 16 岁以下儿童、中小学生，16 岁以上在读学生，70 岁以上老人；残障人士、重症患者、精神病患者等；双下岗职工家庭、遭遇突发性灾难家庭；单亲家庭、多胞胎家庭、祖孙家庭等。第三类是政策照顾对象，如因公致伤的返城知青、归国华侨及侨属、军烈属等。第四类是有劳动能力的低保对象。有劳动能力的下岗职工原则上鼓励再就业，但若因某些原因未能实现就业，也可以获得低保救助，但不能享受全额低保或者其他优惠。

（二）救助标准多样化

分类救助的救助标准会因低保人群的类别差异而有所变化。目前，各地分类救助的实施标准大体有四种形式。第一种形式是在基础低保金的发放上，根据低保家庭的收入消费、财产状况、劳动能力、子女就学等方面的情况，判定其贫困级别，并给予相应级别的低保救助。第二种形式是把特殊对象的低保金按月上调 10%～30%不等的比例。第三种形式是根据特殊对象的类别，规定定额生活补助的不同时限，月、季、年不等。第四种形式是保障金额不变，同时对有特殊困难者进行配套救助。例如，武汉市规定全市低保家庭中的精神病患者每人每年可获得 1200 元的基本药物补助，部分需要帮助的贫困家庭智力残疾人可获得托养服务；低保家庭子女考取大学可获得 2000 元资助。

（三）实施程序规范化

分类救助的优越性在于通过对救助对象的细致分类，实现救助资源的针对性输送和规范化管理，从而有效避免统合救助中存在的“一刀切”、简单化问题。分类救助对低保对象的监督和管理与其所属类别是相对应的。北京市规定，各级低保经办机构每半年对城市“三无”人员审核一次，每季度对收入来源较为明确、变化不大的家庭审核一次，每月对收入来源不固定或不易确定的家庭审核一次，必要时可随时审核。兰州市对城市“三无”人员、因病因残部分丧失劳动能力者、家庭长期无稳定收入的生活困难者每半年审核一次，对在职、失业下岗、具备再就业条件人员每季度审核一次，对待业期间符合低保条件的应届毕业生、退役士兵和其他人员每月审核一次。由于对象明确，分类救助在入户调查、取证、审查等环节可做到更加细致、规范。

二、贫困分类救助的成效

分类救助作为城市低保制度救助模式的重要补充和发展，在为弥补最低生活保障制度的漏洞、为贫困群体排忧解难方面发挥着非常积极的作用。

首先，它切切实实惠及了低保群体中的特殊困难人群。低保群体本身也是一个内部分化、需求多元的群体，分类救助在低保线“一刀切”的基础上，特别关注了“三无”人员、精神病人、重症患者、伤残人士、高龄老人、在校学生、各种政策优抚对象等这样一些特殊人群的实际困难和迫切需求，针对性提供实用性强的扶助资源，在很大程度上提高了低保救助水平。分类救助使政府贫困救助资源的输送方向更明确，收益更明显。医疗、住房和教育是当今城市居民面临的新“三座大山”，贫困群体更是不堪重负。分类救助政策的实施在一定程度上缓解了贫困家庭的燃眉之急，帮助他们克服困难，走向好转。

其次，分类救助有力推动了部分低保对象再就业，在一定程度上缓解了福利依赖现象。福利依赖的产生，主要是源于低保的“门槛效应”及进出机制的僵化。所谓“门槛”，即为获得低保资格，拿到低保证。如此便能合法享受低保户身份带来的一系列便利和优惠。例如，武汉市在货币救助之外，还动员诸多相关政府部门为低保户提供优惠，涉及卫生费、水费、电费、天然气费、有线电视费、水表安装、廉租房、教育助学、殡葬、创业、租车、精神心理健康等 13 项关乎基本生存发展的领域。尽管各项优惠力度都不大，但加总起来就非常可观了，因此低保证被称为“绿卡”，它塑造的身份和权利比物质优惠更有意义。分类救助恰恰打破了这种救助资源统合配给的状态，不再无差别地把所有资源都投放给同一对象，而是有选择、有差别地针对性投放。如此便削弱了低保资格的身份和权利意义，鼓励有劳动能力的低保对象在困难缓解之后重新投身劳动力市场。

最后，分类救助实施的一个附带收获是或多或少惠及了低保边缘人群，扩大了社会救助的对象范围。低保边缘人群的救助一直是低保制度实施以来急待解决的一个较为棘手的问题。低保边缘群体虽然收入水平高于贫困线，但依然是城镇低收入群体，而且生活支出压力较大。他们的生活状况有时甚至比低保群体更糟糕，却无法获得低保制度的保障。分类救助政策的实施，为该群体带来了实惠，在一定程度上缓解了他们的生活压力。

三、现行分类救助的局限

尽管分类救助取得了瞩目的成绩，但是作为一种新兴的社会救助方式，在实施过程中仍然暴露出一些问题，需要给予充分关注和进行进一步探索。

现行的分类救助是在最低生活保障制度的基础上发展起来的，可以说是低保救助的升级版。从实施过程来看，分类救助的对象主体是低保群体中的特殊困难人群，救助范围相对有限。这样的分类救助根本无法满足城市新贫困群体的多元需求。城市新贫困群体中的绝大部分人收入都高于贫困线，因此无法获得低保救助，自然也就不是分类救助的对象，但这并不能说明他们的生活无忧无虑、无病无灾。城市新贫困主要是相对贫困、支出型贫困，仅从收入角度来衡量，难以把握其主要特征和具体需求。以低保制度为基础的分类救助本质上关注的是收入型贫困，无益于城市新贫困治理的需要。

现行分类救助的分类标准过于简单粗糙。比如，“三无”人员中，有劳动能力、生活能够自理、生活半自理、生活完全不能自理的情况存在很大差别；重症患者、伤残人士等所患疾病、残障等级都是不同的，且在医药花销、自理能力、所需照顾级别等方面也有明显差异；在校学生在义务教育阶段和非义务教育阶段（尤其是大学阶段）的学费开支差距甚大，贫困家庭供养大学生的负担较为沉重；老人、婴幼儿等群体也会因身体健康状况、照料需求的不同而细分为更小的群体。显然，目前的划分标准较为笼统，缺乏科学性、系统性，既无法满足低保群体内特殊困难人群的需要，更难以承接大规模新贫困群体复杂多元的需要。

现行的分类救助仍然以政府和体制内资源作为贫困救助的绝对主力，救助形式仍然以货币支援（或补贴，或减免）为主。这样的主体架构和资源配置难以满足新贫困群体的多元化需求。城市新贫困本质上是人文贫困，即能力、机会的缺失。它不仅是基本生存需要得不到满足，更是正常社会生活能力的缺失。因此，着力缓解基本生存困境的分类救助显然无法适应新时期城市贫困形势发展的需要。

第二节　新型分类救助模式的探索

鉴于现行的分类救助方式存在诸多局限，我国城市贫困精准治理体系的建设需要在借鉴分类救助理念的同时，在分类标准、分类程序、资源配给路径等方面展开深入探索，力求建立适合精准治贫需要的、科学系统的分类救助模式，以实现救助规模的扩大、资源配给的精准及治贫效果的最大化。

一、贫困分类救助的研究现状

分类救助的科学化、精细化发展是近年来颇受关注的议题。林闽钢认为，我国的社会救助体系目前正处于由覆盖到整合的关键时期。新型社会救助体系的总目标是实现更可靠的社会救助，"围绕保障基本民生，做到织好网、补短板、兜住底"[①]。为了促成总目标的实现，必须依托城乡居民最低生活保障制度，整合住房、医疗、教育、创业等主要救助项目，构筑新型社会救助体系的"底网"；积极弥补社会救助体系的短板与漏洞，逐步将外来务工人员、支出型贫困家庭等对象纳入社会救助体系，同时将经济援助与救助服务有效对接；引进信息化手段，建立综合信息平台，实现救助信息联网，优化社会救助管理。[②]

实现上述目标的基本路径之一即为实施分类救助，缓解低保家庭和低保边缘家庭之间的"悬崖效应"。分类救助的对象首先是全体贫困家庭，包括低保家庭和低保边缘家庭，按照困难和需求程度标准把他们划分为不同类别，分类施保，形成"保基本、多组合"的救助体系。其次，特殊类型

---

① 佚名:《政府说到就要做到不能"放空炮"》,2013 年 3 月 22 日,http://news.ifeng.com/gundong/detail-2013-03/22/23377910-0.shtml。

② 林闽钢:《底层公众现实利益的制度化保障——新型社会救助体系的目标和发展路径》,《学术前沿》2013 年第 21 期，第 89—90 页。

的贫困家庭也是分类救助的主要对象。把贫困家庭进一步划分为有老人家庭、有残障人士家庭、有重症患者家庭、有未成年人家庭、有劳动能力但失业者家庭、单亲家庭等类型。对前三类家庭给予长期重点救助，对后三类家庭中确实困难者给予临时适度救助。推行贫困家庭“五类补助金”制度，即“老年人照顾补助金”“残疾人照顾补助金”“大病患者家庭补助金”“未成年子女抚养补助金”“单亲家庭补助金”等救助项目。总之，尊重贫困家庭及其成员的差异化需求是提高分类救助水平的关键。

国际上的做法莫不如是。美国的医疗救助项目（Medicaid）针对低收入群体，其覆盖范围和资金规模为全球之最。Medicaid 从人口学特征出发，区分出了超过 50 类人群作为救助对象。低收入老年人，严重智力缺陷者、残障人士、盲人，单亲家庭中的未成年子女，低收入家庭中的孕妇和儿童是其重点救助的四类人群。英国国家医疗服务体系（National Health Service，NHS）的主要救助对象包括老年人、身体欠佳者、低收入者、享受任何一项政府津贴者、税收抵免者。我国政府和英国国际发展部（Department For International Development，DFID）共同资助的中英城市社区卫生服务与贫困救助项目（China/UK Urban Health and Poverty Project，UHPP）采用民政对象、社区医疗服务包、人口类型三者结合的分类方式，把失业和低薪人群、城市外来务工人群、贫困老年人、残疾人、需要抚养儿童的贫困家庭、孕妇和儿童六类人群作为城市医疗救助的对象。[①]

二、香港综合社会保障援助计划及其启示

在讨论贫困分类救助模式时，香港的综援计划是经常被提及并重点参考的对象。香港综合社会保障援助计划的目的是通过向那些经济上无法自给的人提供援助金的方式为他们构筑一道安全网，帮助他们应付基本生活需要。综援金本身由标准金额、补助金和特别津贴三部分组成。每一部分都适用于不同对象、不同情形，详细可见表 7-1。综援救助的特点是：救助对象既有绝对贫困者，也包括相对贫困者；既有长期救助，也包括临时救助；既重视基本生活的一般性需求，也尊重受助者的特别需要。它在综援金的构成、辅助金的分类及使用、特别津贴等项目上的详细规定，为发展城市贫困分类救助提供了宝贵借鉴。

① 周以林、王春燕：《反贫困背景下我国医疗救助对象分类研究》，《医学与哲学（人文社会医学版）》2008 年第 12 期，第 49 页。

表 7-1　香港综援金的构成及使用对象

<table>
<tr><th>综援金类别</th><th colspan="2">具体内容</th></tr>
<tr><td>标准类别</td><td colspan="2">标准金额视受助对象而定，用以应付基本生活需要</td></tr>
<tr><td rowspan="5">辅助金</td><td>长期个案辅助金</td><td>适用对象：有老年人家庭、有残疾人家庭、有经医生证明为健康欠佳者家庭
发放方法：连续领取援助金达 12 个月及以上，可按家庭中符合条件成员的人数，每年发放一次长期个案辅助金，用作更化家居用品和耐用品</td></tr>
<tr><td>单亲辅助金</td><td>适用对象：单亲家庭
发放方法：每月发放，用以缓解单亲父 / 母独自照顾家庭所遭遇的特别困难</td></tr>
<tr><td>社区生活辅助金</td><td>适用对象：未居住在相关福利机构中的年老、残疾、经医生证明为健康欠佳的综援受助人
发放方法：每月发放，为他们留在社区生活提供便利条件</td></tr>
<tr><td>交通辅助金</td><td>适用对象：年龄介于 12～64 岁，残疾程度达 100%或者需要经常照顾的受助人
发放方法：每月发放，用以鼓励他们积极外出参与活动，融入社会</td></tr>
<tr><td>院舍照顾辅助金</td><td>适用对象：居住在未获得资助的福利机构的年老、残疾、经医生证明为健康欠佳的综援受助人
发放方法：每月发放，用以减轻院费负担</td></tr>
<tr><td>特别津贴</td><td colspan="2">适用对象：个人或家庭有特别需要者，包括租金、学费及其他教育费用、必需的交通费、医生建议的膳食、康复及医疗用具等支出。健全的成年人 / 儿童可以获得的特别津贴，仅限于租金、水费 / 排污费、与儿童就学有关的支出、幼儿中心费用及丧葬费用</td></tr>
</table>

资料来源：香港社会福利署，2016 年 10 月 20 日，http://www.swd.gov.hk。

综援计划开辟了一个救助分类的新路径。一般而言，贫困分类救助多从人口学特征和家庭结构特征出发，划分出不同人群，再由人群推导出需要。综援计划则是从需要入手，归并不同群体的同类需要，并针对性予以援助。这种做法有利于扩大社会援助的规模，满足更多人的福利需求。综援计划标准金的适用对象是贫困家庭，辅助金的主要援助对象是贫困家庭中有老年人家庭、有残障人士家庭、有疾患病人家庭和单亲家庭，特别津贴则适用面最广，是针对所有个人或家庭的临时性困难补助。这些做法，兼顾了一般需求和特殊需求、长期需求和短期需求、绝对需求和相对需求，切实体现出了该计划的特点和长处。另外，在分类救助资源的构成方面，综援计划的资源指向性非常明确，准确把握住了香港的地区性特征。综援计划对内地分类救助工作的推进具有积极的借鉴意义和参考价值。

三、精准治贫的分类救助

国内外关于贫困分类救助的理论与实践探索为城市新贫困治理提供了很多有益的思路。城市精准治贫的推进不仅需要准确地对贫困定级分类，也需要把不同性质、不同类型的扶贫资源有的放矢地输送到不同类型的贫困者手中。应用分类救助理念建立扶贫资源的分配渠道和路径，是扩大救助对象范围、更好地满足不同贫困群体需求、有效应对城市新贫困形势的正确选择。

（一）建构目标

城市精准治贫的分类救助模式的建构目标是在资源和需求之间搭建输送通道。通过对不同贫困程度和维度下贫困人群个性化需求的整理，以及对各种治贫资源形态和功能的梳理，形成针对性、综合性的“救助套餐”，按需援助，以构建适度普惠的城市贫困保障体系。

（二）资源的构成

贫困分类救助的本意是把不同资源输送到不同需求的个人或家庭手中。治贫资源的汇聚整理分类是影响分类救助效果的重要因素。城市精准治贫所要建立的资源分类机制具有两个维度：一个维度是从资源的来源渠道出发，分为政府供给（G）和社会供给（S）；另一个维度是从资源的内容出发，分为货币类资源、实物类资源和服务类资源。这样所形成的资源构成如图 7-1 所示。

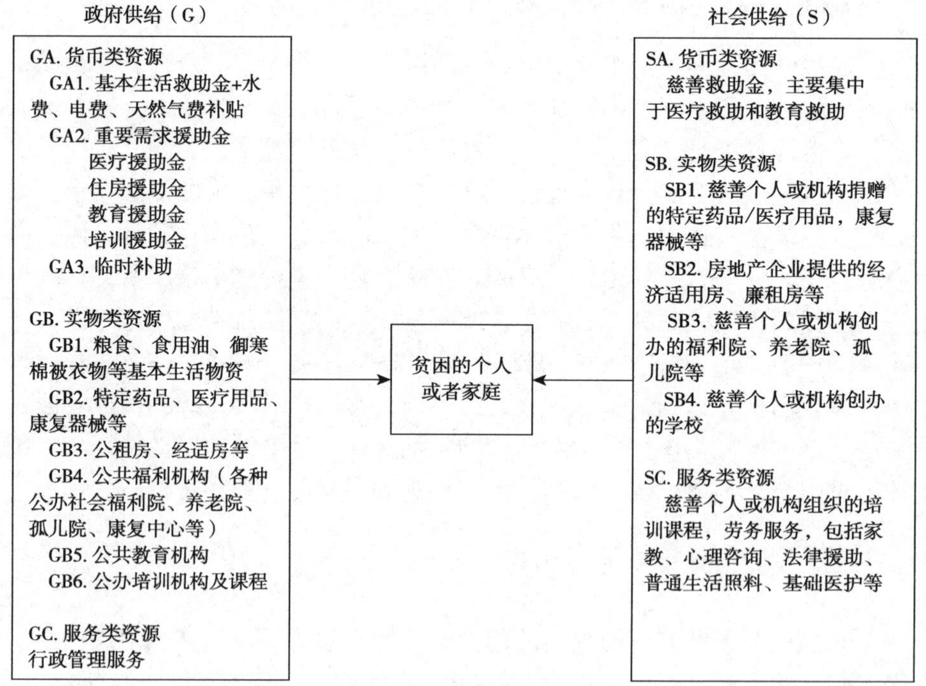

图 7-1　城市精准治贫分类救助的资源构成

政府供给的货币类资源由三部分构成。第一部分是基本生活救助金，另增加水费、电费和天然气费补贴。水、电、天然气是当前城市生活最重要的日常能源，也是必不可少的能源消费，以补贴形式与基本生活救助金合并提供，能有效缓解贫困家庭的生活压力。之所以把水、电、天然气费考虑进来，主要针对目前城市低保救助中的“一窝蜂”现象及其负效应，目的是避免救助资源的泛滥与滥用。第二部分是重要需求援助金。所谓“重要需求”，主要是指城市居民目前生活所面临的新“三座大山”，同时把培训需求也吸纳进来。第三部分为临时补助，主要针对贫困家庭可能面临的一些突发事件、重大事故所造成的困境，以及某些个人或家庭因各种原因一时经济周转不开而陷入窘境。

政府供给的实物类资源与货币类资源的救助目标是对应的，具体包括基本生活物资，特定药品、医疗用品、康复器械等，公租房、经适房等，公共福利机构，公共教育机构，公办培训机构及课程等。这些实物类救助资源可以免费或以极低的价格提供给贫困群体。政府所提供的服务类资源主要是行政管理类服务，即城市街道社区设立专职岗位，承担社会救助的审核批复、需求评估和服务招标、监察等行政管理性服务工作。

政府之外的其他治贫主体所提供的治贫资源统称为“社会供给资源”，具体包括货币、实物和服务三类。与政府供给资源的最大区别在于这些资源的供给一般附带特定条件（如慈善救助金，由于资金规模有限，往往提供给特定人群，它凭借救助名目的多样化弥补救助规模的小型化），甚至有些还具有营利性质。其中的服务类资源主要是劳务服务，本质上也是志愿服务，需要大量志愿者参与奉献、不计报酬。社会供给的服务类资源在内容和形式上都非常多样，能够满足贫困人口的多元化需求，在城市新贫困治理中，政府供给的资源主要用于兜底，而社会供给的资源则使用灵活多变，它们相互辅助，共同为新贫困人口构建全面立体的援助网络。

（三）资源的使用

城市精准治贫资源投放的质量由数量和类型两个变量决定。分类救助对治贫资源的配给要遵循“资源—需求”匹配的原则，即根据不同贫困人群的贫困程度和具体需求，投放不同数量和类型的资源，以达到资源满足需求的最大契合度。如此便能提高单位资源的利用率，最大限度地节约资源并惠及更多贫困人口。总之，城市精准治贫资源的投放要从三个方面予以落实。

第一，根据贫困程度确定资源投放数量。本书第六章尝试构建了一套能够反映贫困者综合贫困状况的指标体系。根据最终测量结果，把贫困划分为五个等级。贫困等级的认定可以为资源投放量的确定提供重要参考。但是，综合贫困状况的测量结果并不能直接作为决定资源投放量的唯一标准，监督审核仍是必不可少的环节。因此，资源投放量最终由以下公式决定

70%综合贫困程度+15%社区贫困专员判定+15%社区居民判定

该公式中，指标测量结果只占70%，另外30%由社区贫困专员和社区居民根据他们平时对贫困者家庭生活状况的了解予以评定（表7-2），最终形成资源投放量等级标准（表7-3）。

表7-2　资源投放量等级判定表

综合贫困状况					认可程度
综合贫困等级	能力得分/分	保障得分/分	支持得分/分	负担得分/分	1分、2分、3分、4分、5分
X级	XX	XX	XX	XX	

表7-3　资源投放量等级标准

资源投放量等级	资源投放量（货币类、实物类、服务类）
资源投放量Ⅰ级：资源需求量很大且持久	三类资源投放量均按最大标准执行
资源投放量Ⅱ级：资源需求量较大且持久	三类资源投放量标准视情况适当下调
或临时资源需求量很大	三类资源投放量按最大标准执行，设定时间限制
资源投放量Ⅲ级：临时资源需求量较大	三类资源投放量适当下调，设定时间限制
资源投放量Ⅳ级：资源需求量较小	根据情况适量投放

表7-2由两部分构成。第一部分为“综合贫困状况”，旨在把指标体系的测量结果呈现出来。第二部分为“认可程度”，由社区贫困专员和社区居民根据综合贫困状况及相关支撑信息确定他们对该结果的认可程度。1～5分代表认可程度，“1分”代表很不认可，“5分”表示高度认可。判定结果经过折算得出资源投放量等级标准。

第二，根据需求类型确定资源投放种类。鉴于综合贫困状况指标体系由能力、社会保障、社会支持、生活负担、贫困认知五个一级指标构成，从这五个方面分别反映贫困者的实际状况，它们能够为资源投放种类的确定提供重要参考。尤其需要认真辨识收入、工作能力、健康状况（肉体和精神两个层面）、负担等指标，根据它们的情况来安排投放资源的种类。

（1）综合贫困Ⅰ级家庭：能力很低，保障与支持严重不足，负担沉重持久，家庭自身几无脱贫可能。资源投放方案Ⅰ：G类资源无条件兜底，S类资源按需补充。

（2）综合贫困Ⅱ级家庭：有一定能力、保障和支持，负担持久沉重。

资源投放方案Ⅱ：GA1 类资源除外的 G 类资源按需供给，SA、SC 类资源按需补充。

（3）综合贫困Ⅲ级家庭：有一定能力、保障和支持，负担虽沉重，但会好转。资源投放方案Ⅲ：GA1 类资源除外的 GA 类资源 / GB 类资源按需供给，SA、SC 类资源按需补充。

（4）综合贫困Ⅳ级家庭：能力较低，保障与支持不足，且无负担，只是临时遭遇困境。资源投放方案Ⅳ：GA3 类资源，GB5、GB6 类资源，S 类资源按需供给。

（5）综合贫困Ⅴ级家庭：有一定能力、保障和支持，且无负担，只是临时遭遇困境。资源投放方案Ⅴ：GA3 类资源，S 类资源按需供给。

总体而言，贫困程度越深，资源投放越以政府供给资源为主，随着贫困程度的减弱，社会供给类资源的投放和使用越活跃。

第三，建立科学的评估流程。城市贫困的精准治理需要公开透明的评估流程来保证资源投放过程的公正与高效。第一步，要对相关工作人员进行技能培训，帮助其了解相关政策精神，掌握贫困测评指标体系的含义与使用方法，传授贫困审户的经验与技巧，并派遣他们在社区开展宣传、讲解与动员工作。第二步，困难家庭以家庭为单位向所在社区提出申请，填写相关表格，提交证明材料。第三步，社区组织社区贫困专员、社区居民代表成立贫困认定小组，召开评审会议，对贫困家庭提交的材料对照表格进行审核，做出贫困判定。第四步，评审结果提交给专门的上级贫困治理机构审批，确定最终结果，予以公示。第五步，公示后的评审结果反馈给社区贫困专员，由其整理资料并将相关数据录入系统联网，便于更新管理。第六步，根据评审结果，社区贫困专员链接相关资源，组织资源投放。

第三节　贫困治理过程的监督评估

高效的城市贫困精准治理离不开强有力的监督机制。在城市新贫困的治理过程中，为实现资源使用最优化，保证治理取得理想效果，就必须将整个治理过程看作一个动态发展的过程，并对其中准入、评估、资源投放、退出等重要环节进行科学、严密的监控，及时发现问题、解决问题、改进工作。

一、监督评估的前提条件

实现对城市新贫困精准治理的有效监督，必须具备三个前提条件。

（一）组织条件：专业而统一的贫困治理机构

面对城市贫困形势的新变化，城市贫困治理工作必须通过科学化、专业化、系统化的转型以实现精准治贫的目标。我国传统的城市贫困救助管理是经由民政部门和街道社区共同完成的，社会保障和贫困救助工作是其众多繁杂事务中的一项。尤其在社区层面，虽然各社区都设有低保专干，但他们都是身兼数职，在完成低保工作的同时，还要开展其他内容的工作。可以说，目前城市贫困救助工作没有实现专人、专职、专项，如此便难以满足城市贫困精准治理的需要。

鉴于城市贫困精准治理的对象规模庞大、需求多元，只有通过专业而统一的贫困治理机构及其专业高效的工作团队才能够完成精确识别贫困、准确投放资源的高难度任务。因此，成立专业治理机构，对贫困治理工作进行统筹规划、统一安排调度是实现治贫目标、实施监督评估的组织保障。该机构可由政府专门设立，或者由政府委托其他社会机构组织成立。它的主要职责是：①运用专业化的理论与技术，对城市新贫困现象长期追踪、动态监测，掌握城市贫困的特征、动态、趋势、需求等方面的基本信息；②根据城市贫困的整体状况，设计科学系统的贫困监测指标体系，由专业人员或经过专门培训的专职人员通过科学程序检验、评估、修正；③科学精心组织数据采集，参考政府颁布的贫困标准，获取贫困家庭在贫困程度、贫困维度等方面的准确信息；④组织派驻社区的专业人员与社区居民一起对贫困家庭的测量结果进行审核，并依据最终结果进行资源投放；⑤对整个治理过程实施内部监控，与政府相关职能部门密切合作。

（二）技术条件：共享的网络平台

运用大数据、智能技术、网络技术等现代科技手段对城市贫困进行精准化模型描述、精准化数字系统分析和精确化的结果处理是城市贫困治理的大势所趋。城市贫困治理工作面临的一大难题是信息不对称，具体表现为在贫困家庭基本信息收集审核中的“信息屏蔽”“信息滞后”。所谓“信息屏蔽”是指在对贫困家庭相关资料进行审核时，收入、财产、税收、保险、收藏等方面的信息被隐瞒；“信息滞后”是指贫困家庭的劳动力、收入、生活压力等方面的变化情况不能及时掌握。这些问题的产生与诸部门各自为政、信息不共享有很大关系。为了能够及时准确地掌握贫困家庭家计信息及相关变化，必须搭建网络资源与信息共享平台，税务、房管、医疗、教育等部门都要将各自领域内的数据信息借由网络平台向贫困审核开放，同时通过共享平台的连接，整合各贫困治理主体的专项业务，开展“一站式”管理服务。

另外，城市贫困治理机构在收集审核贫困家庭申报资料时，要组织人力、物力、财力建立城市新贫困人口数据库，借助严密科学的指标体系将贫困家庭在能力、社会保障、社会支持、生活负担、贫困认知等方面的情况转化为数据资料，尤其要对其中典型的贫困家庭建立个别档案，实行个案管理。个案管理是一种独特的社会工作模式，有助于专业救助工作者寻找到贫困家庭救助的切入点，并排列出最迫切的需求，制订相应的援助计划，链接合适的服务资源。数据库的建立能够进一步完善信息核对机制，加强贫困救助的动态监测管理，也有利于其他职能部门确定援助目标，提供针对性服务。

（三）规范条件：完善的法律体系

对城市贫困治理的高质量监控离不开一套行之有效的法律体系。2000年以来，我国政府在吸收城市低保制度前期建设经验的基础上，开始不断加强社会保障法治建设，并取得了初步成效，在《城市最低生活保障条例》之后，又先后推出《中华人民共和国社会保险法》、《城乡临时救助实施办法》和《中华人民共和国慈善法》。尽管如此，我国城市贫困治理依然没有摆脱“政策治贫”的范囿，政策零散、部门制度“碎片化”，相关法律体系不健全。党的十八届四中全会确定了“依法治国”的重大战略，城市贫困治理也必将掀起建法立制的高潮。

城市精准治贫所需要的法律体系必须进行系统设计，形成战略统筹的能力。其建设目标集中表现为构建一整套遏制新贫困、防止分配不公的法律法规体系，尤其在司法和执法层面要充分保证社会资源第二次分配的公平性。我国目前出台的相关政策法规大多是应对单一问题的临时性、过渡性措施，缺乏战略性、系统性、规范性和前瞻性，无法将城市新贫困群体当作一个整体加以对待，对他们的多元需求进行统筹安排、公平施救。城市新贫困的精准治理非常需要立法、执法、司法全方位保驾护航，明确认定新贫困群体的权益，清楚规定各治理主体的责任义务，划定利益边界、行为底线，对各种违法违规行为依法惩处，保证新贫困治理工作有法可依，维护资源分配的公平正义，切实保障各种救助资源能够准确投放到贫困人群手中。

二、监督评估体系的构成

对城市新贫困精准治理实施监督评估的目的是有效避免权力资源滥用导致的治理目标偏离，并对其进行必要矫正，进而提高贫困治理的效率和效益。监督评估的内容主要涉及两个方面。其一，贫困治理资源的分配、使用、管理。贫困治理专项资金，财政转移支付资金，慈善捐赠资金，各种实物类、服务类资源等，在分配、使用、管理的过程中，要充分考虑公平与效率的关系，要面向社会适时公开，接受跟踪监督和绩效评估。其二，城市贫困治理的多元主体在协同合作的过程中，基于能力结构和利益诉求的差异，对各自责任和义务的承担与完成情况，相互关系的调节与工作配合等也潜在需要加强监督评估，以保证整个治理主体系统的运作效能。为了顺利针对这些内容开展监督评估工作，城市精准治贫需要从“主体自我约束”“主体间约束”“第三方介入”三个方面进行监督评估体系的建设。

“主体自我约束”是指，城市新贫困治理的各主体要逐步实现从“管理”到“治理”的观念转变，优化组织架构，完善内部监管机制，加强自我监督，严于律己。要建立组织内部独立的监察机构和机制，定期对组织的治贫工作进行总结、审核，及时发现问题、解决问题。同时，负责对外发布相关工作信息，代表组织主动接受外部监督，吸收转化积极有益的建议，实现从被动性旁观者向主动性参与者的角色转变。

“主体间约束”是指，各治理主体之间要相互辅助、相互监督。虽然各治理主体都致力于为新贫困群体服务，也通过法律形式规范了各自的责任领域和行为方式，但在实际工作中由于能力结构、资源数量、利益诉求的差异而难免出现履职不力、行为越轨的情况，这就需要在各治理主体之间建立起相互监督评估机制，形成一种合作性制约关系。这其中政府尤其要注意自身行为分寸，作为拥有权力和资源占绝对优势的治理主体，政府可通过合同、委托等方式向社会购买服务，并对被委托方的履约情况进行监管。一方面，政府要谨防监管过严形成干涉，对其他治理主体的独立地位造成威胁性压力；或者监管过宽造成资源流失，其他治理主体行为偏离，以致贫困治理目标流产。另一方面，政府要虚心接受其他治理主体的监督，避免出现失去约束的权力。

“第三方介入”是指，引入与各贫困治理主体及其治理行为没有直接利益关系的社会力量参与监督评估。西方国家的实践充分证明，第三方介入能有效保证监督评估的客观性和公正性。由于“第三方”与各治理主体不存在直接利益关系，地位独立，专业性强，它的评估结果因此具有很强的社会公信力，对各主体的治理行为起到积极的规范作用。第三方评估在我国起步较晚，相关政策制度不健全、供需市场不匹配，发展效果并不理想。尤其第三方的资质认定要经由政府审核签发，也要接受政府和社会的监督，它与政府的关系就很难做到独立运营、不受干涉，这也是当前我国非政府组织在发展过程中需要面临的普遍问题。鉴于第三方介入的优势明显，城市贫困精准治理的监督评估要着重为推行第三方介入创造条件。政府要将监督评估权适度下放，鼓励并接纳市场化运作的专业监评机构对各治理主体的贫困治理行为进行监督、审计和评价。通过面向社会发布审计报告和监评结果的方式，广泛听取社会各界，尤其是新贫困群体的意见，以舆论监督代替行政审查，为专业化的监评机构营造宽松、和善、信任的工作环境，保障第三方介入的独立性、客观性和公正性。

城市新贫困的精准治理还需要激发广大贫困人群的主体意识、能动意识，借由其积极主动地进行评价提高精准治贫的效果。各治理主体所提供的救助和服务是否合格，作为“消费者”“受益人”的扶贫对象是最有发言权的。他们可以通过判断治贫主体的投入和工作在多大程度上满足了自身的需求、其效果与自身预期是否一致来做出评价。城市新贫困治理可以根据资源投放量等级和资源投放种类方案，把城市新贫困群体划分为不同的受惠人群，每一类受惠人群均可根据自身所获资源的情况（资源量是否达标、资源种类是否到位、供给的资源能否满足自身需求等）对各主体的贫困治理工作进行评价。其评价在一定程度上能够提高整体评估的质量，对机构评估具有一定参考价值，也能被纳入各治理主体工作绩效评价体系，推动其改进工作、提高效率。城市精准治贫应该高度重视救助对象做出的评价，不仅因为他们比各治理主体更了解实际需求和受益情况，他们的主观认识和评价还能在一定程度上对瞄准精度、资源投入与过程管理产生影响。

三、精准治贫的绩效评估

城市新贫困精准治理的绩效评估既具有一般绩效评估的共性，又有与众不同的特性。绩效评估最早应用在投资项目管理中，后来逐渐推广到人力资源管理和政府管理领域。“绩效”在经济管理中是指经济活动的成果和成效；在政府管理领域，则具有多元化内涵，既包括政府在经济、社会等活动中的业绩、效果，也包括政府在履行自身职能时的能力体现和办事效率。尽管国内外研究者对绩效内涵的理解存在诸多差异，但其核心观点是基本一致的，即“绩效”强调主体围绕目标开展的行为活动的有效性，包括过程和结果两个要素。作为一个过程，它体现为投入是否具有经济性，运作是否合理合规，结果是否达到预期目标，产出是否高效；作为一个结果，它强调从经济、社会、文化、生态等多个角度审视达成的目标。

对于城市新贫困精准治理而言，贫困治理的绩效最主要是瞄准绩效，它嵌入贫困治理过程的投入、产出、管理和结果等各个环节，指向贫困治理对象的明确判定和治理资源的精准投放。精准治贫的瞄准绩效的基本内涵是借助科学手段确定贫困者，并对贫困者进行分类分层定级，然后根据严谨合理的原则，采用规范的手段和方式，向各级各类贫困者投放相应数量和种类的资源，并最终在贫困对象身上发挥应有作用，达到预期目标的过程和结果。

（一）绩效评估的总体目标

就精准治贫而言，评估的本质就是以预定目标为参照，对治贫项目从开始实施到后续影响的全过程进行监测，持续获取项目进程和目标实现情况的数据并加以评估，以此督促治贫项目实现既定目标。因此，需要在明确精准治贫绩效评估的思路、方法、指标之前，阐明该项工作的总体目标。

目标 1：复核所收集的贫困人口的基本信息，评估对贫困人口基本特征把握的准确性，确保对贫困人口的贫困程度、贫困维度判定的准确性、科学性。城市精准治贫目标的实现部分依赖于对贫困人口实施准确的分类定级，而贫困人口的分类定级又依赖于对城市新贫困人口基本信息的掌握和基本特征的把握，依赖于一套合理科学、可行的鉴别指标。绩效评估可以通过对相关调查数据、工作流程、管理机制、档案材料的综合审查，弥补精准治贫在目标定位工作中的缺陷与不足，提出修正意见，指出改进方向。

目标 2：对贫困治理资源的配给进行跟踪监测和评估，及时掌握治贫资源的种类、数量、投放方式、去向，预防贫困治理资源被浪费、挪用现象的发生。治贫资源的投放是一个由多个环节组成的配给过程，任一环节的漏洞或差错都会降低治贫资源的利用效率，甚至导致贫困治理目标的流产。绩效评估要通过现场考察、文献查阅、访谈交流等方式对管理机制、管理程序进行定性分析，及时发现问题并予以纠正，为项目的后续开展提供保障。

目标 3：通过相关数据分析，对贫困治理成效进行评估，判断贫困治理目标的实现情况，并进行后续跟踪监测比对，为管理者提供决策参考。

贫困治理的最终目标是达到预期的减贫效果。贫困治理工作是否达到预期目标、在多大程度上达到目标，以及治理后的后续影响与可持续性等问题，都需要借助监测评估，进行针对性、持续性的数据收集、比对、分析，为发现问题、改进措施、修正计划、科学决策提供参考。通过定期开展满意度调查，可以了解贫困人口对贫困治理工作的主观评价、意见及他们的具体需求，助推贫困治理的后续改进。

（二）绩效评估的基本思路

贫困治理绩效评估的一般性思路是沿着“投入—过程—产出—影响”四个步骤向前推进的。“投入”是指，各参与主体在开展贫困治理时提供的物资、资金、人力、服务等资源；“过程”主要是指，具体的贫困治理项目从规划、实施到完成的过程中，治理主体的管理能力、管理方式、相关政策法规等；“产出”是指，运行和管理相关治贫项目所产生的所有输出，包括实物建设、计划指标达成等；“影响”是指，贫困者经由治理所发生的积极或消极的、可预期或非预期的变化。

对于城市精准治贫而言，在执行绩效评估一般性思路的过程中，必须要追问以下几个问题：第一，为什么要实施精准治贫（目标）。第二，城市新贫困的精准治理会产生什么样的影响。第三，决定精准治贫成败的关键性活动有哪些。第四，需要哪些资源满足贫困治理的需要。第五，影响治理成败的潜在风险是什么。第六，如何收集、归类、理解可用于检验贫困治理成效的相关数据并利用它们进行工作改进。第七，开展评估所需要的条件和配套资源有哪些等。对上述问题的回答，“精准”是贯穿始终的核心要素。城市新贫困治理对“精准”的理解是否合理到位，实现并控制“精准”的手段和方式是否科学有效是绩效评估要考察的重点问题。为了实现评估结果的准确可靠，城市贫困治理的绩效评估要把“精准”作为首要原则，用精细的分类、准确的分析来助益评估目标的达成。

城市新贫困精准治理可以根据资源投放量等级和资源种类投放方案划分为“贫困综合治理”“贫困分项治理”“贫困分散治理”三种类型，每一种治理在参与主体、资源投放数量与种类、治理持久性等方面都存在差异，对应的绩效评估的侧重点也有所不同。

（1）贫困综合治理

贫困综合治理的治理对象是综合贫困程度Ⅰ级和Ⅱ级，资源投放量等级为Ⅰ级和Ⅱ级，资源投放方案Ⅰ类和Ⅱ类。鉴于贫困综合治理的主体以政府部门为主，市场和社会主体为辅，资源投放量很大，资源投放种类多样，其绩效评估的侧重点集中在以下几个方面：①政府的履职情况，政府与其他主体的协调联动机制建设与运作情况；②辅助性治理主体的能力建设情况、履职情况，与政府的配合机制建设情况；③综合贫困程度Ⅰ级和Ⅱ级的判定标准的制定是否合理科学，筛选评定流程是否严谨、公开、公正；④资源投放种类的搭配结构是否合理，是否能满足治理对象的需要；⑤资源投放量的确定标准和过程是否合理、科学；⑥资源投放过程是否有有效的管理和监控，投放是否准确；⑦资源投放的效果（如减贫、参与、满意度等）；⑧问题应对机制建设。

（2）贫困分项治理

贫困分项治理的对象是综合贫困程度Ⅲ级和Ⅳ级，资源投放量等级为Ⅲ级，资源投放方案Ⅲ类和Ⅳ类。贫困分项治理的主体是以市场和社会主体为主，以政府为辅，资源投放量较大，资源投放种类具有明显的针对性。其绩效评估的重点表现为：①市场和社会主体的能力建设及履职情况，与政府的沟通协调机制建设与运作情况；②政府对部分资源的投放与支持情况，对其他主体工作的指导、监督、配合情况；③综合贫困程度Ⅲ级和Ⅳ级的判定标准的制定是否合理、科学，筛选评定流程是否严谨、公开、公正；④贫困治理项目的设计是否合理，项目管理流程、方式、具体做法是否严谨、科学、合规；⑤资源投放种类和数量是否符合项目要求，投放是否准确；⑥项目实施的减贫成效和专门目标的达成情况，是否需要后续项目跟进；⑦ 问题应对机制建设。

（3）贫困分散治理

贫困分散治理的对象是综合贫困程度Ⅴ级，资源投放量等级为Ⅳ级，资源投放方案Ⅴ类。贫困分散治理主体视申请者的具体需求而定，申请者依据自身急需资源的性质向相关部门和机构申请临时援助，资源投放量较小，资源投放种类具有较强的选择性。贫困分散治理的绩效评估主要针对以下几个方面：①分散治理主体对援助申请的分类、审核、建档和管理机制的建设与运作情况；②分散治理主体对申请人所处困境的核实评估过程是否严谨、科学，结果是否准确；③资源投放种类与数量是否符合申请者需要；④资源投放的效果（如困境缓解程度、满意度等）；⑤问题应对机制建设。

（三）绩效评估指标的选取

在明确了贫困精准治理绩效评估的目标和基本思路的基础上，通过对评估目标逐层分解，可以制定各层次的详细指标，从定性和定量两个角度对城市新贫困精准治理展开评估。经过对现有精准扶贫绩效评估指标的筛选与修订，可以获得一系列如表 7-4 所示的指标体系作为衡量城市新贫困精准治理绩效的主体标准。

所谓主体标准，是指这些指标可以作为城市新贫困治理绩效评估的框架性指标，它们涵盖了评估的主要内容和方向。但是，由于城市精准治贫是一个异常庞大艰巨的工程，各个城市要因地制宜、实事求是，综合治理、分项治理和分散治理的具体情况存在明显差别，针对不同贫困群体的治理思路和方法也不尽相同，因此在实际应用过程中，要根据不同背景和条件下的具体情况，依托主体指标体系展开适当地补充、删改、修正，以确保指标体系的科学性、合理性、可测性、独立性和完整性。该项工作需要进行大量的文献研究和数据分析，并与贫困治理领域的专家和基层治贫工作人员反复沟通、征求意见。

表 7-4　精准治贫绩效评价主体指标体系

具体指标	指标内容	指标性质	数据来源
贫困治理对象的选择	是否有明确的贫困分层定级方案，方案的制订是否严谨、科学，方案的实施是否公开、公正	定性	相关机构部门的文件资料
	城市贫困人口覆盖率，各级别贫困人口比例	定量	建档立卡数据
贫困治理资源的投入	各种类型资源的数量和比例，资源来源渠道的拓展和创新	定量+定性	部门工作数据、文件资料
	各级别贫困人口资源需求总量，各级别贫困人口资源需求的类别	定量	建档立卡数据，调研数据
	贫困治理资源到户的比例，贫困人口需求满足程度；贫困治理资源利用方式的创新	定量+定性	建档立卡数据、调研数据、文件资料
贫困治理过程的管理	各治理主体组织资源的能力和效率，各治理主体资源投放的速度与成效，各治理主体相互间的协调配合程度，治理主体对各种问题的发现、反馈和纠正机制的建立与运作	定性	文件资料
	贫困治理资源的投放进度，贫困人口对资源投放量、投放种类满足需求程度的评价，贫困人口对贫困分类定级的公平性评价，贫困人口对贫困治理的总体满意度评价	定量	调研数据、统计数据
贫困治理的成效	贫困人口减少率及对比，贫困人口的需求满足率，贫困人口的生活质量及对比	定量	统计数据、调研数据、工作数据

该指标体系从贫困治理对象的选择、贫困治理资源的投入、贫困治理

过程的管理和贫困治理的成效四个方面反映某一段时期城市贫困精准治理的绩效。但是，贫困治理是一个长期过程，治理的效果和影响在短时间内难以显现。因此，必须依托该指标体系建立起连续、长效、动态的绩效监督评估机制，及时发现问题、反馈问题、纠正失误和偏差。第一，需要在评估工作推进过程中，开展定期的调查、研讨，对评估中发现的新问题、新方法、新情况进行及时总结定性，转化成相应指标，便于应用推广。第二，对于贫困分项治理和贫困分散治理，要强化项目结束后的跟踪监测，确保所评估的项目被有效运作，产生持续的效果。第三，建立资金专项监评机制，对贫困治理资金的使用与管理进行系统、规范的监督，尤其是资金使用方向、内容选择等方面，避免资金被挪作他用而导致资金的严重浪费。第四，完善退出机制，重点参考绩效评估的结果，但不作为唯一依据。鉴于退出对贫困家庭及其成员的影响较大，必须通过有当事人和相关各方共同参加的讨论会做出最终决定。

第四节　重要资源投放要注意的问题

住房、医疗和教育类资源是公认的就当前而言最重要、最紧迫的保障性资源，这“新三座大山”给城市新贫困群体带来了较大的生活压力。近年来，政府加大了社会保障领域的改革力度，逐步明确了改革的目标和方向，推出并完善了相应的改革措施。在住房保障领域，形成了包括廉租住房、公共租赁住房、共有产权保障房（即经济适用住房）、征收安置房（或限价商品房）等在内的基本覆盖各类不同住房困难对象的保障体系；在医疗保障领域，城镇居民基本医疗保险制度、大病医疗救助制度和新型农村合作医疗制度等为困难群体构筑了基本生命线；在教育保障领域，教育公平原则被切实贯彻，教育扶贫是最根本、最持久有效的扶贫机制。通过政府和社会各界的广泛努力，“新三座大山”给贫困群体带来的压力被极大地缓解了，但在改革的过程中，也出现了一些新的问题，需要引起重视、并积极调整。

首先，在满足城市新贫困群体多元化住房需求的过程中，要加强多主体供给、多渠道保障。2018 年 8 月，深圳市政府发布《深圳市人民政府关于深化住房制度改革加快建立多主体供给多渠道保障租购并举的住房供应与保障体系的意见》，正式拉开了第三次住房体制改革的序幕。深圳市的思路是充分发挥政府、企业、社会组织等各类主体作用，针对不同收入水平的居民和专业人才等各类群体，优化调整增量住房结构，多主体供给、多渠道保障、租购并举，形成多层次、差异化、全覆盖的住房供应与保障体系。深圳市作为我国新一轮住房体制改革的试验地，其做法与经验将在全国范围产生较大影响。

这一改革的可能后果之一是导致两个住房市场的出现。一个是价格昂贵的商品房市场，另一个是相对价格较低的保障房市场。如若没有其他机制的平衡协调，这两个市场极有可能成为承载社会空间分异的物理平台，成为阶层分化、边界固化的助力。尤其是面向城市新贫困群体的保障房，在建设选址、配套设施、社区服务、文化建设、社会导向等方面，需要给予特别关注、用心谋划，减弱低房价可能引发的负面效应，即贫困聚居和贫困文化的生成。目前，在一些城市的保障房建设中，已经出现了将低保居民集中安置在一个社区中的情况，事实上生成了贫困聚居区。未来保障房的供给一定要避免这种情形，低房价不应成为劣质环境的诱因，保障房不仅要保障贫困居民的居住权，更要保障他们的发展权，让他们能够像其他阶层一样过上体面、有尊严的生活。

此外，要加强对租赁房市场的监督管理，城市新贫困群体中的农民工、“蚁族”群体主要是租赁住房生活。“胶囊房”、无独立卫生间、基础设施陈旧、卫生条件恶劣、治安环境差的住房是他们节约生活成本的首要选择。城市要加强对一些老旧社区的改造，完善商品房改造出租的相关法律法规，切实保障租赁住房群体的合法权益。

在医疗保障领域，城市新贫困者反映的主要问题包括以下几个方面。一是对不同医疗保险制度本身的内容及相互间的关系理解不足。各种保险政策和规定条例的大量出台，出现了许多概念界定不清、问题未能明确的情况，大多数城市新贫困者对此都较为困惑，一知半解或者完全不了解。二是大病统筹起付线过高，门诊费用一般不予报销。城镇居民医保以大病统筹为主，住院才能报销，常见病和多发病的普通门诊费用都由贫困者自己承担，这是一个不小的负担。三是相关医疗改革政策执行不到位，医疗收费缺乏有效的费用制约机制。四是异地报销始终未能全面贯彻。异地报销在实践中遭遇诸多阻碍，导致部分贫困者小病自己负担，大病先垫付，然后再回到原籍地办理报销，报销时间过程长、压力大。五是新型农村合作医疗制度还存在诸多缺陷，尤其是农村医疗水平较低，医疗条件有限的问题。此外，由于新农合制度和城市居民医保制度是两套独立的体系，对在城农民工的医疗保障常常会出现救助迟滞的情况。

针对以上问题，城市新贫困群体的医疗资源供给要采取以下措施。第一，要加强社区医院软硬件建设，提高在社区医院就诊的报销比例，吸引更多居民在社区医院就诊小病。如此既可以减轻贫困者的经济负担，方便其就医，又可以缓解大医院的门诊压力，确保疑难杂症的诊疗。第二，做好城镇居民基本医疗保险与职工医疗保险、新农合等制度的衔接。相关部门应就在城务工农民从参加新农合转向城镇居民基本医疗保险的可能性与具体规定进行精细化的制度设计。第三，提高医疗服务的透明度，保障患者的知情权、参与权和发言权，尤其要注意倾听贫困群体的诉求，以保证医保政策在制定和执行过程中最大限度满足困难群体的需要。第四，政府和社会各界要加强对医疗机构的监督，尤其是私营医疗机构，与医疗机构沟通协调，在确保服务质量的同时有效控制费用，同时积极吸纳医务社会工作者的参与，促进广大群众、医疗机构和政府的三方良性互动，提高医保制度的执行效力。第五，创新医保基金的监管方式，以信息化建设为引领，创建大数据平台，实现各相关部门、机构之间的信息共享与沟通协作。

在教育保障领域，九年义务教育在很大程度上缓解了贫困家庭基础教育阶段的学费压力，政府、社会、企业、学校等主体采取的各种援贫助贫措施帮助很多贫困学子在求学的道路上继续前行。入学机会的平等让贫困家庭燃起了改变命运的希望。然而，市场经济的发展把优质教育资源转变成可购买的商品，课外补习市场发展迅猛，对优质教育资源的竞争取代对入学机会的竞争成为推动教育不平等的新兴力量。北京大学中国教育财政科学研究所发布的2017年中国教育财政家庭调查结果显示，全国基础教育阶段学生的校外教育总体参与率在47.2%，平均费用为5616元。[①]课外补习市场具有明显的阶层性，它的存在会影响高等教育的成效，进而影响社会分层，激化教育资源分配不均的社会矛盾。

对该问题的解决，首先要分析民众对课外补习的具体需求。课外补习的目的无外乎培优和补差。贫困家庭经济能力低下，在优质教育资源的竞争中处于劣势，难以承担课外培优的高昂费用。其次，贫困家庭中的父母工作时间长、劳动强度大，且自身文化水平有限，缺少陪伴子女的时间，更无法提供有效的课外辅导。因此，对于贫困家庭而言，课外陪伴和补差是其子女更迫切需要的教育服务。对此，政府要充分发挥学校、社会机构的能动性，尤其要动员社会各界的力量，为贫困家庭子女提供免费或者低价的课外辅导、学习陪伴。同时，要出台一系列措施整顿课外补习市场，加强对这些营利性教育机构的监督管理，促进课外补习市场健康有序的发展。

---

① 魏易：《揭开中国家庭教育支出的“盖子”》，《中国青年报》2018年1月15日。

参考文献

〔印〕阿马蒂亚·森:《贫困与饥荒》,王宇、王文玉译,商务印书馆 2001 年版。

〔印〕阿马蒂亚·森:《以自由看待发展》,任赜、于真译,中国人民大学出版社 2002 年版。

安春英:《非洲的贫困与反贫困问题研究》,中国社会科学出版社 2010 年版。

白维军:《风险社会下欠发达地区城市低保家庭医疗困境的研究——以呼和浩特市为例》,《前沿》2009 年第 4 期。

〔美〕布洛维:《公共社会学》,沈原译,社会科学文献出版社 2007 年版。

曹艳春:《城市贫困新类型及贫困程度评估与救助研究》,《人口与经济》2010 年第 4 期。

曹艳春:《我国适度普惠型社会福利制度发展研究》,上海人民出版社 2013 年版。

陈映芳、卫伟:《寻找住处——城市居住贫困和人的命运》,上海古籍出版社 2015 年版。

〔日〕堤未果:《贫困大国美国》,殷雨涵、谢志海译,北京科学技术出版社 2010 年版。

董家丰:《少数民族地区信贷精准扶贫研究》,《贵州民族研究》2014 年第 7 期。

董强:《2016 年中国慈善事业发展综述》,见杨团主编《中国慈善发展报告(2017 年)》,社会科学文献出版社 2017 年版。

窦玉沛:《中国社会福利的改革与发展》,《社会福利》2006 年第 10 期。

段培新:《支出型贫困救助——一种新型社会救助模式的探索》,《社会保障研究》2013 年第 1 期。

范逢春:《城市新贫困:扶贫之困与治理之道》,《理论探讨》2016 年第 1 期。

范逢春:《农村公共服务多元主体协同治理机制研究》,人民出版社 2014 年版。

范明林:《城市贫困家庭治理政策研究》,广西师范大学出版社 2012 年版。

房玉霞、李宏:《公民政治参与:国家回归社会的重要桥梁》,《山东行政学院学报》2011 年第 3 期。

〔美〕菲利普·塞尔兹尼克:《社群主义的说服力》,马洪、李清伟译,上海世纪出版集团 2009 年版。

〔瑞典〕冈纳·缪尔达尔、〔美〕赛思·金:《亚洲的戏剧》,方福前译,商务印书馆 2015 年版。
高恒:《美国国民素质考察报告》,广西人民出版社 1999 年版。
高颖、张欢:《城市家庭贫困程度判定模型的构建——基于北京西城区社会救助工作实践的研究》,《北京社会科学》2008 年第 4 期。
高云虹:《中国转型时期城市贫困问题研究》,人民出版社 2009 年版。
国家统计局:《2013 年国民经济和社会发展统计公报》,2014 年 2 月 24 日,http://www.stats.gov.cn/tjsj/zxfb/201402/t20140224_514970.html。
国家统计局:《2015 年农民工监测调查报告》,2016 年 4 月 28 日,http://www.stats.gov.cn/tjsj/zxfb/201604/t20160428_1349713.html。
国家统计局:《中国统计年鉴 2017》,http://www.stats.gov.cn/tjsj/ndsj/2017/indexch.htm。
国家统计局:《中国统计年鉴 2015》,http://www.stats.gov.cn/tjsj/ndsj/2015/indexch.htm。
国务院扶贫开发领导小组办公室:《全国农村贫困人口已减少 5564 万 一些地方扶贫形式主义凸显》,2017 年 8 月 30 日,http://news.sina.com.cn/c/2017-08-30/doc-ifykiurx2955505.shtml。
国务院新闻办公室:《美国有数百万无家可归者流落街头》,2012 年 5 月 25 日,http://www.chinanews.com/gn/2012/05-25/3916870.shtml。
郝文明:《中国周边国家民族状况与政策》,民族出版社 2000 年版。
洪大用:《当道义变成制度之后——试论城市低保制度实践的延伸效果及其演进方向》,《经济社会体制比较》2005 年第 3 期。
胡薇:《国家回归:社会福利责任结构的再平衡》,知识产权出版社 2012 年版。
胡薇:《国家角色的转变与新中国养老保障政策变迁》,《中国行政管理》2012 年第 6 期。
胡永和:《中国城镇新贫困问题研究》,中国经济出版社 2011 年版。
黄承伟、覃志敏:《论精准扶贫与国家扶贫治理体系建构》,《中国延安干部学院学报》2015 年第 1 期。
黄承伟:《中国农村反贫困的实践与思考》,中国财政经济出版社 2004 年版。
黄伟夫:《2014 年中国民非和非法人社团发展报告》,见杨团主编《中国慈善发展报告》(2015),社会科学文献出版社 2015 年版。
黄晓燕、万国威:《解构中国城市新贫困群体社会保障的困境:福利的分析范式》,《理论探讨》2010 年第 6 期。
蒋贵凰、宋迎昌:《中国城市贫困状况分析及反贫困对策》,《现代城市研究》2011 年第 10 期。
〔美〕杰拉德·迈耶、〔美〕约瑟夫·斯蒂格利茨编:《发展经济学前沿:未来展望》,本书翻译组译,中国财政经济出版社 2003 年版。
景天魁:《底线公平福利模式》,中国社会科学出版社 2013 年版。
〔美〕拉维·坎波尔、琳·斯奎尔:《关于贫困的思想演变:对相互作用的探讨》,〔美〕杰拉德·迈耶、约瑟夫·斯蒂格利茨编《发展经济学前沿:未来展望》,本书翻译组译,中国财政经济出版社 2003 年版。
李鸿忠:《支持非公有制经济健康发展》,2013 年 12 月 1 日,http://www.qstheory.cn/

zxdk/2013/201323/201311/t20131127_296351.htm。

李怀玉:《新生代农民工贫困代际传承问题研究》，社会科学文献出版社 2014 年版。

李培林、陈光金、张翼，等主编:《2016 年中国社会形势分析与预测》，社会科学文献出版社 2015 年版。

李强:《转型时期“城市住房地位群体”》,《江苏社会科学》2009 年第 4 期。

李善同:《农民工在城市的就业、收入与公共服务——城市贫困的视角》，经济科学出版社 2009 年版。

李文海、夏明方主编:《中国荒政全书》，北京古籍出版社 2003 年版。

李彦昌主编:《城市贫困与社会救助研究》，北京大学出版社 2004 年版。

李迎生、徐向文:《社会工作助力精准扶贫：功能定位与实践探索》,《学海》2016 年第 4 期。

林闽钢、陶鹏:《中国贫困治理三十年回顾与前瞻》,《甘肃行政学院学报》2008 年第 6 期。

林闽钢:《城市贫困救助的目标定位问题——以中国城市居民最低生活保障制度为例》,《东岳论丛》2011 年第 5 期。

林闽钢:《底层公众现实利益的制度化保障——新型社会救助体系的目标和发展路径》,《学术前沿》2013 年第 21 期。

林顺利:《城市贫困的社会空间研究》，人民出版社 2015 年版。

刘波:《墨西哥城市贫民窟现象》，2010 年 8 月 13 日，http://finance.jrj.com.cn/2010/08/1316007946043.shtml。

刘倩倩:《东南亚国家城市化发展与城市贫困问题》,《中国国际扶贫中心研究报告》2013 年第 4 期。

刘嵘等:《城市新贫困人群生命质量多元分析及综合评价》,《中国公共卫生》2005 年第 8 期。

刘祖云、戴洁:《生活资源与社会分层——一项对中国中部城市的社会分层研究》,《江苏社会科学》2005 年第 1 期。

刘祖云、胡蓉:《城市住房的阶层分化：基于 CGSS2006 调查数据的分析》,《社会》2010 年第 5 期。

陆学艺:《当代中国社会阶层研究报告》，社会科学文献出版社 2002 年版。

吕鹏:《制度是如何封闭的？——以国有企业下岗职工社会保障制度的实际运行为例》,《学海》2006 年第 1 期。

〔澳〕马尔科姆·沃特斯:《现代社会学理论》，杨善华、李康、汪洪波，等译，华夏出版社 2000 年版。

马戎:《“差序格局”——中国传统社会结构和中国人行为的解读》,《北京大学学报（哲学社会科学版）》2007 年第 2 期。

〔美〕玛丽亚·康西安、〔美〕谢尔登·丹齐革:《改变贫困，改变反贫困政策》，刘杰、金晶、曹姗姗，等译，中国社会科学出版社 2014 年版。

民政部:《民政事业发展统计公报》（1999～2009 年）和《社会服务发展统计公报》（2010～2017 年），http://www.mca.gov.cn/article/sj/tjgb/?

彭华民：《福利三角：一个社会政策分析的范式》，《社会学研究》2006 年第 4 期。
彭华民：《福利三角中的社会排斥》，上海人民出版社 2007 年版。
彭华民：《论需要为本的中国社会福利转型的目标定位》，《南开学报（哲学社会科学版）》2010 年第 4 期。
彭华民、黄叶青：《福利多元主义：福利提供从国家到多元部门的转型》，《南开学报（哲学社会科学版）》2006 年第 6 期。
屈锡华、左齐：《贫困与反贫困——定义、度量与目标》，《社会学研究》1997 年第 3 期。
〔印〕让·德雷兹、阿玛蒂亚·森：《饥饿与公共行为》，苏雷译，社会科学文献出版社 2006 年版。
人力资源和社会保障部：《中国劳动统计年鉴 2004》，2011 年 7 月 23 日，http://www.mohrss.gov.cn/SYrlzyhshbzb/zwgk/szrs/tongjinianjian/201107/t20110723_67036.html。
师嘉林：《当代美国拉美裔移民贫困问题探析》，《重庆工商大学学报（社会科学版）》2015 年第 3 期。
宋娟：《社会分层视角下社会保障质量提升研究》，《社会保障研究》2012 年第 6 期。
孙立平：《转型与断裂：改革以来中国社会结构的变迁》，清华大学出版社 2004 年版。
孙璐：《扶贫项目绩效评估研究：基于精准扶贫的视角》，社会科学文献出版社 2018 年版。
孙莹、周晓春：《我国城市贫困家庭子女的教育救助问题研究》，《中国青年政治学院学报》2004 年第 3 期。
孙远太：《城市贫困阶层的再生产机制及其治理政策研究》，中国社会科学出版社 2016 年版。
童星、林闽钢：《我国农村贫困标准线研究》，《中国社会科学》1994 年第 3 期。
汪三贵、郭子豪：《论中国的精准扶贫》，《贵州社会科学》2015 年第 5 期。
汪树民：《超级大国的弱势群体——战后美国贫困问题透视》，学林出版社 2011 年版。
王春超、叶琴：《中国农民工多维贫困的演进：基于收入与教育维度的考察》，《经济研究》2014 年第 12 期。
王春萍：《可行能力视角下城市贫困与反贫困研究》，西北工业大学出版社 2008 年版。
王介勇：《我国精准扶贫政策及其创新路径研究》，《中国科学院院刊》2016 年第 3 期。
王劲颖、沈东亮、屈涛，等：《美国非营利组织运作和管理的启示与思考——民政部赴美国代表团学习考察报告》，《社团管理研究》2011 年第 3 期。
王丽平：《中国社会福利与社会救助问题研究》，人民日报出版社 2014 年版。
王美艳：《农民工的贫困状况与影响因素——兼与城市居民比较》，《宏观经济研究》2014 年第 9 期。
王思斌：《我国适度普惠型社会福利制度的建构》，《北京大学学报（哲学社会科学版）》2009 年第 3 期。
王文仙：《20 世纪墨西哥城市化与社会稳定探析》，《史学集刊》2014 年第 4 期。
王艳萍：《贫困内涵及其测量方法新探索》，《内蒙古财经学院学报》2006 年第 2 期。
王永红：《美国贫困问题与扶贫机制》，上海人民出版社 2011 年版。
王宇、李博、左停：《精准扶贫的理论导向与实践逻辑——基于精细社会理论的视角》，

《贵州社会科学》2016 年第 5 期。

魏后凯、苏红键:《中国城市贫困状况研究——聚焦外来务工人员》，中国社会科学出版社 2016 年版。

魏后凯、王宁:《参与式反贫困：中国城市贫困治理的方向》,《江淮论坛》2013 年第 5 期。

魏易:《揭开中国家庭教育支出的“盖子”》,《中国青年报》2018 年 1 月 15 日。

文军:《中国社会组织发展的角色困境及其出路》,《江苏行政学院学报》2012 年第 1 期。

〔德〕乌尔里希·贝克、〔英〕安东尼·吉登斯、斯科特·拉什:《自反性现代化》，赵文书译，商务印书馆 2001 年版。

吴鹏森:《中国城市贫困问题及其现代保障体系的建构》,《南京师大学报（社会科学版）》2008 年第 2 期。

伍欣:《推进城市贫困家庭分类救助，促进新型社会救助体系建立——“缓解城市低保家庭贫困代际传递的政策研究”课题组负责人林闽钢教授谈社会救助》,《中国社会报》2012 年 10 月 24 日。

习近平:《扶贫切忌喊口号 也不要定好高骛远目标》，2013 年 11 月 3 日，http://www.chinanews.com/gn/2013/11-03/5457417.shtml。

习近平:《谋划好“十三五时期”扶贫开发工作 确保农村贫困人口到 2020 年如期脱贫》,2015 年 6 月 19 日，http://www.chinadaily.com.cn/interface/toutiao/1138561/2015-6-19/cd_21055773.html.

习近平:《在部分省区市扶贫攻坚与“十三五”时期经济社会发展座谈会上的讲话（节选）》，中共中央党史和文献研究院编《习近平扶贫论述摘编》，中央文献出版社 2018 年版，第 58 页。

习近平:《在河北省阜平县考察扶贫开发工作时的讲话》,《做焦裕禄式的县委书记》，中央文献出版社 2015 年版。

夏建中:《城市社会学》，中国人民大学出版社 2013 年版。

谢宇:《日薪制与新型劳资关系的建构——广东 S 镇农民工劳务市场调查》,《社会学评论》2014 年第 6 期。

徐勇:《“回归国家”与现代国家的建构》,《东南学术》2006 年第 4 期。

许光:《福利转型：城市贫困的治理实践与范式创新》，浙江大学出版社 2014 年版。

许英康、王军:《中国城镇家庭居住状况与住房分层：2000—2010》,《中央社会主义学院学报》2014 年第 6 期。

许子东:《房价问题与中国社会各阶级分析》，2011 年 8 月 20 日，https://www.douban.com/group/topic/21841068/。

杨立雄:《社会救助研究》，经济日报出版社 2008 年版。

杨团主编《中国慈善发展报告》（2015），社会科学出版社 2015 年版。

姚建平:《中国转型期城市贫困与社会政策》，复旦大学出版社 2011 年版。

佚名:《2020 年英国贫困青少年或将达到 500 万》，2014 年 5 月 29 日，http://news.ifeng.com/a/20140529/40520085_0.shtml。

佚名:《大学毕业生失业率连续 5 年下降 现在流行慢就业》，2016 年 4 月 10 日，https://

edu.sina.cn/2016-04-10/detail-ifxrcizu3904954.d.html。

佚名:《赴美 20 年 43%仍靠政府福利 研究指移民推高贫困率》，2012 年 8 月 10 日，http:// www.chinanews.com/hr/2012/08-10/4097655.shtml。

佚名:《联合国千年发展目标及其落实》，2015 年 9 月 26 日，http://www.xinhuanet.com/world/2015-09/26/c_1116686844.htm。

佚名:《全球贫困率首次降至 10%以下 但大部分人口仍为低收入者》，2015 年 12 月 23 日，http://www.sohu.com/a/50028255_114955。

佚名:《日本相对贫困率达 16% 以年轻人居多》，2015 年 5 月 27 日，http://japan.people.com.cn/n/2015/0527/c35467-27061679.html。

佚名:《日媒：统计显示日本平均每 4 小时饿死 1 人》，2012 年 11 月 20 日，http://world.huanqiu.com/well_read/2012-11/3295767.html?agt=45。

佚名:《世界移民报告 2015》，2016 年 3 月 23 日，http://www.sohu.com/a/65229033_372522。

佚名:《我国城镇化率升至 58.52% 释放发展新动能》，2018 年 2 月 4 日，http://society.people.com.cn/n1/2018/0204/c1008-29804719.html。

佚名:《英国近三分之一人生活在贫困线以下》，2017 年 2 月 15 日，http://finance.sina.com.cn/stock/usstock/c/2017-02-15/doc-ifyarmcu6001418.shtml。

佚名:《中国城镇真实的失业率可能高达 13%，是官方统计数据的三倍?》，2016 年 6 月 6 日，http://www.sohu.com/a/81390818_362051。

尹海洁:《城市贫困人口的经济支持网研究》，哈尔滨工业大学出版社 2006 年版。

于秀丽:《排斥与包容——转型期的城市贫困救助政策》，商务印书馆 2009 年版。

袁媛、吴缚龙、许学强:《转型期中国城市贫困和剥夺的空间模式》,《地理学报》2009 年第 6 期。

袁媛:《中国城市贫困的空间分异研究》，科学出版社 2014 年版。

翟雁、辛华:《2014 中国志愿者捐赠价值报告》，见杨团主编《中国慈善发展报告》(2015)，社会科学文献出版社 2015 年版。

张鸿雁:《“社会精准治理”模式的现代性建构》,《探索与争鸣》2016 年第 1 期。

张欢、周娟:《城市医疗救助对象分类方法研究:基于西北三城市入户数据的实证分析》,《管理世界》2008 年第 2 期。

张军:《统筹城乡社会救助制度建设研究》，西南财经大学出版社 2013 年版。

张奇林等:《中国慈善事业发展研究》，人民出版社 2014 年版。

张新生:《我国弱势群体社会救助研究》，经济科学出版社 2013 年版。

张亚匀、张嘉俊:《巴西城市化面临的问题》,《国际研究参考》2014 年第 11 期。

张钟汝、范明林、王拓涵:《国家法团主义视域下政府与非政府组织的互动关系研究》,《社会》2009 年第 4 期。

郑秉文:《拉丁美洲城市化：经验与教训》，当代世界出版社 2011 年版。

郑筱筠:《2014 年中国宗教慈善报告》，见杨团主编《中国慈善发展报告》(2015)，社会科学文献出版社 2015 年版。

中华人民共和国民政部:《2014 年 4 季度全国县以上城市低保情况》，http://files2.mca.gov.cn/cws/201501/20150126172032752.htm。

中华人民共和国民政部:《2015 年 4 季度全国县以上城市低保情况》, http://www.mca.gov.cn/article/sj/tjjb/dbsj/201602/20160200880300.htm。

周凤华、Edin K、Kissane R J:《美国的贫困家庭与福利改革》,《社会主义研究》2011 年第 5 期。

周秋光:《中国慈善发展的历史与现实》,《史学月刊》2013 年第 3 期。

周晓光、王美艳:《中国劳资冲突的现状、特征与解决措施——基于 279 个群体性事件的分析》,《学术研究》2015 年第 4 期。

周怡:《解读社会:文化与结构的路径》,社会科学文献出版社 2004 年版。

周以林、王春燕:《反贫困背景下我国医疗救助对象分类研究》,《医学与哲学(人文社会医学版)》2008 年第 12 期。

祝建华:《缓解城市低保家庭贫困代际传递的政策研究》,浙江大学出版社 2015 年版。

ADB, *Poverty Profile of People's Republic of China*, Manila: Asian Development Bank, 2004.

Banfield E C. *The Moral Basis of a Backward Society*, New York: The Free Press, 1958.

Carey Oppenheim, *Poverty: the Facts*, London: Child Poverty Action Group, 1996.

Du Y, Gregory R, Meng X, "The Impact of the Guest-worker System on Poverty and the Well-being of Migrant Workers in Urban China", In Garnaut R, Song L, (Eds.) *The Turning Point In China's Economic Development*, Canberra: Asia Pacific Press, 2006, pp.133-150.

Feres J C, León A, "The Magnitude of Poverty in Latin America", *CEPAL Review*, Vol.41, No.8, 1990.

Harpham T, Lusty T, Vaughan P (Eds), *In the Shadow of the City: Community Health and the Urban Poor*, Oxford: Oxford University Press, 1988.

Harrington M, *The Other America, Poverty in the United States*, New York: Penguin Books, 1980.

Lewis O, "The Culture of Poverty", *Scientific American*, 1966, 215 (4), pp.19-25.

Lewis O, *Five Families: Mexican Case Studies in the Culture of Poverty*, New York: Basic Books, 1959.

Lynn L E Jr, McGeary M G H (Eds), *Inner-City Poverty in the United States*, Washington, DC: National Academy Press, 1990.

Oppenheim, *Poverty: the Facts*, London: Child Poverty Action Group, 1993.

Philip A, "Key Theme in Contemporary African Urbanization", in Philip Amis and Peter Lloyd (Eds), *Housing Africa's Urban Poor*, Manchester: Manchester University Press, 1990, pp.1-34.

Rakodi C, "Planning for whom?", In Devas, Nick, Rakodi C (Eds.), "*Managing Fast-growing Cities: New Approaches to Urban Planning and Management in the Developing World*", Harlow: Longman, 1993.

World Bank, Africa Development Indicators 2008, Washington D.C.: The WorldBank, 2008.

World Bank, *Urban Policy and Economic Development: An Agenda for the 1990s*, Washington, D.C.: The World Bank, 1991.

附　录

城市新贫困综合贫困测量量表

<table>
<tr><td colspan="8">A. 能力</td></tr>
<tr><td>a_1 户口所在地</td><td>6 本市</td><td>5 外市</td><td>4 本市周边农村</td><td colspan="2">3 外市周边农村</td><td>2 偏远平原地区农村</td><td>1 偏远山村</td></tr>
<tr><td>a_2 性别</td><td colspan="7">1 男　　0 女</td></tr>
<tr><td rowspan="2">a_3 年龄</td><td>女</td><td>5 26～35 岁</td><td>4 36～45 岁</td><td colspan="2">3 15～25 岁</td><td>2 46～55 岁</td><td>1 55—</td></tr>
<tr><td>男</td><td>5 30～39 岁</td><td>4 40～49 岁</td><td colspan="2">3 15～29 岁</td><td>2 50～59 岁</td><td>1 60—</td></tr>
<tr><td>a_4 文化程度</td><td colspan="2">5 研究生</td><td>4 本科</td><td colspan="2">3 高中</td><td>2 初中</td><td>1 小学及以下</td></tr>
<tr><td>a_5 健康状况</td><td colspan="2">5 非常好</td><td>4 良好</td><td colspan="2">3 一般</td><td>2 较差</td><td>1 非常差</td></tr>
<tr><td rowspan="2">a_6 月收入</td><td colspan="2">6 3001 元</td><td colspan="3">5 2051～3000 元</td><td colspan="2">4 2001～2050 元</td></tr>
<tr><td colspan="2">3 1501～2000 元</td><td colspan="3">2 1001～1500 元</td><td colspan="2">1 1000 元以下</td></tr>
<tr><td rowspan="2">a_7 工作稳定性</td><td colspan="2">4 基本不换工作</td><td colspan="3">3 较少换工作</td><td colspan="2">2 阶段性换工作</td></tr>
<tr><td colspan="2">1 经常换工作</td><td colspan="3">0 无业</td><td colspan="2"></td></tr>
<tr><td rowspan="6">a_8 工作能力（数字越大，认同越高）</td><td rowspan="3">知识技能</td><td>我的专业知识很扎实</td><td>5</td><td>4</td><td>3</td><td>2</td><td>1</td></tr>
<tr><td>我的工作经验很丰富</td><td>5</td><td>4</td><td>3</td><td>2</td><td>1</td></tr>
<tr><td>我非常熟悉岗位技能</td><td>5</td><td>4</td><td>3</td><td>2</td><td>1</td></tr>
<tr><td rowspan="3">逻辑思维能力</td><td>我能准确理解岗位职责</td><td>5</td><td>4</td><td>3</td><td>2</td><td>1</td></tr>
<tr><td>我能准确领会领导的意图</td><td>5</td><td>4</td><td>3</td><td>2</td><td>1</td></tr>
<tr><td>我工作中很少出错</td><td>5</td><td>4</td><td>3</td><td>2</td><td>1</td></tr>
</table>

续表

a_8　工作能力（数字越大，认同越高）	创新能力	我能提出新的管理方法和思路	5	4	3	2	1
		我能钻研出新的技术	5	4	3	2	1
	沟通能力	我擅长和各种各样的人打交道	5	4	3	2	1
	表达能力	我能准确地用语言表达自己的想法	5	4	3	2	1
		我能准确地用文字表达自己的想法	5	4	3	2	1
	耐受力	我无所畏惧于各种挫折和困难	5	4	3	2	1

a_9　心理健康 1　总是这样 2　经常这样 3　偶尔这样 4　基本不会这样	夜晚很久才能入睡或睡不踏实或早上很早就醒了	1	2	3	4
	一个人待在房间里时，会感觉恐惧和压抑	1	2	3	4
	一天至少吃一顿均衡的膳食	4	3	2	1
	一周至少运动两次（要出汗）	4	3	2	1
	经常参加群体活动	4	3	2	1
	敢于公开表达自己的不满	4	3	2	1
	身边至少有一位值得信赖的人	4	3	2	1
	在别人需要帮助时乐于伸出援手	4	3	2	1
	经常与身边的人谈论日常生活中的问题	4	3	2	1

“能力”由9个指标测量，其中a_8、a_9取均值代表工作能力和心理健康，男性满分41分，女性满分40分。

男性的能力贫困等级为：Ⅰ级值域为23.89分以下，Ⅱ级值域为23.90分～26.13分，Ⅲ级值域为26.14分～27.82分，Ⅳ级值域为27.83分～30.00分，Ⅴ级值域为30.01分～32.8分。

女性的能力贫困等级为：Ⅰ级值域为21.97分以下，Ⅱ级值域为21.98分～24.33分，Ⅲ级值域为24.34分～26.30分，Ⅳ级值域为26.31分～28.65分，Ⅴ级值域为28.66分～32分。

B. 保障		
b_1　您是否参加了失业保险？	1　是	0　否
您每月缴纳的保险金额是_____元		
b_2　您是否参加了养老保险？	1　是	0　否
您每月缴纳的保险金额是_____元		
b_3　您是否参加了医疗保险/新农合？	1　是	0　否
您每月缴纳的保险金额是_____元		
b_4　您是否参加了工伤保险？	1　是	0　否
您每月缴纳的保险金额是_____元		

续表

b_5 您现在每月是否拿低保?	1 是	0 否	
您每月获得的低保金是_____元			
b_6 您每月是否还享有其他类型补助?	1 是	0 否	
请您说明补助的内容			
b_7 您的住房性质为何种?	1 自有住房	0 租借房	
b_8 您的住房是否有独立卫生间?	1 有	0 没有	
b_9 您的住房条件能否满足您的需要?	5 完全满足	4 较好满足	3 恰好满足
	2 较难满足	1 完全不能满足	

“保障”由 9 个指标测量，满分为 13 分。

保障的贫困等级为：Ⅰ级值域为 4 分以下，Ⅱ级值域为 4.01 分～5 分，Ⅲ级值域为 5.01 分～6 分，Ⅳ级值为 6.01 分～7 分，Ⅴ级值域为 7.01 分～10.40 分。

C. 支持

c_1 近一年来您主要与谁居住在一起（只选一项）	1 远离家人，且独居一室 2 住处经常变动，多数时间和陌生人住在一起 3 和同学、同事或朋友住在一起 4 和家人住在一起
c_2 您在本市有多少可以得到支持和帮助的亲密朋友（只选一项）	1 一个也没有　　2 1～2 个 3 3～5 个　　4 6 个或 6 个以上
c_3 您在本市的生活中，与邻居的关系：（只选一项）	1 相互之间从不关心，只是点头之交 2 遇到困难可能稍微关心 3 有些邻居很关心您 4 大多数邻居都很关心您
c_4 您在本市的工作中，与同事的关系：（只选一项）	1 相互之间从不关心，只是点头之交 2 遇到困难可能稍微关心 3 有些同事很关心您 4 大多数同事都很关心您
c_5 您从家庭成员那里得到的支持如何? 5 全力支持　4 较多 3 一般　2 较少 1 没有	配偶　5　4　3　2　1 父母　5　4　3　2　1 子女　5　4　3　2　1
c_6 您从其他亲属那里得到的支持如何?（兄弟姐妹、姑伯舅姨等）	5 全力支持　4 较多　3 一般 2 较少　1 没有
c_7 您从老乡那里得到的支持如何?	5 全力支持　4 较多　3 一般 2 较少　1 没有
c_8 您从本市社区工作人员那里得到的支持如何?	5 全力支持　4 较多　3 一般 2 较少　1 没有
c_9 您从本市政府相关部门那里得到的支持如何?	5 全力支持　4 较多　3 一般 2 较少　1 没有
c_{10} 您从家乡的社区工作人员/村干部那里得到的支持如何?	5 全力支持　4 较多　3 一般 2 较少　1 没有
c_{11} 您从家乡的政府相关部门那里得到的支持如何?	5 全力支持　4 较多　3 一般 2 较少　1 没有

续表

c_{12}　在经济上给予您帮助最大的社会关系，其自身经济状况如何？	5　很富裕　　4　比较富裕　　3　一般 2　比较困难　　1　非常困难
c_{13}　您认为，您寻求经济帮助的难易程度如何？	5　非常容易　　4　比较容易　　3　一般 2　比较困难　　1　非常困难

“支持”由 13 个指标测量，满分 61 分。

支持的贫困等级为：Ⅰ级值域为 20 分以下，Ⅱ级值域为 20.01 分～23.49 分，Ⅲ级值域为 23.50 分～28.40 分，Ⅳ级值域为 28.41 分～34.58 分，Ⅴ级值域为 34.59 分～48.80 分

D. 负担

d_1　您是否需要供养照顾学前期婴幼儿	1　需要　　0　不需要

身体健康状况如何	很不健康	不太健康	一般	健康	非常健康
在上幼儿园吗？	没有	公立幼儿园	私立幼儿园		
孩子带来的经济负担	非常大	比较大	还可以	比较小	非常小

d_2　您是否需要供养生活半自理/完全不能自理的病人	1　需要　　0　不需要

所患疾病						
日均需要照料的时间	2 小时以内	2～4 小时	4～6 小时	6～8 小时	8 小时以上	
医疗花费	平均每月______元，其中自费______元					
收入来源	退休金	低保	工资	租金	其他_____	无

d_3　您是否需要供养生活半自理/完全不能自理的伤残人员	1　需要　　0　不需要

伤残时长	2 年以内	2～4 年	4～6 年	6～8 年	8 年以上	
医疗花费	平均每月______元，其中自费______元					
日均需要照料的时间	2 小时以内	2-4 小时	4-6 小时	6-8 小时	8 小时以上	
收入来源	退休金	低保	工资	租金	其他_____	无

d_4　您是否需要供养生活半自理/完全不能自理的老人	1　需要　　0　不需要

日均需要照料时间	2 小时以内	2～4 小时	4～6 小时	6～8 小时	8 小时以上
医疗花费	平均每月______元，其中自费______元				
收入来源	退休金	租金	其他_____	无	

d_5　您是否需要供养在校学生（小学—大学阶段）	1　需要　　0 不需要

学习阶段	小学	初中	高中	大学	
身体健康状况	非常健康	健康	一般	不太健康	很不健康
学习成绩	非常好	比较好	中等	比较差	非常差
学费负担	非常小	比较小	一般	比较大	非常大

d_6　您是否需要供养失业人员	1　需要　　0 不需要

性别	男	女				
年龄						
文化程度	小学及以下	初中/中专	高中	高职高专	本科	研究生
健康状况	非常健康	健康	一般	不太健康	很不健康	
社会保障状况	养老保险	医疗保险	失业保险	低保	其他政府津贴	
就业培训状况	经常参加	较少参加	不参加			

d_7　您是否有债务	1　有　　0 没有
d_8　家中是否有服刑、刑满释放、吸毒或其他特殊人员	1　有　　0 没有
d_9　您每月的硬性支出占月收入的比重	5 至少 75%　4 至少 60%　3 至少 45% 2 至少 30%　1 至少 15%
d_{10} 家庭的负担对于您个人而言，是否能够承受	5 完全无法承受　4 较难承受　3 一般 2 较可承受　1 完全可以承受

续表

“负担”由 10 个指标测量，满分为 18 分。由于指标的计分采用的是正向计分，即“否” = 0，“是” =1，这意味着得分越高生活压力越大。因此，在值域判定中，五等分位数的顺序是由高到低。生活压力Ⅰ级值域为 14.40 分以上，Ⅱ级值域 14.39 分～8 分，Ⅲ级值域为 7.99 分～7 分，Ⅳ级值域在 6.99 分～6 分，Ⅴ级值域在 5.99 分以下

E. 认知

e_1 您认为自己的物质生活水平如何？	5 非常富裕　4 比较富裕　3 一般　2 比较贫困　1 非常贫困
e_2 您觉得自己生活幸福吗？	5 非常幸福　4 比较幸福　3 一般　2 不太幸福　1 非常不幸

e_3 下列对于您生活状况的描述，您是否同意？（5 非常赞同　4 比较赞同　3 中立　2 比较不赞同　1 非常不赞同）

描述					
我的生活大致符合我的理想	5	4	3	2	1
我的生活状况非常圆满	5	4	3	2	1
我满意自己的生活	5	4	3	2	1
到现在为止，我能够得到所有我在生活上希望得到的重要东西	5	4	3	2	1
如果我能重新活过，差不多没有东西我想改变	5	4	3	2	1

“认知”由 3 个指标测量，满分 15 分。贫困认知危险Ⅰ级值域在 8 分以下，Ⅱ级值域在 8.01 分～9 分之间，Ⅲ级值域为 9.01 分～9.80 分，Ⅳ级值域为 9.81 分～10.60 分，贫困Ⅴ级值域为 10.61 分～12 分。

上述五个指标结果代入城市新贫困群体综合贫困状况计算公式：综合贫困程度 = 0.7 ×（能力+保障+支持−负担）+ 0.3 × 认知，可以获得男性和女性的综合贫困等级

女性综合贫困等级：综合贫困Ⅰ级值域为 31.86 分以下；综合贫困Ⅱ级值域为 31.87 分～36.22 分；综合贫困Ⅲ级值域为 36.23 分～40.32 分；综合贫困Ⅳ级值域为 40.33 分～45.50 分；贫困Ⅴ级值域为 45.51 分～57.36 分。

男性综合贫困等级：综合贫困Ⅰ级值域为 33.47 分以下；综合贫困Ⅱ级值域为 33.48 分～36.90 分；综合贫困Ⅲ级值域为 36.91 分～41.57 分；综合贫困Ⅳ级值域为 41.58 分～46.11 分；贫困Ⅴ级值域为 46.12 分～57.92 分。

注：灰色低纹区域内的问题不参与直接测量，只用于收集支撑信息，为后续贫困判定和资源输送提供服务。

结　语

本书立足于建设城乡统筹的社会保障体制、发展适度普惠型社会福利制度的时代背景之下。城市新贫困形势的发展对传统城市贫困的社会保障制度提出了新的挑战。贯彻精准原则，提高救助资源利用效率，是最大范围覆盖新贫困人群、最大限度满足其具体需求的最优路径，是城市新贫困群体社会保障机制建设的未来方向。基于这种考虑，本书在整体描述世界范围内城市贫困现状，分析我国城市新贫困现象的特点、成因的基础上，系统回答了建构城市贫困精准治理体系的四个基本问题。

第一个问题是涉及城市贫困精准治理体系（简称精准治贫）的定位与基本特征。精准治贫是建设适度普惠型城市反贫体系的战略依托，是解决城市反贫困短板问题的有效路径，是应对风险化解危机的制度创新，是我国政府治理能力现代化的重要体现。精准治贫的对象是因结构性因素陷入贫困且生活在城市中的贫困者，包括城市下岗工人、贫困农民工和新失业群体，他们不仅是政策帮扶的对象，也是治理过程的积极参与者；精准治贫的主体是包括政府、市场、社会在内的多元主体协同体系；精准治贫的过程强调贫困判定和资源投放技术的创新突破，以掌控城市贫困的相对性和资源投放质量的准确性；精准治贫的资源来源多样，尤以培养能力的发展型资源和清除结构性障碍的机会型资源供给为主；精准治贫的目标是帮助贫困者恢复和提升生产发展能力，让其参与共享社会经济发展的红利，缩小城市贫富差距，化解社会风险，保障和谐社会发展。

第二个问题是关于城市贫困精准治理的主体架构。城市精准治贫的主体主要是政府主体和社会主体，市场主体参与贫困治理的程度十分有限。政府、社会机构、社区和家庭共同组成了一个多方主体协同运作的防困治贫体系。各主体在城市精准治贫中的地位和相互关系如同一个围绕家庭而生的同心圆，责任由内向外逐层增加，资源由外向内层层供应。每一个主体都发挥着无可替代的作用。为了推动主体架构的建设，国家必须适度回归，重塑国家责任的边界；社会机构要规范化运作，重视社会工作专业的助力；社区建设应强调回应，积极反应，兼顾贫困者的特殊利益和社区的共同利益；贫困家庭也要主动参与贫困治理，从议策、监督、自助、回报四个方面展现其主体性和能动性。

第三个问题是城市贫困的定义与贫困分类定级的判定。城市贫困被定义为“凡在城市合法稳定的工作生活至少三年以上者，个人及其家庭成员的基本或重要需求难以获得满足，人力资源含量、知识与技能水平低，经济能力、适应能力、发展能力欠缺，依靠自身及家庭力量难以摆脱困境”。该定义从时间、需求、能力三个方面限定了城市新贫困，突破了对于城市贫困的传统理解。基于上述界定，一个由能力、保障、支持、负担、认知五个指标构成的“综合贫困状况”指标体系得以形成，这里的综合贫困状况＝0.7×（能力+保障+支持−负担）+0.3×认知，每一个一级指标下都选择了相应的二级指标，最终形成了一个贫困综合人文指标体系。依托该指标体系展开的大规模问卷调查提供的数据，经过必要计算处理，最终分别划定了能力、保障、支持、负担、认知五个一级指标的贫困层级，以及综合贫困状况的贫困层级，为城市新贫困的分层定级以及贫困维度的判定提供了有益参考。

第四个问题是聚焦资源投放标准与路径。城市贫困精准治理的资源投放要坚持贫困分级分类救助的原则，从贫困程度和贫困维度两个标准出发提供针对性强的“救助套餐”。资源的类型被划分为货币类资源、实物类资源和服务类资源，由政府和社会共同供给。为了确保资源能够准确投放给真正需要它们的贫困者，需要结合贫困分类定级的结果对资源投放量和投放种类进行程序审议与最终判定。为了确保判定结果的公平、公正，社区贫困专员和社区居民的意见与判断均按照一定比例计入判定结果中。强有力的监督机制能够有效提高资源投放的质量和效益。专业而统一的治理机构、共享的网络平台和完善的法律体系从组织、技术与规范三个方面为精准治贫的监督提供有力保障。由主体自我约束、主体间约束和第三方介入共同构成的精准治贫的监督评估体系通过综合治理、分项治理与分散治理三条渠道监控资源输送的方向、数量、类别及成效。

在上述四个问题的思考中包括了一些原创性观点，如与农村精准扶贫相对应的城市反贫困的“精准治贫”，城市贫困精准治理的“同心圆式”主体架构和各主体的责任与义务关系，城市贫困的新定义，以及从能力、保障、支持、负担、认知五个方面所建构的“综合贫困状况”指标体系，基于调研数据对贫困分层分级界线的划定，综合治理、分项治理和分散治理的资源投放量与投放种类的标准确定等。所有的探讨都是希望能够在城市贫困治理中落实“精准”原则。

囿于知识范围和能力所限，其中的指标建构、主体架构、界线划定、标准确定的过程难免有些粗糙，一般停留在理论构想层面，没有实际运作以检验其现实成效，这也是本书的遗憾之处。希望在以后的研究中能够继续深入、持续检验，实现理论与实践的有机统一。